운명은 정해져 있으나 바꿀 수 있다

윤명을 바꾸는 법

정공법사 요범사훈(了凡四訓) 강설
이기화 옮김

불광출판사

•• 일러두기

이 책의 원제는 『Changing Destiny. Liao-Fan's Four Lessons. A Commentary by Venerable Master Chin Kung. The Pure Land Learning College Association, Second Edition(2002)』로서 대만의 정공(淨空) 법사의 『수복적덕조명법 요범사훈강기(修福積德造命法 了凡四訓講記)』, 불타교육기금회(佛陀教育基金會)(1997)』를 'Silent Voices'가 중국어가 모국어가 아닌 사람들을 위하여 축소하여 영역(英譯)한 것입니다. 수복적덕조명법에는 지나치게 중국적인 내용이 많아 중국문화권 밖의 사람들이 읽기에 큰 부담을 주기에 그 내용들을 대폭 삭제하여 전 세계인에게 소개한 것이 이 책입니다.

이 책의 내용은 중국의 고전인 『요범사훈(了凡四訓)』을 정공 법사가 불교와 유교 및 도교의 깊은 지식을 바탕으로 해설한 것입니다. 요범사훈은 국내에서 이미 『운명을 뛰어 넘는 길-요범사훈』(김지수 옮김, 불광출판부, 2000)로 소개되었습니다. 이 책은 요범사훈 외에도 다른 좋은 글들이 있어 일독을 권하고 싶습니다. 『요범사훈』은 중국에서 모든 아동교육에 거의 필수적으로 포함될 정도로 대단히 중요한 위치를 차지하고 있다고 합니다.

『요범사훈』은 명나라의 원요범(袁了凡, 1533~1606) 선생이 자신의 경험에 기초하여 자식 천계(天啓)에게 인생을 올바르게 사는 지침으로 가르친 네 개의 교훈을 말합니다. 요범 선생은 강소성(江蘇省) 출신으로, 어릴 때 그의 운명을 예언한 한 노인을 만나게 되었습니다. 그 노인의 예언들이 들어맞자 그는 인생은 태어날 때부터 운명이 결정된 것으로 확신하고, 인생에 어떠한 의미나 가치를 두지 않고 그저 되는 대로 살아갔습니다.

그러다가 당대의 유명한 선사인 운곡(雲谷) 대사를 만나, 운명은 결정된 것이 아니고 자신의 힘으로 창조할 수 있다는 가르침을 받았습니다. 이후 적극적으로 이 가르침을 실천하여, 실제로 노인이 예언한 운명을 바꾸어 더 오래 살고 원하는 바들을 성취했습니다.

요범 선생은 과거에 합격하여 주로 지방관리로 근무하였으며, 임진왜란 때에는 이여송(李如松)의 군사자문으로 우리나라에도 참전했다고 합니다. 『요범사훈』은 그가 69세에 그 자식 천계를 위하여 쓴 글로서, 출판을 거듭하며 중국에 널리 보급되어 고전의 반열에 오르게 되었습니다.

•• 서언

　　요범사훈(了凡四訓)은 16세기 중국에서 원요범(袁了凡)이 아들 원천계(袁天啓)에게 선과 악을 가리고, 허물을 고치고, 덕 있고 겸허한 선행을 하여 운명을 바꾸는 방법을 가르치기 위하여 쓴 글이다. 요범 자신이 그 운명을 바꾸어 이 가르침의 구체적인 수혜자임을 보여주었다.
　　운명을 개조하는 방법은 빈부(貧富), 수요(壽夭) 등 모든 것이 미리 결정되었다고 믿는 사람들의 오래된 관심사였다. 전생에 선행을 쌓은 사람들은 당연히 금생에 부와 장수를 누릴 것이고, 전생에 악행을 한 사람들은 금생에 가난과 단명의 고통을 겪게 될 것이다. 그러나 여기에 예외가 있다. 운명은 바꿔질 수 있다.
　　금생에 부와 장수를 누리게 되었다 할지라도, 만약 과도한 악행을 하게 되면 내생을 기다릴 필요도 없이 금생에 가난해지고 수명도 줄어들 것이다. 또한 본래 가난하고 단명하게 태어났다 해도, 모범적인 선행을 하면 부자가 되고 오래 살 수 있다. 역사에는 이러한 예가 많이 있다. 비록 금생에서 겪어야 하는 모든 일들이 전생에 살아온 생각과 행동에서 비롯되어 이미 결정되었다 해도, 이것들이 변하지 않는 것은 아니다. 현재의 생각과 행동으로 이것들을 수정할 수 있다.
　　불자들은 악행을 삼가고, 착한 일을 하고, 마음을 정화하도록 가르침을 받았다. 이것이 법인(法印)이고, 부처님의 가르침이나 진리 여부를 가리는 기준이다. 불교 경전은 원리와 논리를 가르치며, 다섯 종류의 존재들이 설한 것이다. 이들은 부처님, 부처님의 제자들, 천(天), 신(神), 귀(鬼)이다. 일단 설해진 것이 부처님의 가르침에 부합하고 모순이 되지 않으면, 부처님께서는 넓은 아량으로 이들을 경으로 인정하셨다. 따라서 우리는 불교의 교의에 부합하는 어떠한 설법도 경으로 인정하고 존중해야 한다.

이 기준은 요범사훈에도 적용되어야 하며 비록 그것이 불경이 아닐지라도, 이를 경으로 존중하고 예찬해야 한다. 이는 정토종의 13대 조사인 인광(印光) 대사*께서 이 책을 인가하시고 권장하셨기 때문에 더욱 그러하다. 대사께서는 20세기 초에 이 책을 수백만 부 인쇄하여 보급하고 가르치셨고, 사람들로 하여금 공부하고 실천하도록 많은 노력을 하셨다. 이 일은 불자들에게 공부의 기초가 되었을 뿐만 아니라, 불자가 아닌 사람들에게도 운명을 바꾸는 방법을 알리는 토대가 되었다.

원리와 방법 등 배워야 할 것 들이 많으며, 이것들이 모두 이 책에 다루어져 있다. 비록 분량은 비교적 작지만, 그 영향은 크다. 따라서 스스로의 운명을 바꾸기 원하거나 불교 수행을 통하여 진실로 성취하기를 바란다면, 이 책의 가르침에 따르는 것이 좋다.

이 책은 네 개의 장(章) 또는 교훈으로 이루어져 있다. 제1교훈 '운명을 세우는 공부〔立命之學〕'에서는 인과의 법칙이 다루어져 있다. 제2교훈 '과오를 고치는 방법〔改過之法〕'은 인과에 대한 이해를 전개한다. 제3교훈인 '선행을 쌓는 방법〔積善之方〕'은 선행을 하여 공덕을 쌓는 방법에 관한 것으로 가장 중요한 교훈이다. 이 교훈은 과오를 뉘우치고 고치는 것에 의거한다. 제4교훈인 '겸손한 덕의 효험〔謙德之效〕'은 이 책의 결론에 해당한다.

*역주: 근대 중국 정토종의 고승(1861~1940)

•• 차 례

1교훈 운명을 세우는 공부

공(孔) 선생의 정확한 예언　11
운곡 선사의 가르침 – 운명 변화의 원리　20
운곡 선사의 가르침 – 운명을 바꾸는 방법　30
　　1. 과오를 인정하라　30
　　2. 허물을 철저히 고쳐라　42
　　3. 행운을 닦고 공덕을 쌓아 운명을 초월하라　65
운명은 존재하나 변할 수 있다　99

2교훈 과오를 고치는 방법

과오를 고쳐야 하는 이유　117
과오를 고치는 세 가지 방법　123
　　1. 부끄러움을 알라　124
　　2. 두려워할 줄 알라　134
　　3. 허물을 고치는 데 용감하라　149
허물을 고치는 세 가지 수행법　154
　　1. 행동을 통하여 고치기　154
　　2. 이치를 통하여 고치기　156
　　3. 가슴과 마음으로부터 고치기　177
허물을 고친 공덕　194

3교훈 선행을 쌓는 방법

선행을 쌓는 집안은 번영한다   205
    유덕한 열 사람들의 이야기   205
선의 이해   229
    1. 선의 분별   229
    2. 선의 정의   232
가득한 선과 반쪽 선   242
큰 선과 작은 선   258
인연따라 10가지 선행하기   265
다른 사람에게 선행을 권하라   284
바른 가르침을 보호하고 유지하라   298

4교훈 겸손한 덕의 효험

오만은 역경을 부르고 겸손은 이익을 거둔다   317
    유덕한 다섯 사람들의 이야기   317

일러두기   3
서언   4
옮기고 나서   331

1교훈 운명을 세우는 공부

이 교훈에서 요범 선생은 그의 아들 천계(天啓)에게
그 자신과 다른 사람들의 경험들을 이야기한다.
아들 천계가 최선을 다하여 선행을 하고 악행을 그치며
스스로의 운명을 개조하고 조절하여
더 이상 운명에 속박되지 않기를 바라면서,
요범 선생은 세상 일이 일어나며 바뀌어지는 원리를 가르쳤다.
정토수행자로서 이 방법을 따르면 틀림없이
행복하고 소원을 성취하는 인생을 가지며 정토에 왕생할 수 있다.

공(孔) 선생의 정확한 예언
• • •

　내가 어릴 때 아버지는 돌아가셨고, 어머니는 나에게 과거(科擧) 합격을 위하여 공부하기보다는 의학을 배워서 생활하며 남을 돕는 것이 좋다고 설득하셨다. 어쩌면 나는 의학에 정통하여 유명해지고 나에 대한 아버지의 꿈을 이루었을지도 모른다.

　옛날 중국에서 과거에 합격하기 위하여 공부하는 것은 정부 관리가 되기 위해서였다. 따라서 과거 공부를 안 하는 것은 정부에서 일하는 기회를 포기하는 것이었다. 의사의 직업을 갖는 것은 유덕한 생활과 남을 도울 수 있는 기술을 갖는 것이다(이것은 물론 관리가 되지 않는 것을 의미한다).
　이 당시 선생들은 수업료를 요구하지 않고 주는 대로만 받았다. 부자는 많은 수업료를 냈고, 가난한 사람은 적게 냈다. 학생이 진심으로 스승을 존경하고 그 가르침을 따른다면, 수업료의 많고 적음은 문제가 되지 않았다. 이러한 일은 의사에게도 마찬가지였다. 그들의 목적은 생명을 구하고, 다른 사람들을 건강하게 만드는 데 최선을 다하는 것이었다. 그들의 봉사에 대한 대가는 환자의 처분에 맡겼다. 선생과 의사는 남을 돕는 데 헌신하였고 매우 존경받았다.

　어느 날, 나는 자운사(慈雲寺)에서 고귀한 모습의 나이든 분을 만났다. 그 분은 긴 수염을 길러 성자처럼 보였다. 나는 곧 그분에게 인사 드렸다.

그분은 나에게 말했다.

"그대는 관리가 될 운명을 타고 났소. 내년에 그대는 현립학교(縣立學校)에 진학할 것이오. 왜 시험공부를 안 하오?"

내가 그 까닭을 말씀드렸다.

이 구절은 요범 선생이 그의 운명을 바꾸는 법을 배우는 기회가 되는 전환점에 관한 이야기다. 이 구절은 보통 사람과 달리 마치 신선처럼 보이는 한 노인과의 만남을 이야기하고 있다. 요범 선생은 자연스레 그에게 인사를 드렸다.

이 노인은 미래를 예견할 수 있으므로 요범 선생이 될수록 빨리 공부해야 함을 알았다.[1]

나는 이 노인에게 이름은 무엇인지 그리고 어디에서 왔는지 여쭈었다. 그분은 대답하길 "나의 성은 공(孔) 씨이고 운남(雲南)에서 왔소. 나는 점성술과 예언에 관한 매우 정확하고 신성한 책을 물려받았소. 이 책은 소자(邵子)가 쓴 황극경세서(皇極經世書)요. 내 생각에는 이 책을 그대에게 물려주고 사용법을 가르쳐 주어야 할 때가 온 것 같소."

소자(960~1127)는 송(宋)나라의 학자였다. 그는 그 당시 매우 존경받는 유명한 지성인이었다. 점성술에 관한 그 신성한 책은 다른 책들과 함께 사고전서(四庫全書)[2]로 편찬된 심오한 내용의 책이다.

---

[1] 옛날에 정부가 관리를 채용하기 전에 모든 후보자들에게 시험을 보도록 한다. 첫 번째 시험에 합격하면 학생들을 여러 현립학교에 보내 교육한다.

소자의 이 책은 역경(易經)의 원리와 수학적 계산에 따른 미래의 예측에 관한 것이다. 이 책에서 취급하는 예측은 국가와 세계의 변화 등 광범위한 주제를 포함한다. 왕조의 흥망, 개인의 행과 불행 등 모든 것들이 수학적 계산에 의하여 완전하게 예측될 수 있다. 심오한 지식으로 이루어진 이 책은 정확한 과학에 근거하며 논리적이고 신빙성이 있다.

모든 사람 그리고 모든 일이 정해진 운명을 갖고 있다. 부처님은 이것이 인과의 법칙이라고 가르치셨다. 우리가 생각이든 말이든 행동이든 하나의 원인을 일으키면, 이에 따라 하나의 정해진 운명의 결과가 발생한다.

오직 마음에 생각이 없을 때만, 미리 결정된 수학적 결과를 초월할 수 있다. 왜 도 높은 수행자에게 가끔 이러한 초월이 가능한가? 일심불란(一心不亂)의 경지에 이르러 이들의 마음에는 어떠한 생각도 일어나지 않는다. 우리가 생각을 가질 때, 우리의 운명은 수학에 구속된다. 고도로 숙달한 사람은 수학적 계산에 의하여 우리의 운명을 정확히 예측할 수 있다.

우리의 일생은 결정되어 있다. 아라한이나 더 높은 정신적 깨달음의 경지에 이른 성인들은 이미 육도윤회(六道輪廻)를 초월하여 운명을 초월할 수 있다.

색계(色界)나 무색계(無色界)의 천인(天人)들도 또한 그들의 운명을 초월할 수 있는가? 그렇다. 그들이 깊은 선정(禪定)에 있을 때 수학이 작용할 수 없다. 그러나 이러한 초월은 일시적이다. 일단 이들이 선정의 상태

---
2) 총 3,450종 36,000권으로 고전, 경, 역사, 정부관리 및 문학으로 구성되어 있다.

를 잃고 생각을 일으키게 되면, 다시 수학에 구속된다. 이러한 까닭으로 이들은 결코 육도윤회를 초월할 수 없었다. 만약 이들이 선정의 힘으로 육도를 초월하여 아홉 번째 선정[九次第定]의 경지로 나아가 불퇴전(不退轉)의 아라한이 되면, 이들은 더 이상 수학에 구속되지 않는다.

일단 이 이치를 이해하고 모든 것이 운명지어졌음을 알게 된다면, 이 세상을 분별없는 마음으로 바라보게 될 것이다. 그러므로 좋은 상황이라 해서 행복해 하거나 어려운 상황이라 해도 불행을 느끼지 않을 것이다.

나는 공 선생을 집으로 초대하여 어머니께 말씀 드렸고, 어머니는 그분을 잘 모시라고 했다. 우리는 공 선생의 예지 능력을 시험해 봤는데, 큰 일은 물론 일상생활의 작은 일도 예언은 정확했다. 나는 그분이 말씀하신 것을 확신하게 되었고 다시 시험공부를 시작할 생각을 갖게 되었다. 나는 사촌과 상의했는데, 그는 친지의 집에서 머물며 가르치고 있는 욱해곡(郁海谷) 선생을 추천하였다.[3]

요범 선생은 공 선생을 집으로 초대하였고, 효자이므로 어머니께 이야기했다. 어머니는 공 선생을 잘 대접하라고 말하고 그를 시험해 보자고 했다. 누군가 우리에게 어떤 말을 하면, 보통 믿기 전에 그 말이 맞는

---

3) 이때 요범 선생 사촌의 친구가 어떤 사람의 집에서 가르치고 있었다. 이 사람은 매우 부유해 집에 많은 빈 방들이 있어 선생들을 고용해 그의 자녀들과 친척과 친구들의 자녀들을 교육했다. 요범 선생은 욱 선생의 제자가 되어 시험 준비를 시작했다. 옛날에는 오늘날처럼 학교들이 많지 않았다. 청나라(1644~1912) 이전에는 집에 있는 학교에서 교육이 이루어졌다. 보통 단 한 명의 선생이 이삼십여 명의 학생들을 가르쳤다. 고등학교는 없었고 오직 국립대학들만 있었다. 학생들은 국립대학교에 진학하기 위해 가정교사에게서 매우 열심히 배웠다.

가 확인해 본다. 요범 선생이 이렇게 해보니 공 선생의 예언이 정확했고 따라서 그를 믿게 되어 그의 조언에 귀 기울이게 되었다.

공 선생은 나를 위해 몇 가지 더 계산을 하였다. 그 분은 내가 현(縣)에서 보는 고시(考試)에 14등을 하고, 부(府)에서 보는 고시에는 71등을 하고, 성(省)에서 보는 고시에는 9등을 할 것이라고 말씀하셨다. 그 다음 해에 나는 이 세 시험에서 공 선생이 예언한 석차대로 합격했다.

공 선생은 요범 선생이 몇 개의 시험을 거쳐 선비가 되리라 말했다. 두 번째 해에도 시험 결과는 예언한 바와 정확히 일치했다. 요범 선생에 관한 공 선생의 예언에서 우리는 모든 일(매일, 매월 우리가 어떻게 살고 또 언제 어떻게 죽으리라는 것들)이 미리 결정되어 있음을 알 수 있다. 우리가 어떤 계획을 세우고 어떤 수단을 쓰더라도 보통 사람들은 이 운명에서 벗어날 수 없다.

나는 다시 공 선생에게 남은 인생에 대하여 예언해주기를 부탁드렸다. 공 선생은 계산을 한 후, 어떤 해에 어떤 시험에 합격하고 어떤 해에 품생(廩生)[4]이 되고 어떤 해에 공생(貢生)[5]으로 승진하고 나중에 사천성(四川省)의 지사가 되리라고 예언하였다.

이 직위에 3년 반 근무한 후, 은퇴하여 고향에 돌아오게 되어있다. 나는 53세 되던 해 8월 14일 축시(丑時)에 죽게 되어있다. 불행히도 자식은 없

---
4) 고등학생
5) 대학생

을 것이다. 나는 그 분이 말씀하신 모든 것을 잘 기록하고 기억하였다.

모든 시험 결과는 예언대로 나타났다. 공 선생은 또 내가 식량 배급량으로 모두 쌀 아흔한 가마 다섯 되(91石 5斗)를 받은 후에야 승진하리라고 예언하였다.[6] 그러나 내가 일흔한 가마(71石)를 받자 교육청장인 도종사(屠宗師)가 승진을 추천하였다. 나는 속으로 예언을 의심하기 시작하였다. 그러나 도종사의 후임이 이 승진을 기각하여 결국 예언이 맞게 되었다.

몇 년이 지난 후 새로 부임한 교육청장인 은종사(殷宗師)가 내 시험 답안을 보고 "이 다섯 답안은 황제께 올릴 보고서로 훌륭하다. 어떻게 이렇게 뛰어난 재능을 가진 선비를 묻혀둘 수 있겠는가?" 하고 탄식하였다.

요범 선생의 식량 배급량이 거의 71가마에 이르렀을 때, 도종사는 그의 승진을 추천하였다. 요범 선생은 예언을 의심하였다. 그러나 도종사가 승진하였거나 아니면 전출되어 떠난 후, 그 후임으로 온 사람이 요범 선생의 승진을 반대하여 이를 취소하였다. 수년이 지난 후 다른 사람인 은종사가 시험에 불합격된 답안지를 검토하였다. 이러한 답안지들은 보존되어 가끔씩 실수로 빠뜨린 재능 있는 사람들을 구제하기 위하여 재검토된다. 그는 요범 선생의 답안지에 깊은 인상을 받아, 정부 관리가 황제에게 올리는 보고서로 잘 씌어졌다고 말했다. 분명히 요범 선생은 매우 박식하였고 그의 답안지는 아주 잘 작성되어 있었다.

---

[6] 그 당시 정부는 고등학교와 대학교 학생들에게 급여를 주고 생활비를 보충하도록 쌀을 주었다. 배급된 쌀이 남으면 팔 수 있었다. 각 지역마다 인원수가 정해졌으므로 오직 빈 자리가 생길 때 다른 사람을 보충할 수 있었다.

새 종사는 현감에게 그의 권한으로 나를 공생(貢生)[7]의 후보로 추천하는 공문을 작성하도록 지시했다. 이 복잡한 승진 후에 내가 계산해보니 정확히 91가마 5되를 받았다. 이 때부터 나는 승진이든 강등이든, 부자가 되든 가난해지든 모두 때가 되면 이루어지고 사람의 수명도 미리 정해진 것이라고 굳게 믿게 되었다. 나는 모든 일을 초연하게 바라보기 시작했고, 소득이나 이익을 추구하는 일을 그만 두었다.

　우리는 도종사가 특출한 인물로서 요범 선생의 답안지를 읽고서 곧 그를 승진시키려고 했음을 알 수 있다. 그러나 그의 후임은 승진을 기각하였다. 이 일은 단지 두 사람의 견해가 달랐던 경우이다.
　요범 선생은 분명히 매우 재주가 있었다. 이 사실에서 우리는 비록 재주 있는 사람일지라도 어쩔 수 없이 운명에 묶여 있음을 알 수 있다. 운명이든 때든 원인이나 조건이든 모든 것이 미리 정해져 있다. 요범 선생은 다른 관리가 와서 그의 답안지를 읽어 승진을 할 수 있는 적절한 상황이 일어날 때까지 기다려야 했다.
　그때부터, 요범 선생은 깨달았고 진실로 이해하였다. 우리가 살면서 마주치는 모든 일들이 행운이든 불운이든, 좋은 일이든 나쁜 일이든, 부자가 되든 가난하게 살든, 모두 운명지어진 것이다. 보통 사람들은 이것을 바꿀 수가 없다. 만약 우리가 어떤 것을 가질 수 없게 되었다면, 아무리 그것에 집착해도 오랫동안 그것을 가질 수 없게 된다. 반대로, 우리는 우리가 받도록 되어있는 것은 자연스레 받게 된다. 자기 욕심을 채우기

---
7) 공생들의 모든 비용을 정부가 지급한다. 교육이 끝나면 그들은 정부에서 일하게 되어있다.

위하여 나쁜 짓을 하고 모든 위험을 무릅쓸 가치가 없는 것이다.

이렇게 이해하고 나니, 요범 선생은 무얼 구하거나, 이익이다 손해다 하는 생각을 더 이상 갖지 않게 되었다. 그는 진실로 마음의 평화를 얻었다. 지금 우리는 그가 대표적인 '보통 사람' 이라고 말할 수 있다. 오늘날 사람들은 '보통' 이라는 이 기준도 갖추지 못한다. 왜냐하면 우리의 마음이 청정하지 않고 망념으로 차 있기 때문이다.

요범 선생은 이미 그의 일생에서 일어날 모든 일을 알고 있었으므로 무엇인가를 바라는 망념을 갖지 않았다. 옛날 현인들은 현명하고 유덕한 사람은 모든 것이 '한 모금 마시거나 한 번 씹는 것' 도 미리 정해짐을 안다고 말했다. 그러나 어리석은 사람들은 이미 그들의 몫으로 이미 정해진 것들을 가혹하게 추구한다.

보통 사람들은 운명의 구속을 받는다. 이 단계에서 요범 선생은 단지 인생이 운명 지워졌음을 알았을 뿐이다. 그는 여기에 변수가 있어 진실한 원리와 방법에 따라 수행하면 스스로의 운명을 바꿀 수 있음을 아직 몰랐다. 수행하면, 그가 자기 미래의 주인이 되어 바라는 모든 것들을 얻을 수 있는 것이다.

예로써, 우리가 부자가 되고 싶으면, 재시(財施)를 실천한다. 총명하고 지혜롭기를 바라면 법시(法施)를 실천한다. 건강하고 오래 살기를 원하면 무외시(無畏施)를 실천한다. 이것이 우리의 운명을 바꾸기 위한 정확한 방법이다. 올바른 원리와 방법을 따름으로써 우리는 세속적인 즐거움이나 행복은 말할 필요도 없고 최상의 깨달음까지 얻을 수 있다.

공생(貢生)이 된 후에, 나는 북경에서 일년간 공부하도록 되어있었다.

북경에서 일년간 머무는 동안 명상에 대한 나의 호기심이 자랐고 가끔씩 아무런 생각도 없이 침묵 속에 앉아 있곤 했다. 나는 책에 대한 관심을 잃어버렸고 전혀 공부도 하지 않았다.

    요범 선생은 이제 매일 명상하였다. 이로부터 우리는 그의 마음이 얼마나 평화롭고 조용해졌음을 알 수 있다. 마음이 조용해지면 지혜가 자연스레 일어난다. 대부분의 사람들은 마음이 청정하지 못하기 때문에 지혜가 생기지 않는다. 요범 선생은 그의 전 미래를 알았으므로 평온한 마음을 가질 수 있었다. 그는 그것에 관하여 생각하는 것조차 쓸 데 없음을 알았다. 바라는 생각이 없으므로, 그의 마음은 자연히 안정되었다.

운곡 선사의 가르침 – 운명 변화의 원리
● ● ●

그 다음 해에 나는 남경에 갔다. 그곳에서 국립대학에 입학하기 전에 나는 서하산(棲霞山)의 존경받는 선사인 운곡(雲谷) 스님을 찾아뵈었다. 우리들은 선방에서 사흘 밤낮 자지 않고 마주보면서 좌선하였다.

운곡 선사가 말씀하셨다. "보통 사람들이 성인이 될 수 없는 것은 망념 때문이오. 사흘 동안 좌선하면서 나는 당신에게 단 하나의 망념도 일어나지 않음을 보았소. 무슨 까닭이오?"

나는 공 선생이 내 일생에서 일어날 일들을 정확히 예언하였음을 말씀드렸다. "나는 수명, 사망, 승진과 실패 등이 이미 정해졌음을 알았습니다. 따라서 나로서는 무엇인가 별달리 생각할 필요가 없습니다."

선사는 웃으면서 말씀하셨다. "나는 당신을 대단한 능력을 가진 사람으로 생각했었소. 그런데 알고 보니 당신도 그저 보통 사람이군요!"

요범 선생과 운곡 선사는 사흘 동안 선방에서 서로 마주보면서 자거나 피로해 하지 않고 앉아 있었다. 어쩐 일인가? 그들에게는 어떠한 망념도 일어나지 않아 모든 에너지를 보존할 수 있었다. 운곡 선사는 요범 선생이 매우 젊은 나이에 이 어렵고 드문 수행의 경지에 이르렀다고 생각했다.

보통 사람들은 너무나 많은 망념들을 가지므로 아라한이나 더 높은 경지에 이를 수 없다. 화엄경에서 말씀하셨다. "모든 중생이 부처와 같은 지혜와 덕성을 갖고 있다. 그러나 망념과 집착 때문에 이를 증득할 수 없다." 따라서 성인이 되지 못하는 이유는 망념 때문이다.

운곡 선사의 말씀이 이해가 안 되어 설명을 부탁드렸다. 그 분은 "보통사람들은 망념과 비실재적 생각들이 그 마음을 영원히 차지하여 그들의 일생이 불가피하게 운명의 수학에 구속된다."고 말씀하셨다.
운명이 존재하는 사실을 부인할 수 없으나, 오직 보통사람만이 이에 구속된다. 운명은 지극한 선행을 한 사람이나 지극한 악행을 한 사람을 구속할 수 없다. 나는 공 선생이 예언한 대로 살아왔고 내 인생을 바꿔 보려는 어떠한 노력도 하지 않았으므로 운명에 구속되었던 것이다. 따라서 나는 전형적인 보통사람이었던 것이다.
놀란 나머지 나는 운곡 선사에게 '운명을 바꿀 수 있는지' 물어보았다. 그 분은 대답하셨다. "스스로 운명을 바꾸어 행복하게 살 수 있소. 이것은 진실한 가르침이며 시경(詩經)과 서경(書經)에서 찾아볼 수 있소."

운곡 선사는 사람이 망념이 없는 경지에 이르지 않는 한 운명의 구속에서 벗어날 수 없다고 말했다. 왜냐하면 망념이 없는 경지에 이르러야 운명의 지배를 초월할 수 있기 때문이다. 요범 선생은 망념이 없는 경지에 이르렀는가? 아니다. 그는 단지 해 보았자 아무 소용이 없으므로 아무 것도 생각하지 않으려 했을 뿐이다. 그러나 그는 아직 망념들을 가졌다. 그는 생각하였다. '나는 아무 것도 생각할 필요가 없다. 내 운명은 이미 예언되었고, 나는 나의 전 일생을 분명히 알고 있다.' 아직 망념이 없는 경지에 이르지 않는 한 인간은 운명에 구속된다.

이 세상에 사는 보통사람들은 깊은 선정에 이를 수 없다. 선의 조사인 황벽(黃檗) 스님이 이런 깊은 선정에 있을 때, 그는 시간과 공간의 차원을 깨뜨릴 수 있었다. 이 때 과거·현재·미래가 모두 하나가 되어 모든 것이 분명히 보였다. 이 세상의 보통 사람들도 수학을 이용하여 미래를 추리할 수 있다. 그러나 그들은 실제로 과거·현재·미래를 볼 수는 없다. 미래를 볼 수 있는 경지에 이르기 위하여는 깊은 선정이 요구된다. 이 상태는 소승불교에서 성인의 제3단계인 아나함(阿那舍)을 넘어선 사람에게만 가능하다.

운곡 선사는 요범 선생에게 운명이 보통사람들은 구속하지만, 수많은 선행을 쌓은 사람이나 극악한 악행을 저지른 사람은 지배할 수 없음을 가르쳤다. 요범 선생은 공 선생의 예언에 20년 동안이나 묶여 있었다. 그는 이 예언을 바꾸려는 아무런 노력도 하지 않았으니 실로 보통사람에 불과했다.

위대한 공덕을 쌓은 사람들은 정해진 운명이 있었지만, 그들은 이를 바꾸었다. 이 원리는 극악한 악행을 저지른 사람들에게도 적용되어 이들의 운명도 또한 바뀌었다. 요범 선생은 그의 일생이 예언과 완전히 들어맞았으므로 어떠한 지극한 선행이나 악행도 하지 않았다.

운명이 변화할 수 있을까? 운명을 피할 수 있을까? 그렇다. 피하는 것은 초월하는 것이다. 정수(定數)들 안에 변수(變數)들이 있는데, 공 선생은 이 변수들을 몰랐거나 아니면 이를 계산할 줄 몰라, 단지 정수들만 예측한 것이다. 이 변수들은 조정할 수 있으므로 운명을 개조할 수 있는 것이다. 스스로 행운을 찾을 수 있다.

선사를 만날 때까지 요범 선생은 이 변수들을 몰랐다. 선사는 정수들이 존재해 미래가 계산될 수 있음을 믿었을까? 그렇다. "사람이 망념이 없는 경지에 이르기 전에는 그는 운명에 구속된다." 운곡 선사는 미리 운명이 정해짐의 실재성을 완전히 알고 있었다. 그러나 불교는 미리 운명이 정해짐에 관한 것이 아니고 운명을 개조함에 관한 것을 가르친다. 오직 나 자신이 스스로 노력해서 이 일을 성취할 수 있고, 깨달을 수 있고, 어떤 다른 사람도 나를 위하여 이 일을 해 줄 수 없다.

"스스로 운명을 개조하여 행운을 얻는다." 요범 선생은 학자이므로 공자의 가르침을 알았고, 따라서 선사는 그를 깨우치기 위하여 시경과 서경에서 그 원리들을 인용하였다. 운곡 선사는 이 가르침들을 이해했고, 그것들이 중요하고 진실임을 확인해 주었다.

불교의 가르침에 부귀나 자녀, 장수를 원하고 찾으면 이를 얻을 수 있다고 쓰여 있소. 부처님께서 거짓말을 하는 것은 가장 큰 범계(犯戒)의 하나라고 말씀하셨으므로, 부처님이나 보살님들이 결코 중생을 속이지 않음을 믿을 수 있소.

불자로서 우리는 부를 구하면 부를 얻고 자식을 구하면 자식을 얻게 됨을 배운다. 비록 이승에서 부자가 되지 못할 팔자라도, 선행을 닦음으로써 부자가 될 수 있다. 우리는 이 책에서 요범 선생이 장수할 팔자가 아님을 알고 있다. 그는 53세에 죽을 운명이었다(그러나 그는 74세까지 살았다). 가르침에 따라 수행함으로써, 스스로 원하는 모든 것을 얻을 수 있다. 불교는 우리들로 하여금 운명에 속박되기보다는 그것을 개조하도록 격려한다.

현존하는 장가(章嘉) 큰스님[8]은 말씀하셨다. "모든 진실한 바람은 이루어진다." 그분은 대부분의 사람들이 가르침을 따르지 않으므로 원하는 것을 얻을 수 없다고 말씀하셨다. 만약 원리와 방법을 이해하고 이에 따라 구하면, 진실한 바람은 틀림없이 이루어진다. 만약 가르침에 따르고도 바라는 바를 얻을 수 없다면, 그것은 업장 때문이다. 일단 이 업장들을 말끔히 지워버리기만 하면 원하는 결과를 얻을 수 있다. 장가 큰스님이 말씀한 대로 올바르게 구하면 모든 것을 얻을 수 있다.

일단 기본적인 원리들을 이해하고 나면 이 세상과 그 너머 세계의 모든 것이 마음으로부터 일어나고, 그것들을 어떻게 인식하느냐에 따라 변화함을 알게 된다(唯心所現 唯識所變). 부처 되기를 추구하면 부처가 된다. 하늘나라 사람이 되고자 노력하면 하늘나라 사람이 될 것이다. 모든 것이 마음을 따른다. 화엄경에 "마땅히 법계의 성품을 보라. 모든 것은 오직 마음이 만드는 것이다(應觀法界性 一切唯心造)."라고 이르셨다. 따라서 원하는 것을 구하는 방법은 '모든 것이 마음으로부터 일어나는데, 이를 어떻게 인식하느냐' 에 따라서 변화하는 원리에 부합해야 한다.

부처님의 가르침은 합당하고 완벽하다. 만약 이 가르침에 따라 늙지 않고, 병들지 않고, 죽지 않기를 구하면 이를 얻을 수 있을까? 물론이다. 이 경우, 운곡 선사는 요범 선생이 큰 야심 없이 단지 명예, 부귀만 구했으므로 이와 연관된 원리와 방법들만 가르쳐 주었을 뿐이다.

운곡 선사는 그에게 거짓말이 불교에서 가장 나쁜 범계의 하나임을 일러주었다. 네 가지 기본 계, 즉 불살생(不殺生), 불투도(不偸盜), 불망어

[8) 정공 법사의 세 스승 중 첫째 스승.](#)

(不妄語), 불사음(不邪淫)이 있다. 불망어가 이 계 중의 하나인데 어떻게 부처님이 중생을 속일 수 있겠는가? 그러므로 선사가 "자식, 부귀, 장수를 구하여 이 모든 것을 얻을 수 있다."고 말했을 때 이는 진실을 이야기한 것이다. 우리는 요범 선생이 선사의 가르침을 엄격하게 실천하여 그가 구한 것들을 얻게 됨을 보게 될 것이다.

나는 선사께 맹자(孟子)가 "무엇이든 구하는 것을 얻을 수 있으니 구하는 것이 내 안에 있다(求則得之 是求在我者也)."라고 말한 것을 들었다고 말했다. 이것은 내적인 성품, 즉 덕, 성실과 친절을 말한다. 이것들은 수행의 목표로 삼아야 할 모든 가치들이다. 그러나 만약 외부적인 요소들 즉 부귀, 명예 등에 이르면 우리가 이것들을 어떻게 구하여 얻을 수 있을까? 선사는 맹자가 옳고, 단지 내가 그 뜻을 잘못 이해했다고 말씀했다.

현인이나 유덕한 사람이 되기 위하여 본래 지닌 성품을 향상하는 일은 가능한 일이다. 그러나 어떻게 명예나 부귀를 구할 것인가? 비록 이것들이 외부적 혜택일지라도 이것들 역시 구하여 얻을 수 있다. 만약 어떤 것을 가질 수 없다면 그것이 운명인 것처럼 보일지 모른다. 어떻게 이를 구할 수 있을 것인가. 이것이 운명에 대한 일반적인 이해로서, 미리 결정된 상수(常數)로 보는 것이다(宿命論). 이 상수는 전생에서 만들어진 원인이고, 그 결과는 금생에서 받는 것들이다. 대부분의 사람들은 이 상수들 속에 변수들이 있고, 변수들이 추가되면 결과가 바뀌게 됨을 모르고 있다. 부귀와 명예는 분명히 얻을 수 있다.

운곡 선사는 선종의 6조인 혜능(慧能) 대사께서 "모든 복전(福田)은 우리의 가슴 속에 있다. 만약 사람이 안의 참 마음으로부터 구하면 원하는 모든 것과 통할 수 있다(一切福田 不離方寸 從心而覓 感無不通)."라고 가르쳤다고 말씀했다. 안에서 찾음으로써 비단 내적인 덕성인 덕, 성실과 친절을 얻을 뿐만 아니라, (외적인 혜택인) 부귀, 명예 등을 얻게 된다. 내적인 덕성과 외적인 혜택을 같이 얻을 수 있음은 참으로 귀중하다.

어떤 것 즉 밖의 물질이나 안의 덕성을 얻고자 할 때, 내 안에서 즉 마음에서 찾아야 한다. 밖에서 찾아 봤자 소용없다. 왜냐하면 외부적 요소는 상수이므로 변할 수 없지만, 마음은 변수이므로 변할 수 있기 때문이다. 20년 동안 보통사람들에 비하여 요범 선생의 마음은 청정했다. 변수들을 몰랐으므로 그의 마음은 상수들과 완전히 부합하였고, 그의 일생은 조금도 어긋남 없이 예언한 대로 전개되었다.

운곡 선사는 찾는 것이 우리 안에 있음을 가르쳐 주었다. 덕, 도덕, 친절과 성실은 안에 있고 덕행을 닦는 것이다. 명예와 부귀는 밖에 있고 인생의 즐거움이다. 이 두 가지 혜택을 입을 수 있음은 매우 귀중한 것이다. 화엄경에 설했듯이, "이치나 현상에 장애 없는 것(理事無碍)"이 궁극적이고 완벽한 즐거움이다. 이것이야말로 모든 일이 원하는 대로 완벽하게 이루어지는 경우이다. 이것이 해탈이고, 원하는 대로 자비롭고 고귀한 모든 일을 하는 것이다. 만약 우리가 이러한 불가사의한 결과들을 얻을 수 없다면 수행의 의미가 없는 것이다.

불교는 부정적이지도 않고 피동적이지도 않다. 아니 두드러지게 현실적이고 실용적이다. 오늘날 많은 사람들이 실용성에 관하여 이야기한다. 그러나 불교는 무엇인가 확실히 성취할 수 있는 현실적인 것을 이야기하기 때문에 그보다 더 실용적인 것이 없다. 그 혜택을 입으려면 불교의 중요성을 이해함이 매우 중요하다. 사실 사람들은 불교를 오해하여 그 혜택을 놓쳐 버렸다. 만약 우리가 그 혜택들을 체험할 수 있다면, 모든 가르침 중에서 불교가 가장 수승하고 심오하고 완전한 가르침임을 알게 될 것이다. 불교는 결코 시대에 뒤떨어진 것이 아니다. 불교는 3천년 전과 마찬가지로 지금도 적절하고, 동양이나 서양의 모든 사람들에게 적합하다.

운곡 선사는 "만약 사람이 안으로 자기 마음을 돌이켜 보지 않고 밖으로부터 맹목적으로 명예, 부, 장수 등을 구하면, 아무리 별 수단을 다 부려도 기껏해야 이미 운명 지워진 것들만 얻을 수 있다."고 말씀했다. 밖으로부터 구하면 마음의 청정도, 이미 받도록 운명지어진 것도 다 잃어버릴 수 있어, 구하는 것이 무위로 끝나게 된다.

보통사람이 원하는 모든 것을 얻을 수 있을까? 아니다. 무엇인가를 얻는다면 그것을 얻을 운명이었기 때문이다. 오직 자신이 가질 수 없는 운명인 것을 얻게 될 때, 구하는 것을 얻었다고 말할 수 있다. 아무튼 자신이 가지도록 예정된 것을 갖게 되므로 그 시기는 문제가 되지 않는다.

주식시장에서 엄청난 돈을 번 사람들의 이야기를 들었을 것이다. 그러나 이 사람들은 단지 그들이 받도록 예정된 것을 받았을 뿐이다. 돈 벌 운명이 아닌 사람들은 주식시장에서 결국 돈을 잃게 된다. 누구나 다 이익을 보는 것은 아니다. 마찬가지로 도박에서 번 돈도 도박사가 벌게 예정되었던 것이다. 도둑까지도 훔친 것을 갖게 예정된 것이다. 만약 훔친 것을 가질 운명이 아니었다면, 도둑질에 실패했을 것이다. 훔치지 않았다면, 그 물건들은 다른 경로로 그에게 왔을 것이다.

옛 사람들이 군자(君子)는 군자인 것을 즐거워하나 소인(小人)은 소인인 것을 원통해 한다고 말했다. 왜냐? 각자가 상수인 그의 운명을 피할 수 없기 때문이다. 만약 이 이치를 이해할 수만 있다면, 가진 것에 만족하면서 행복한 인생을 즐기고, 사회는 안정되고, 세계는 평화롭고, 더 이상 갈등이나 전쟁이 없을 것이다.

불교는 인생에서 운명지어지지 않은 것을 상수 밖에서 찾으라고 가르친다. 찾아서 얻는 것은 변수에서 온다. 어떻게 찾을 것인가? 안으로부터이다. 아직껏 그 이치를 몰라 안으로부터 깨달음을 찾아 큰 공덕을 이룰 수 없었다. 매일 계책을 꾸미고 노력하면서 밖에서 찾고 있었다. 그러나 이제는 올바른 길을 따라 찾아야 한다. 왜냐하면 비록 방법, 계획, 수단을 가진다고 해도, 단지 얻을 운명인 것들만을 얻게 되기 때문이다. 만약 가질 수 없는 운명이었다면 그것을 얻을 수 없다.

이제까지 얻은 모든 것들은 운명지어졌고, 상수들이다. 요범 선생은 이러한 상수들이 존재함을 알았으므로 걱정하거나 무리해서 구하려고 하지 않았다. 그는 그의 운명을 알았다. 그는 어떤 생각을 하거나 어떤 수단을 써도 그것이 예정된 것이 아니면 실패할 것임을 알았다. 밖에서 찾으면, 마음이 더럽혀져 전적으로 당황하게 되어 단지 갖도록 운명지어진 것들만을 갖게 된다. 이렇게 해서 구하는 것이 좌절될 때, 마음이 어찌 고통스럽지 않겠는가? 20년 동안, 요범 선생은 공 선생의 예언만 따랐다. 그는 청정한 마음과 만족한 상태를 유지해 왔다. 그는 모든 것이 운명지어졌다고 느꼈기 때문에 어떤 것을 구하려는 바람이 없었다.

　밖에서 무엇인가 찾으려고 온갖 노력을 하는 보통사람들은 그들의 지식과 경험이 요범 선생에 비할 수 없음을 알게 될 것이다. 왜냐하면 그는 마음의 평화를 얻었기 때문이다. 보통사람들은 불안정한 마음으로 고통스러운 일생을 마친다. 그들이 무엇을 얻을지라도, 그것들은 얻도록 예정된 것들이다. 이리하여 그들은 슬프게도 안과 밖에서 다 잃어버린다.

운곡 선사의 가르침 - 운명을 바꾸는 방법
• • •

1. 과오를 인정하라

운곡 선사는 내 남은 생애에 대한 공 선생의 예언을 물어보았다. 나는 솔직하게 모든 것을 말씀드렸다. 그분은 내가 관리가 되거나 아들을 가질 만한 자격이 있다고 생각하는지 물어보았다. 내 과거 행적과 태도를 돌이켜 보고 나는 그럴 자격이 없다고 대답했다. 관리가 되는 사람들은 모두 복상(福相)을 가졌으나 나는 그렇지 못했다. 또한 나는 덕을 쌓아 복을 이루는 일도 하지 않았다. 나는 성질이 급하고, 도량도 좁고, 다른 사람들을 억누르며 내 지능과 능력을 자랑하곤 했다. 나는 마음 내키는 대로 행동하고 자제하지 않고 말했었다. 이 모든 것들이 행운과 덕이 부족한 증거였다. 어찌 내가 관리가 될 수 있을 것인가?

운곡 선사는 이 의문에 관하여 직접 대답을 하지 않았다. 오히려, 그는 요범 선생에게 질문을 던져 그가 스스로 자신을 돌이켜보아 과오와 괴로움의 원인을 찾고, 자신이 관리가 될 수 있는지, 자식을 가질 자격이 있는지를 판단해 보도록 가르쳤다. 물론 운곡 선사와 요범 선생 사이에 이루어진 대화는 이 두 의문에 국한된 것이 아니었으나, 요범 선생에게는 이 두 의문이 가장 중요했다. 나머지 일들에 대하여는 말할 필요가 없었다. 요범 선생은 운곡 선사가 물은 것을 오랫동안 생각했다. 그리고 솔직하게 아니라고 대답했다. 그가 관리가 되거나, 자식을 가질 자격이 없다고.

우석음(尤惜陰) 선생은 요범사훈에 관한 그의 주해(註解)에서 요범 선생의 정직함에 대하여, "정직이야말로 공덕을 이루는 초석이다. 만약 어떤 사람이 자신의 과오를 감추거나 얼버무리고 실수를 덮어버린다면, 어떻게 그의 미래가 밝아질 수 있겠는가?"라고 말했다. 우리가 정직하여 자비로운 선생들을 만나면, 그들이 우리를 좋은 길로 인도한다. 만약 우리가 정직하지 않고 교만하면, 그들은 웃을 뿐 우리에게 진지하게 가르쳐 주지 않는다.

요범 선생은 그의 과오를 깊이 뉘우쳤고, 바로 이 점이 그의 운명을 바꾸는 열쇠가 되었다. 그는 운곡 선사에게 그에게는 관리가 될 사람에게 매우 중요한 복상이 없으므로 관리가 될 자격이 없다고 말했다. 백성들은 복이 없는 관리의 지배를 받으면 고통을 당하나, 복이 있는 관리를 만나면 혜택을 입는다.

고대 사회제도를 조사해 보면, 우리는 공부를 하여 합리적인 사람들은 다투지 않았음을 알 수 있다. 또한 어떤 황제들은 매우 현명했음을 알 수 있다. 예로서 당태종(唐太宗)[9]은 매우 박식하고 도량이 커서 백성들의 존경을 받았다.

"황제가 되는 것이 뭐가 그리 좋은가? 무거운 책임을 안게 된다. 만약 당신이 원하면 내 자리를 차지하라." 황제로서 그는 다른 사람들을 위압하기 위하여 그의 지위를 즐기거나 이용하지 않고, 오직 백성들이 행복할 수 있도록 봉사하였다. 또한 백성들에게 더욱 잘 봉사하기 위하여, 그

---

9) 이세민(李世民)

는 유능한 사람들을 찾아 제국을 위하여 일하도록 하였다.

모든 선량한 관리들은 복상을 지녔다. 이 당시 요범 선생은 박복하여 복덕을 쌓을 수 없었거나 그럴 생각도 없었다. 따라서 그는 관리가 될 상이 없었고, 백성을 지도하거나 봉사하기에 부적합하였다.

다음에, 요범 선생은 그에게 성미가 매우 급하고, 도량이 좁고, 무절제한 세 가지 중대한 허물이 있음을 이야기했다. 성미가 급하고 심술궂으면 박복의 상을 받는다. 마음이 좁으면 다른 사람들을 포용할 수 없게 된다. 이러한 나쁜 성질들 때문에 다른 사람들을 잘 관리할 수도 이끌 수도 없게 되거나, 공정하게 봉사할 수 없게 된다.

또한 그는 자신이 방종했고 지능을 과시하기를 좋아했음을 솔직히 시인했다. 그는 자기가 원하는 것이면 무엇이든 다 했다. 이것 또한 타인들이 쉽게 참기 어려운 것이었다. 그는 무분별하고 무책임한 말을 했고, 다른 사람들의 처지를 생각하지 않았다. 이러한 모든 결점들이 행운보다 불행을 불러왔다.

진실로 행운을 가진 사람은 친절하고, 정직하고, 관대하다. 그들의 말과 행동은 조용하고 위엄이 있다. 공자께서 말씀하셨다. "위엄이 없으면 다른 사람들을 승복시킬 수 없다." 오직 위엄과 다른 사람들의 존경심을 일으킬 능력이 있을 때, 우리들은 다른 사람들과 효과적으로 교섭할 수 있다. 요범 선생은 그가 젊었을 때, 침착하지도 않고 품위도 없었음을 인정하였고, 바로 이 점이 그가 불운한 한 이유가 되고 따라서 관리가 될 자격이 없다고 말했다.

옛말에 "땅이 더러워야 생물이 많고 물이 맑으면 물고기가 적다."고

했습니다. 제가 자식을 가질 자격이 없다고 느끼는 첫째 이유는 결벽증입니다. 둘째 이유는 온화함이 생명을 양육하는데, 저는 화를 잘 냅니다. 셋째로, 온화함이 다산(多産)의 원인이 되고 사나움이 불모(不毛)의 원인이 되는데, 저는 저의 명예에 이기적으로 집착하고 다른 사람들을 위하여 어떤 것도 희생하지 않으려고 합니다. 넷째 이유는 제가 너무 말을 많이 하여 정력을 지나치게 소모합니다. 다섯째로, 저는 술을 너무 많이 마십니다. 여섯째로, 저는 가끔 밤을 새우는 일이 있어 정력을 소모하여 자식을 갖지 못했습니다. 이 외에도, 저에게는 다 말할 수 없을 정도로 많은 결점이 있습니다.

　물고기들은 대체로 맑은 물에서 찾아보기 어렵다. 왜냐? 물고기들이 보이게 되면 쉽게 붙잡힐 것을 알기 때문이다. 이 말은 또한 더러움 없이는 아무 것도 자랄 수 없음을 지적하고 있다. 요범 선생은 불결한 것에 대한 지나친 두려움을 갖고 있었다. 청결하고 깔끔함은 좋은 성품이다. 그러나 지나치면 강박증으로 된다. 조그만 더러움도 용납하지 않는 것은 좋은 것이 아니다. 이 점이 그가 자식을 가질 자격이 없는 이유 중의 하나이다.
　온화함은 가정이 번영하는 데 도움이 되고, 친절함은 건강에 이롭다. 요범 선생의 나쁜 기질은 부자가 못 되어 가정이 경제적으로 위태로운 상황에 처하게 된 원인의 하나가 되었다. 뿐만 아니라, 조금만 비위가 상해도 화를 내고 불쾌한 것을 전혀 참지 못했다. 이렇게 처신해서 그는 불행해졌고, 이 점이 자식을 가질 자격이 없는 또 하나의 원인이 되었다.
　자애(慈愛)는 남을 보살피는 마음이다. 요범 선생은 이 원리를 알았으나, 이에 따라 처신할 수 없었다. 왜냐? 그는 매우 불친절한 사람이었다. 자신의 명성을 과대평가하고 남을 도우려고 하지 않았다. 이 점이 자식을 가질 자격이 없는 또 하나의 원인이다. 또한 너무 말을 많이 하여 정력을 많이 소모하였다.

요범 선생은 그가 자식을 갖지 못한 여섯 가지 이유를 들었다. 처음 세 가지 이유들은 결벽증, 화를 잘 내는 것, 그리고 자애심이 없는 것들이다. 이것들은 모두 의지 또는 마음에서 유래된 것들이다.

다음 세 가지 이유들은 말을 너무 많이 하고, 술을 마시고, 밤잠을 자지 않는 것들이다. 이것들은 행위 또는 몸에 관계된 것들이다. 그는 말하고 남을 비판하기를 좋아하였다. 남의 실수를 입방아 찧고 남과 잘 다투었다. 이것들은 몸을 해치고 정력을 고갈시킨다. 또한 과음하기를 즐겼다. 이것은 마음을 해치고 정신을 피로하게 만든다. 마지막으로 친구들과 밤새우며 이야기하고, 마시고, 즐기며 건강을 돌보지 않아 자식을 가질 자격이 없다고 말했다.

자신이 너무 많은 나쁜 습관과 결점들을 가진 것을 알아차리고 요범 선생은 그의 모든 잘못된 행동을 솔직히 인정하고 후회하였다. 자기의 모든 과오를 숨김없이 인정하는 것이 후회하는 것이고 업장을 지우는 것이다. 이 일은 진실하게 해야 효과가 있다. 깨달음은 자신의 과오를 알아낼 수 있을 때 이루어진다. 수행은 자신의 과오를 알아차리고 이를 교정했을 때 이루어진다. 대부분의 사람들은 그들의 실수를 모르고 있기 때문에 진실로 수행하고 있는 것이 아니다. 그러므로 첫 단계는 우리의 나쁜 습성을 알아내는 것이다. 요범 선생은 매우 뛰어난 사람으로 운곡 선사가 한번 묻자, 주의 깊게 반성하고 그의 모든 결점들을 알아낼 수 있었다. 이리하여 그때부터 운명을 바꿀 수 있었던 것이다.

　어떻게 그는 이 일을 할 수 있었을까? 그리고 평범한 사람은 왜 그렇게 할 수 없을까? 나쁜 습관을 전혀 모르고는 절대 그것을 고칠 수 없다. 요범 선생은 반성하고 모든 부적절한 행동을 찾아내어 교정할 수 있었다. 이렇게 하여 구하는 것을 얻었다. 안으로는 덕스럽고 친절한 행동을 그리고 밖으로는 부와 자식을 얻었다.

　그는 밖으로부터 찾지 않았다. 그가 관세음보살 앞에 자식, 명예, 그리고 부를 구하기 위해 절하고 향을 사르는 것을 보지 못했다. 그러나 오늘날 사람들은 그들이 원하는 것을 단지 맹목적인 예배의 형식을 통하여 구한다. 그들은 원리들을 이해하지 못한다. 그들은 원하는 것을 찾지만, 단지 형식만을 취하는 것은 올바른 길이 아니어서 실패하고 만다.

　밤낮으로 수많은 사람들이 운명에 의하여 이미 받도록 확정된 부와 자식을 얻으려고 절에 가서 촛불을 켜고 향을 사루는 것을 보게 된다. 무지하여 그들은 그들이 얻은 것은 하늘의 은총에 의하여 허락된 것이라 생각한다. 수행자들은 진리를 이해하고 가르침에 따라 구해야 한다. 운곡 선사가 말했듯이 안과 밖에서 얻어야 한다. 이렇게 해야 구하는 것을 무엇이든지 얻을 수 있다.

　운곡 선사는 말씀하셨다. 당신 말대로라면, 명예나 자식뿐만 아니라 당신이 평생토록 받을 자격이 없는 것들이 많이 있소! 금생에 수백만 금(金)을 가진 사람은 과거에 그만한 돈을 가질 공덕을 쌓았소. 수천 금을 가진 사람은 그만한 돈을 가질 공덕을 가진 것에 틀림없소. 굶어죽는 사람은 실제로 그렇게 죽게 예정되어 있소. 오늘 사람들이 받는 업의 결과는

단지 그들 행위의 과보이고 외부의 힘과는 무관하오.

　선사의 충고는 매우 중요하다. 단지 미신으로 여겨서는 안 된다. 만약 그렇게 여긴다면, 그것은 아직 미혹하여 성인들이 가르쳐 준 것을 믿을 수 없기 때문이다. 운곡 선사는 요범 선생에게 안에서 정직하게 반성하도록 하여 스스로 많은 허물을 찾아내도록 했다. 가장 큰 공덕은 자신의 잘못된 행동을 알아내어 고치는 것이다.
　무수한 성인들에게 공물을 바치는 것은 또한 큰 공덕이다. 그러나 무량수경(無量壽經)에서 미혹을 돌이켜 성실하게 수행하는 것이 훨씬 더 좋다고 배운다. 수행은 자신을 바꾸는 것이다. 옛날 성인들은 참회하고 개과하는 것을 큰 덕으로 생각했다.
　운곡 선사는 요범 선생에게 그 자신이 비단 자식이나 벼슬 말고도 스스로 가질 자격이 없는 많은 것들이 있음을 분명히 느끼고 있음을 지적했다. 시험에서 높은 점수를 얻어 관리가 되는 것은 전생에서 수행하여 공덕을 쌓은 결과이다. 수백만 금을 가지거나 사회적으로 높은 신분을 갖기 위해서는 그에 상응하는 조건이 갖추어져야 한다. 이것들은 이유 없이 얻어지는 것이 아니다. 불교는, 금생에 부자가 되기 위해서는 전생에 남에게 많은 재물을 베풀어야 한다고 가르친다. 억지로 부를 불러올 수 있을까? 불가능하다. 그렇게 하려고 들면 재앙과 불행이 다가온다.
　"화(禍)와 복(福)도 이유와 조건 없이 오지 않는다. 자신이 그들을 불러오는 것이다."
　중국 문자를 발견한 옛 사람들은 매우 지혜로웠다. 복과 화의 두 글자는 조금 다를 뿐이다. 이것은 조그만 어긋남이 커다란 잘못을 가져옴을 의미한다. 이 모든 것들이 스스로 원인과 결과를 이해하도록 도와준다. 가르침에 따라 명예, 부귀 등을 구하면, 모든 것을 얻을 수 있음을 알게 될 것이다.

'수백만 금'은 상류층의 부를 나타낸다. '수천 금'은 중류층의 부를 나타낸다. 전생에 심은 선인(善因)들에 의하여 사람들은 큰 부자가 되기도 하고 보통 부자가 되기도 한다. 굶어 죽게 된 사람은 전생에 수많은 악행을 저질렀다. 인색해서 남에게 베풀지 않았다. 오늘날 불행하게도 수많은 사람들이 조그만 선행이나 보시도 하지 않으려고 한다. 남에게는 베풀도록 권유하면서 스스로는 자신의 권유에 따르지 않는다. 그들은 내생에 궁핍해 질 것이며, 뿌린 대로 거두게 될 것이다.

사람의 일생은 외부의 힘에 지배되지 않는다. 선사는 하늘도 나쁜 사람들을 그들이 받을 만큼 이상의 고통으로 벌주지 못하고, 착한 사람도 받을 만큼 이상의 행운으로 포상하지 못한다고 말했다. 어떤 사람들은 모든 것이 하늘의 뜻에 의하여 결정된다고 생각한다. 그러나 그렇지 않다. 우리에게 일어나는 모든 일의 진정한 원인은 우리의 생각과 행동이다. 하늘은 우리를 위한 어떠한 계획도 가지고 있지 않다. 참된 지혜로써 우리는 진리를 볼 수 있다. 부와 귀도 빈(貧)과 천(賤)도 모두 우리 안에 있다.

예로서, 어떤 사람이 백 대까지 지속할 공덕을 쌓았다면, 그는 백 대에 이르는 자손들을 갖게 될 것이다. 십 대까지 지속할 공덕을 쌓았다면, 십 대의 자손들이 그 복을 누리며 살 것이다. 2 내지 3대에 지속하는 공덕도 마찬가지이다. 자손이 없는 사람들은 공덕이 너무 적은 것이다.

이 이야기는 자식을 갖거나 못 가질 운명에 관한 것이다. 만약 자손들이 백 대에 지속할 공덕을 쌓았다면, 백 대의 자손을 가질 것이다. 인광(印光) 대사는 자주 공자(孔子)께서 자손들이 백 대에 지속할 공덕(百世之德)을 쌓았다고 찬양하셨다. 공자는 자기 생각은 조금도 하지 않으면서, 끊임없이 나라와 백성에 이로운 일만을 생각하였다. 일생을 교육에 바쳤고, 자기의 이상과 희망을 제자들에게 전하였다. 그는 중국 역사상 가장 위대한 교육자였다.

지금까지 70대가 넘는 공자의 자손이 지속되었고, 현세의 그 자손인 공덕성(孔德成) 선생은 아직도 전 세계에서 존경받고 있다. 비단 중국사람뿐만 아니라 다른 나라 사람들도 그가 공자의 자손임을 들으면 그를 예우하고 존경하고 따뜻하게 환영한다. 이것을 보면 우리는 좋은 씨앗이나 원인을 심으면 좋은 수확이나 결과를 얻음을 분명히 알 수 있다.

요범사훈에서 십 대가 지속할 공덕을 쌓으면, 십 대의 자손들이 그 복을 누리며 살게 됨을 읽게 된다. 중국 역사를 통하여, 황제들은 십 대 동안 지속된 청(淸)나라처럼 여러 대에 걸쳐 지배할 수 있는 왕국을 세우려고 노력했다. 그러나 그 조상들이 충분한 공덕을 쌓지 않았다면 이것은 불가능했다.

오늘날 사람들은 이것을 모르거나 믿지 않는다. 그들은 오직 필요한 것은 능력, 권모술수, 그리고 지혜라고 생각한다. 그러나 이것들이 아니다. 조상들이 쌓은 공덕과 자신의 전생 덕행이 결합한 결과로, 덕 있는 사람들이 가문에 태어나 대가 이어지는 것이다.

마찬가지로, 어떤 가족의 사업이 몇 대까지 지속되는 것인가? 대만에 '동인당(同仁堂)'이라는 북경에서 시작된 연쇄약국이 있다. 이 약국은 조상들이 쌓은 공덕으로 대를 이어가며 백년 이상 성업 중이다. 생명을 구하겠다는 염원으로 자비심 많은 선조들이 이 약국을 세웠다. 이익을 바라지 않고, 이들은 단지 매우 검소하게 살 수 있을 만큼 벌기를 원했다. 이들의 목적은 안락한 생활을 즐기는 것이 아니라, 사회를 이롭게 하고 고통 받는 사람들을 구하는 것이었다. 이러한 목적을 가지고 이들은 백년 이상 지속하는 사업을 세울 수 있었다. 만약 후손들이 선조들의 목적에서 벗어나지 않는 한 이 약국은 영원히 지속할 것이다. 이들은 공덕을 쌓지 않아 수년 만에 파산하는 사람들과는 다른 것이다.

어떤 사람들은 이삼 대의 자손들만 지속될 공덕을 쌓았을지 모른다. 중국 사람들은 세 가지 큰 불효의 죄들[10] 중에 가장 큰 것이 자식이 없는 것이라고 했다. 공덕이 없으면 후손이 끊긴다.

과거에는 사람들이 이 문제를 매우 중요하게 생각하였으나, 지금은 상황이 완전히 달라졌다. 많은 부부들이 너무 귀찮을 것 같아 자식을 원치 않기도 한다. 뿐만 아니라, 지금은 사회복지제도가 있다. 누가 노인들을 보살피는가? 국가가 보살핀다. 늙어서 그들의 생활을 의지할 자식들의 필요가 없어짐에 따라, 많은 부부들이 자식을 가질 필요가 없다고 생각하고 있다. 이들은 60대에 은퇴하여 매월 정부로부터 연금을 받을 수 있다. 오늘날에는, 노인들이 생계를 자식들에게 의지했던 과거보다 사회보장 제도가 잘 되어있어 이 일이 가능하다. 지금은 더 많은 정부가 노인들을 보살피고 있다. 이 제도가 많은 자식들보다 더 효도하고 있는 것이다. 그러나 자식들은 기억할 필요가 있다. 인과의 법칙은 변하지 않는다.

---

10) 첫째는 부모가 살아있을 때 부양하지 않는 것. 둘째는 부모가 사망할 때 정중한 장례를 치루지 않는 것. 셋째는 가장 무거운 것으로 자식을 낳지 않는 것.

"흉년에 대비해 곡식을 저장하는 것처럼, 노년을 위해 자식을 기른다."는 것이 보편적인 생각이었다. 우 선생은 그의 주해에서 "이 세상을 초월하는 성인들은 욕망과 집착을 끊고, 미혹을 없애 지혜를 얻고, 범인을 초월하여 성인에 이르는 수행을 가장 큰 공덕으로 생각하였다. 불행히도 이 경지의 수행을 보통사람들은 이해하지 못한다."

노년을 위하여 자식들을 기른다는 생각은 오늘날에도 아직 존재한다. 보통 젊은이들이 발심하여 비구나 비구니가 되고자 할 때, 그들의 가족이나 친구들이 온 힘을 다해 만류한다. 불교를 이해하지 못하고, 이들은 자손이 없는 것이 가장 큰 걱정이라 생각하기 때문이다. 불교는 과거, 현재, 미래를 들여다보고, 인생과 우주의 진리를 이해한다. 보통사람들은 오직 우주의 조그만 부분만을 본다. 이 부분에서 그들은 오직 인간의 영역만을 보았을 뿐이다. 이 영역에서 그들은 오직 현재만 본다. 그들은 과거나 미래를 보지 못하므로, 부처님이나 보살처럼 분명히 알 수 없는 것이다.

가족 중의 한 사람이 비구나 비구니가 될 때, 훌륭한 일이므로 참으로 가장 기뻐할 만하다. 비구나 비구니들은 세속적인 삶을 버리는 수행에 진지하게 정진해야 한다. 왜냐하면 만약 이루지 못하면 3악도에 떨어지기 때문이다. 불교에서는 자주 쌀 한 톨 공양이 수미산만큼 크고 이승에 생사의 윤회를 초월하지 못하는 비구나 비구니는 내생이나 그 다음 생에서 짐승처럼 일하여 그 빚을 갚게 된다고 말한다.

정토수행자는 어떤 경지에 이르러야 하고 육도를 초월해서 정토에 왕생해야 한다. 소승불교 수행자들은 최소한 여러 가지 삿된 견해를 끊어버린 입류(入流)의 경지에 이르러야 한다. 이 경지는 소승불교 4성인의 단계에서 가장 낮은 단계이다. 이 단계에 이른 수행자는 일곱 번 더 천계와 인간계를 거듭 태어나게 된다. 이리하여 비록 시간이 많이 걸리지만 이들은 아라한과를 얻게 된다. 그러나 삼악도에 떨어지지 않음으로써 그들은 성취했다고 볼 수 있다.

이 기준에 비추어 볼 때, 대승불교에서 성취의 최소 기준은 우리가 집착의 일부를 벗어나고, 88종류의 삿된 생각과 견해를 끊는 것이다. 만약 우리가 이것들을 끊을 수 없다면 성취한 것이 아니다. 이것들을 끊어버리는 데 성공한 대승불교 수행자들은 초신위(初信位)에 이르며, 여러 가지 삿된 견해를 끊어버린 소승불교 수행자들이 입류의 경지에 이른다.

이러한 성취 없이는, 여전히 전생과 금생에 진 빚을 갚으면서 끊임없이 육도에 환생한다. 이것은 비구나 비구니가 되었을 때, 전 우주로부터 받은 모든 공양을 하나하나 갚아야 함을 의미한다. 비구나 비구니에게 수행자들이 바친 공양은 모두 보답을 바라고 주어졌다.

만약 소승불교 수행자들이 입류의 경지에 이를 수 있거나 또는 대승불교 수행자들이 88가지 삿된 생각과 견해를 끊을 수 있다면, 공양을 올린 사람들은 복을 받게 된다. 그러면 이들이 공덕의 밭에서 수확을 얻었으므로 우리들이 이들에게 보상할 필요가 없다. 이러한 요구들을 기준으로 삼을 경우, 이 세대의 비구나 비구니들에게 그러한 성취는 불가능하다.

그러나, 그래도 다른 길이 있으니 서방정토에 왕생을 구하는 것이다. 그렇지 않고서는 성취가 불가능하다. 만약 정토에 갈 수 없다면 아무 것도 성취한 것이 없게 될 것이다. 정토에 왕생을 구하는 것이 실제로 88가지 삿된 생각과 견해를 끊는 것보다 훨씬 쉽다. 왜냐하면 이것들을 다 끊을 필요가 없고, 남은 업을 가지고 왕생(帶業往生)할 수 있기 때문이다. 흔들림 없는 믿음과 서원으로 올바르게 수행하고 끊임없이 아미타 부처님을 생각하면 누구나 다 성취할 수 있다. 부처님은 무량수경과 아미타경에서 이렇게 가르치셨다. 따라서 속세를 버리고 비구나 비구니가 될 때, 반드시 성취해야 한다.

2. 허물을 철저히 고쳐라

이제 당신의 부족한 점들을 알았으니, 당신은 이들을 고치고 또 자식도 없고 관리도 못 된 원인이 된 당신의 그릇된 행동을 교정하는 데 전력을 다 해야 합니다.

운곡 선사는 요범 선생에게 그의 나쁜 습관과 결점들을 교정하는 방법들을 가르쳐 주었다. 이것들이 무엇인지 알았으므로, 운곡 선사는 그가 개선할 수 있도록 모든 노력을 다하라고 말했다. 우 선생은 그의 주해에서 말했다. "누구나 허물과 약점들이 있다. 그러나 스스로 조용히 생각해서 이들 하나하나를 찾아낼 수 있다면 어디에서 시작할지 알게 될 것이다."

행동을 바꾸고 자신을 개선하는 것이 참된 수행이다. 이것은 경을 읽고, 부처님께 절하고 주문을 외우는 형식적인 것이 결코 아니다. 평생을 통하여 수행하고도 아직 육도에 갇혀있는 것은 단지 형식적으로 했기 때문이다. 다른 사람들에게는 형식적인 것들이 가르침의 실례가 되어 이를 보고 깨닫기 시작할 수 있었다. 그러나 보통사람들에게는 가르침을 생각나게 하는 역할을 했다.

자기 수행을 위해서는 형식적인 것들이 아니라 자신의 허물들을 찾는 것이 중요하다. 자신의 허물을 고치는 것이 수행에서 진전하는 것이다. 따라서 가장 중요한 것은 조용히 자신의 안을 돌이켜 보고 행동을 살피면서, 나쁜 습관과 허물들을 찾아보는 것이다. 이것들을 알게 되면 어디에서 시작하여, 무엇을 고치고, 또 어떻게 나아가야 할지를 알게 된다. 그러면 모든 에너지를 집중적으로 사용하여 교정할 수 있다.

우 선생은 그의 주해에서 몇 가지 예를 들고 있다. "인색하고 탐욕스런 사람에서 어려운 사람을 관대하게 대하는 사람으로 바뀔 수 있다."가 그 중의 하나이다. 인색할 때 남에게 베풀려고 하지 않는다. 탐욕스러울 때 항상 자신이 갖지 못한 것을 가지려고 노력한다. 우리가 습관적으로 이러함을 알아차리면, 보시를 실천함으로써 관대한 사람이 될 수 있다. 내가 갖고 있지만 다른 사람들이 요구하면 그냥 주어버릴 수 있다. 또 더욱 좋게는, 내가 다른 사람들이 시급히 필요한 것을 발견하면, 먼저 그들이 필요로 하는 것을 줄 수 있다. 이것이 첫 번째 보시, 즉 재시(財施)를 통하여 복을 닦는 것이다.

두 번째 보시는 법시(法施)로서, 남에게 자신이 가진 기술이나 지혜를 제공함으로써 실천한다. 만약 남들이 잘하지 못하는 것을 잘 할 경우, 그들이 기술을 갖거나 지혜를 개발하도록 열성적으로 그들에게 가르쳐준다.

세 번째 보시인 무외시(無畏施)는 남들이 조용히 몸과 마음을 안정시키도록 돕는 것이다. 이것은 그들이 불안감과 두려움에서 헤어나도록 도와주는 것이다. 예로서, 어떤 사람이 밤에 혼자 집에 걸어가는 것을 무서워하면, 그가 두려워하지 않도록 같이 동행할 수 있다. 오늘날 많은 젊은 이들이 나라를 외적의 침략에서 보호하기 위하여 군복무를 한다. 이것도 무외시의 한 형태이다. 왜냐하면 군인들은 나라와 국민을 보호하고 국민들이 외적의 침략을 받지 않도록 하여 평화를 유지해 주기 때문이다.

    이 세 종류의 보시를 살펴보면 그 범위가 광대함을 알 수 있다. 재물을 베푼 까닭으로 부자가 되고, 가르침을 베푼 까닭으로 총명과 지혜를 얻으며, 남의 두려움을 없애줌으로써 건강과 장수를 얻을 수 있는 것이다.

    여러 나라에서 붙잡힌 동물들을 풀어주는 것도 무외시의 한 형태이다. 그러나 이로 인하여 좋지 않은 일들이 많이 일어난다. 붙잡힌 동물들을 풀어주려고 하는 사람들이 많기 때문에 다른 사람들은 동물들을 잡는 것을 사업으로 하고 있다. 이런 방식으로 동물들을 풀어주는 것은 무외시가 아니라 오히려 그들을 해치는 것이다. 동물들을 풀어주려는 의도가 없었다면 다른 사람들이 잡으려고 하지도 않았을 것이다. 남을 도우려는 의도가 부주의로 인하여 오히려 그들을 해치는 것이 되지 않도록 상황을 잘 파악해야 한다.

    어떤 나라에서는, 식품시장에서 보는 동물들을 풀어줌으로써 올바르게 보시할 수 있다. 동물들이 풀려나면 살아갈 수 있음을 알고 이렇게 하는 것이다. 이것이야말로 고통 속에 있는 동물들을 구해주는 것이므로 진정한 자비이고 친절이다. 그러나 많은 애완동물 가게에서는 집에서 기른 동물들을 팔므로 그것들이 풀려나면 독자적으로 살 수 없음을 알아야 한다. 만약 이것들이 풀려나면 죽게 되어 좋은 의도가 나쁜 짓이 되고 만다.

    따라서 모든 일의 결과를 생각할 필요가 있다. 이따금 식품가게에서 동물들을 보고 사서 풀어줄 때, 올바른 방법은 불법승 삼보에 귀의하고 부처님 명호를 부르는 것이다. 이렇게 함으로써 우리는 그들의 생명을

구하는 것이다.[11]

주해에서는 다음으로 화 잘내고 흥분하기 쉬운 사람이 조용한 사람으로 변하는 것에 관하여 말한다. 쉽사리 노하거나 흥분하는 것은 중대한 허물인데 요범 선생이 이러했다. 선사는 그에게 대신 조용히 머물라고 권했다. 이렇게 할 수 있을 때, 자연스레 온화해진다. 석가모니 부처님과 공자께서 이 덕성의 중요함을 강조하셨다. 공자의 제자들은 공자가 모든 상황에서 모든 사람에게 보여준 다섯 가지 덕성인 온화, 선량, 공순, 근검, 겸양을 찬양하였다. 호사롭지 않고 소박하게 살았다. 예절바르고 겸손하여 절대로 다투지 않았고 남과 화목하여 도덕적으로 탁월한 모범이었다.

주해는 "과장하고 뻐기는 사람으로부터 겸손한 사람으로 변하는 것"으로 이어진다. 어떤 사람이 과장하면 자동적으로 그가 무슨 말을 하든 의심하게 된다. 그 결과로 그는 신임을 얻기 어려워진다. 왜냐하면 그는 기본적으로 정직하지 않기 때문이다. 따라서 모든 말과 행동에서 겸손하고 정직해야 한다.

"경박하고 참을성 없는 사람이 침착한 사람으로 변하는 것" 만약 우리가 조용히 머물 수만 있다면, 우리의 마음이 청정해진다.

"거만하고 무례한 사람이 예절바른 사람으로 변하는 것" 실제로 거만해야 할 아무 것도 없다. 만약 자신이 무엇인가 성공적으로 이루어 냈다면, 그렇게 하는 것이 자신의 책임이었다. 만약 그렇지 못했다면, 결점을 고쳤어야 했고, 개선하는 방법을 배웠어야 했다. 깨달은 존재인 부처

---

[11] 이렇게 함으로써 미래에 부처님이 되는 씨를 뿌리고, 그들의 생명을 육도에 환생하는 고통으로부터 구한다.

님과 보살들도 공자와 맹자처럼 모든 사람 모든 일을 존중했다. 깨달음이나 지혜로움이 그분들에게 훨씬 못 미치기 때문에 우리는 다른 사람들을 존경과 예절로써 대해야 한다. 왜냐하면 이러함이 본래의 덕성이기 때문이다.

"게으른 사람이 부지런한 사람으로 변하는 것" 게으름은 어떤 일에도 성공하지 못하는 사람들이 갖는 심각한 괴로움이다. 그 대신, 우리는 목표를 정하고 정력적으로 일하는 것이 좋다. 석가모니 부처님 제자의 하나인 아누룻다는 게으름으로 유명하였다. 부처님께 꾸중을 듣고 그는 7일 동안 밤낮을 쉬지 않고 정진하기로 결심했다. 이 결과 그의 시력이 손상되었다. 부처님께서는 자비롭게 그에게 깊은 삼매의 하나인 '낙견조명금강삼매(樂見照明金剛三昧)'를 가르쳐 주셨고, 그는 이로 인해 이전보다 훨씬 더 잘 볼 수 있었다. 그 결과로 그는 10억 개의 은하로 이루어진 한 불국토(三千大千世界)를 볼 수 있었다.

또한 열성과 결의를 가져야 한다. 게을러서는 아무 것도 이룰 수 없다. 비단 불교를 배우고 수행하는 데 성취할 수 없을 뿐만 아니라 일상생활에서도 아무 것도 이룰 수 없다. 동서고금을 막론하고 게을러서 성공한 사람은 아무도 없다. 근면은 대승불교 수행자나 보살을 이루는 좋은 원인이다.

"잔인한 사람이 인자한 사람으로 변하는 것. 겁 많은 사람이 용기 있는 사람으로 변하는 것." 지나치게 두려워하는 것도 하나의 중대한 허물이므로, 우리는 그 대신 성실하고 단호하도록 노력할 필요가 있다. 요범 선생은 이러한 모든 허물을 가졌다고 시인하였다. 자기 자신을 개선할 수 있도록 더욱 그를 본받아 전력을 다 하는 것이 좋다.

다음에 선사는 수행을 위한 몇 가지 요점을 요범 선생에게 가르쳐 주었다.

당신은 덕과 관대한 마음을 닦고 다른 사람들을 선의와 자비심으로 대해야 합니다. 당신은 또한 건강을 살피고 정력과 기백을 보존해야 합니다.

첫째로, 운곡 선사는 요범 선생에게 모든 나쁜 일들을 피하고 모든 착한 일들을 하여 공덕을 쌓으라고 격려했다. 이것이 불교와 세속적인 가르침에서 자신의 개선을 위한 기초가 된다. 만약 진지하게 악한 일들을 피하고 착한 일들을 하여 공덕을 쌓아가지 않는다면, 어떻게 수천 금을 갖는 부자나 자손들이 백 대나 지속할 수 있기에 충분한 공덕을 쌓을 수 있을 것인가? 온 나라가 공자님을 존경한다. 전 세계가 석가모니 부처님을 존경한다. 공자님은 세간의 큰 공덕을 쌓으셨고, 부처님은 출세간의 큰 공덕을 쌓으셨다.

둘째로, 마음과 가슴을 넓혀 타인에게 관대하도록 노력해야 한다. 만약 이렇지 못하면, 더 많은 고통을 만나게 되고 이것이 수행에 더 많은 장애를 가져올 것이다. 일반적으로 깨달음과 올바른 생각과 그리고 청정한 마음을 위해 수행한다. 만약 청정한 마음을 얻지 못하면, 깨달을 수 없게 되고 결국 그릇된 생각을 갖게 된다. 크게 깨달은 바른 생각들은 청정한 마음의 바탕에서 나온다. 이것은 관대함으로 성취된다.

지나치게 심각하거나 모든 일에 비판적일 필요는 없다. 금강경에서 배우는 바와 같이, "모든 현상은 꿈이고, 허깨비이고, 물거품이고, 그림자이다(一切有爲法 如夢幻泡影)." 아무 것도 실재하지 않는다. 옛 사람들이 말했듯이, 모든 현상이 구름처럼 흘러간다. 화를 내거나 다툴 가치가 있는 일은 없다. 사물에 대하여 곱씹는 것은 바람직하지 않다. 왜냐하면 이런 것이 마음을 청정하게 닦는 데 방해가 되기 때문이다.

온화하고 다정하고 태평한 것은 매우 중요하다. 이렇지 못한 것이 요범 선생의 가장 큰 문제였다. 모든 상황에서 모든 사람에게 친절과 자비를 베풀도록 노력해야 한다.

부처님은 모든 것에 차별이 없고 따라서 모두 평등하게 취급되어야 한다고 가르치셨다. 공자님 또한 "인자한 사람은 적이 없다(仁者無敵)."라고 인자함을 가르치셨다. 만약 자신의 생각에 거슬리는 것을 수용할 수 없다면, 친절하지도 자비롭지도 않은 것이다. 투쟁이란 인자한 가슴 속에는 전혀 존재하지 않는다. 이것이 불교에서 말하는 대자비이고, 자신을 진정으로 이롭게 하기 위하여 배우고 수행해야 할 덕목이다.

정토경전에서, 우리는 일심불란(一心不亂)에 대하여 읽게 된다. 이러한 상태는 대립하는 어떤 것이 존재하면 얻을 수 없다. 대립한다는 것은 분별하는 마음이 있는 것이다. 혜능 대사는 "우리 마음은 본래 비어있다(本來無一物)."라고 말씀하셨다. 만약 마음이 아직 단 하나의 망념에 집착해도, 그것은 참된 마음이 아니고 허망한 마음이다. 청정하고 오염되지 않은 마음은 대립하는 생각들을 가질 수 없다. 대립하는 생각들이 더 이상 없을 때, 진심이 드러나 마음이 청정해지고 일심불란에 이를 수 있게 된다.

일심불란과 끊임없이 아미타불을 염불하는 경지(功夫成片)가 여기서 시작된다. 끊임없이 아미타불을 염불하는 경우, 처음엔 마음으로 부처님을 기억하고 잊지 않는다. 수행이 오래 지속된 후에는 끊임없이 부처님을 생각하게 된다. 만약 여러 해 동안 아미타불을 염불하고도 끊임없이 염불하는 경지에 이르지 못했으면, 어디에 문제가 있는지를 확인하고 이를 고칠 필요가 있다.

스스로 장애들을 제거하였을 때, 이러한 경지에 이르러 틀림없이 정토에 왕생할 수 있다. 자신의 수행 정도와 무관하게, 그 경지에 이르렀을 때 비로소 알게 된다. 남에게 물어 볼 필요가 없다.

끊임없이 염불하는 경지에 이르러 정토에 왕생하면, 성인과 범부가 함께 사는 나라(凡聖同居土)에 왕생한다. 일심불란을 각성하는 경지(事一心不亂)에 이르면 모든 것이 일시적인 나라(方便有餘土)에 왕생한다. 일심불란을 깨닫는 경지(理一心不亂)에 이르면 진정한 보상의 나라(實報莊嚴土)에 왕생한다. 자신이 이른 경지의 수준이 자신이 태어날 나라를 결정한다.

끊임없이 염불하는 경지에도 또한 다른 수준들이 있다. 따라서 왕생(往生)의 9품(品)이 있다.

왕생의 상위 수준인 상3품(上三品)에 태어나는 사람들은 스스로 원하는 시기에 열반할 수 있다. 그때에 이들은 아무 병도 없이 선 채로 또는 앉은 채로 열반할 수 있다. 만약 이들이 아직 이 세상을 떠나고 싶지 않으면, 더 오래 머물 수 있다. 모든 것이 마음대로 이루어진다. 중3품(中三品)에 태어나는 사람은 몇 달 전에 열반할 것을 알 수 있다. 이들 또한 서거나 앉은 채로 열반할 수 있다. 하품(下品)에서는 며칠 전에 열반할 것을 알게 되나 임종 전에 아플 수도 있다.

일심불란의 경지에 이른 사람들은 더욱 높은 능력들을 갖게 된다. 일심불란에는 2개의 수준이 있다. 즉 각성과 깨달음이다. 이 수준들은 범부들이 일생에 이룰 수 없다.

그러나 끊임없는 염불은 이룰 수 있다. 따라서 이승에서 끊임없는 염불의 경지를 성취하여 원할 때 편안하게 열반할 수 있는 능력을 갖추어야 한다. 이것이 상3품에, 성인과 범부가 함께 사는 나라에 왕생하는 것이고, 남은 업을 지닌 채 왕생〔帶業往生〕하는 것이다.

선사는 요범 선생에게 자신의 건강을 돌보고 정력과 기백을 보전해야 한다고 말했다. 요범 선생이 저녁 내내 앉아 있기를 좋아하고 자신의 건강을 돌볼 줄 몰랐기 때문에, 그는 건강과 정력에 특별한 관심을 가져야 할 필요가 있는 것이다.

과거의 모든 일이 어제로 다 소멸되었고, 아주 새로운 미래가 오늘 시작하는 것처럼 사세요. 만약 당신이 이럴 수만 있다면 당신은 덕 있고 진실한 사람으로 새로 태어나게 될 것이요.

어제 일어난 모든 일들은 과거에 속한다. 이것을 곱씹어서는 안 된다. 만약 이러지 못하면 마치 지난 일들을 다시 하거나 겪은 셈이 된다. 그러면 아뢰야식(阿賴耶識)에 추가의 인상을 남긴다. 따라서 지나간 일들은 지나가도록 하고 잊어 버려야 한다. 중요한 일은 현재에 있는 일과 미래에 일어날 일들을 바로잡는 것이다. 의심과 후회는 번뇌가 되어 몸과 마음을 어지럽히는 슬픔과 고통의 조건이나 원인이 된다.

부처님은 과거를 곱씹지 말도록 가르치셨다. 우 선생의 주해에서, 이것이 완전한 사람을 위해 운명을 바꾸는 열쇠가 된다고 읽는다. 완전한 사람은 더 높은 수준의 지혜를 가진 깨달은 사람이다. 이를 성취하기 위한 6개의 단계가 있다. 공덕을 쌓기 위해 수행해야 할 필요로부터 시작하여 갓 태어난 사람, 덕 있고 진실한 사람이 되어 정점에 이르는 이것들이 운명을 바꾸는 열쇠가 된다.

우 선생은 그의 주해에서 말했다. "운명을 바꾸는 첫 단계가 자신의 과오를 고치는 것이다. 그 동안 쌓인 모든 나쁜 습관들을 하나씩 털어내고 모든 문제들의 뿌리를 하나씩 뽑아내야 한다. 어디에서나 항상 자신의 모든 생각, 말, 그리고 행동을 끊임없이 감시해야 한다. 자신을 자제하고 단련해야 한다. 갓 태어난 어린애를 보호하듯이 자신의 천진과 선을 지켜나간다."

운명을 바꾸는 전적인 책임은 자신의 손에 놓여 있는 것이지 하늘에 있는 존재나 깨달은 사람의 손에 있는 것이 아니다. 최상의 공덕을 지닌 사람은 더 이상 운명에 구속되지 않는다.

자신에 대하여 보다 엄격할 필요가 있다. 만약 항상 자신을 용서해 준다면, 미래는 제한된다. 그러나 자신에게는 가혹하고 엄격해야 하지만, 남에게는 너그럽고 관대해야 한다. 언제라도 순수하고 덕 있고 천진한 사람들을 보호할 필요가 있다. 무엇이 천진한 것인가? 그것은 아무런 이기적인 생각이 없는 것이다. 만약 끊임없이 망념을 갖게 된다면, 천진하고 진실하고 청정한 마음을 잃게 된다.

미리 결정된 것을 바꾸는 책임은 전적으로 자신에게 있다. 만약 자신의 미래를 재창조하는 진리를 이해한다면 미래에 어떤 일이 일어날지 더 이상 무당이나 점쟁이에게 물어볼 필요가 없다. 항상 주의깊게 생각하여 무엇이 일어날지 그리고 이를 어떻게 변화시킬지를 알 수 있다. 이것을 알게 되면 다른 사람들이 자신을 더 이상 속일 수 없다.

　이전에 운곡 선사는 요범 선생에게 최상의 덕을 갖춘 사람들〔極善之人〕에 관하여 이야기 했다. 정토경전에서 이들이 정토에서 살고 있음을 알게 된다. 최상의 덕을 갖춘 사람들은 참회하고 허물을 고칠 수 있다. 서방정토에서, 이들은 더 이상 고쳐야 할 것이 없을 때까지 매일 참회하고 허물을 고친다. 그리고 그들은 부처가 된다.

　최상의 수준에 있는 보살들〔等覺菩薩〕도 아직 허물을 가지고 있다. 어떤 허물인가? 이들은 아직도 깨뜨려야 할 한 단계의 무명(無明)이 있다. 만약 등각보살들이 아직도 참회하고 허물을 고쳐야 한다면, 자신은 얼마나 더 많이 참회해야 할지 상상할 수 있다. 이제부터 자비로운 마음으로 참회하고 더 좋은 사람으로 변해야 할 필요가 있다. 등각보살의 경지에 이르러도 이렇게 할 필요가 있다. 오직 고쳐야 할 아무 것도 남아있지 않을 때, 부처가 된다. 자신에게 단 하나의 허물만 남아 있어도 최상의 깨달음을 이룰 수 없다.

　깨달음이란 자신의 허물들을 알고 이를 고치는 것이다. 보살들은 깨달은 중생들이다. 보통사람들 또한 중생들이지만 자신의 허물들을 몰라 이를 바로잡을 줄 모르기 때문에 깨닫지 못했다. 자신이 이미 옳다고 생각한다. "나에게 어떤 허물이 있는가?"라고 질문하고 오랫동안 생각해도 아무 허물도 찾지 못한다. 이래서, 보통사람들은 허물이 없지만 보살들에겐 많은 허물이 있다고 말한다. 그들은 자신에게 많은 결점이 있음을 알므로 끊임없이 자신의 생각, 말, 행동 하나하나를 감시하고 이들을 3대아승지겁(三大阿僧祇劫) 동안 끊임없이 고쳐나간다. '보살들에게 그렇게 많은 허물들이 있을까' 하고 생각할 때, 어떻게 보통사람인 자신에게 아무런 허물도 없다고 생각할 수 있겠는가!

'깨달음'과 '깨닫지 못함'의 차이가 무엇인가? 자기에게 허물이 많은 것을 아는 사람은 깨달은 사람 즉 보살이다. 자기에게 수많은 과실이 있는 것을 모르는 사람은 깨닫지 못한 사람 즉 보통사람이다. 보살들은 신이 아니고 자기의 허물을 알고 이를 끊임없이 고치려고 노력하는 사람들이다. 만약 개선하려면 자신의 허물을 고쳐나갈 뿐만 아니라 아미타 부처님의 서원을 일으켜야 한다. 이것이 자신의 운명을 바꾸는 가장 수승한 방법이다.

무량수경(無量壽經)에 익숙해지기 위하여 매일 이를 독송하는 이가 많지만, 이것은 단지 시작 단계이다. 두 번째 단계는 독송할 때 경을 거울 삼아 매번 대조하여 반성하고, 자신의 허물을 찾아내도록 활용하는 것이다. 거울에 비치는 것을 보고 자신의 어떤 부분이 더럽혀졌는가를 알아내고 곧 이를 씻어낼 수 있다. 씻어내는 것이 고치는 것이다. 지금까지 몰랐던 마음의 때를 보기 위하여 경을 읽는다. 경은 마음의 어느 부분에 허물이 있는가를 보여줘 곧 그 허물을 고칠 수 있게 하는 거울과 같다. 그러므로 처음에는 경과 친해지지만 다음엔 그 가르침을 따르게 된다.

수행에 있어서 먼저 원을 세워야 한다. 아미타 부처님의 48원을 생각하는지, 이 원들을 자신의 원으로 삼았는지, 그리고 그분과 한마음이 되기 원하는지를 깊이 생각해야 한다. 그러면 그분과 같아지고 그 분의 화신이 된다. 그분은 자신을 변화시켜 그분과 같아지게 되는 것을 돕는 본보기이다. 이것이 한마음, 한가슴, 한서원이 되는 것이다. 자신의 가슴과 서원이 그분과 같아지는데 어떻게 정토에 왕생하지 않을 수 있겠는가? 이렇게 되면 다른 사람들이나 상황에 관계할 때 아미타 부처님과 같이 생각하고, 말하고, 행동하고, 또 끊임없이 아미타불을 염불하고, 항상 다른 사람들에게도 아미타불을 염불하도록 격려함을 잊지 않게 된다.

3업 즉 신업, 구업, 의업이 아미타 부처님과 같아질 때 그분의 화신이 된다. 우리 중생들은 그분의 본원(本願)을 이루기 위하여 이 세상에 돌아온 것이다. 이것은 진실하고 덕 있는 사람이 되는 것보다 훨씬 훌륭한 일이다. 원래 우리 중생들은 업의 빚을 갚기 위해 이 세상에 환생했으나, 지금은 모두가 서원의 힘에 의하여 이 세상에 오신 아미타 부처님이 된 것이다. 이것이야말로 운명을 바꾸는 가장 훌륭하고 수승한 방법인 것이다.

비록 혈육(血肉)의 몸은 운명에 구속된다 하지만, 어찌 의리(義理)의 몸이 하늘로부터 감응을 불러올 수 없겠는가?

여기에서 운곡 선사는 망념과 집착에 관하여 이야기하고 있다. 사람의 몸은 실로 운명과는 아무 관계가 없다. 중요한 것은 마음이다. 왜냐하면 마음이 몸을 움직이기 때문이다. 실제로 대부분 사람들의 마음이 이기적이기 때문에 그들은 운명에 지배된다. 자신이 의식하는 마음(意識心) 또는 8식(八識)을 사용할 때, 운명의 지배를 받는다.

깨달은 사람들은 그들의 8식을 4지(四智)로 바꾸었으므로 초월할 수 있다. 8식을 사용하지 않으므로 깨달은 사람들은 운명에 구속되지 않는다. 보통사람들도 깨달음의 어느 경지에 이르게 되면 또한 깨달은 마음을 사용하게 된다. 현재 우리 중생들은 미혹한 느낌들을 사용하고 있다. 만약 자신이 깨달은 지혜를 사용한다면 어찌 하늘로부터 감응을 불러올 수 없겠는가?

주해에서 "지극한 정성은 금강석도 쪼개고, 하늘로부터 감응도 불러오고 운명도 바꿀 수 있다."는 것을 배운다. 한(漢)나라[12]의 명장 이광(李廣)에게 일어난 유명한 이야기를 생각해 보자. 한때 그와 그의 군사들이 행군하였다. 길 한쪽에 매우 긴 풀이 있었다. 풀에 일부가 가려진 큰 돌이 있었고 그는 이것을 호랑이로 오해했다. 그는 즉시 화살을 쏘았고 화살은 목표에 깊이 박혔다.

말에서 내린 후 그의 활 솜씨를 보러 갔을 때 그는 그것이 돌임을 알고 놀랐다. 그는 '내가 무척 힘이 세서 돌 속 깊이 화살을 박았다.' 라고 생각했다. 그는 여러 번 쏘아 보았지만 같은 일을 되풀이할 수는 없었다. 여기에서 그가 처음 쏜 화살은 망념 없는 지극한 정성의 결과임을 알 수 있다.

마찬가지로, 구마라집 스님이 7세 쯤 되었을 때 별 생각 없이 큰 쇠사발을 들어 올렸다. 그러나 다시 '내가 이렇게 작은데 어떻게 이걸 들어 올릴 수 있었을까.' 라고 생각하고 다시 그 일을 해보았으나 실패했다. 이광 장군은 돌을 호랑이로 오해했기 때문에 화살을 그 속에 박히게 할 수 있었다. 구마라집 스님은 큰 쇠사발의 무게를 생각하지 않았으므로 그것을 들어 올릴 수 있었다. 일단 이광 장군이 호랑이가 실제로 돌임을 알게 되고, 구마라집 스님이 쇠사발이 매우 무거움을 알게 되자 그들은 전에 한 일을 되풀이할 수 없었다. 두 사람 다 처음에는 망념 없는 진실한 마음으로 행동했다. 이리하여 돌이 쪼개졌고 쇠 사발이 들려졌다.

---

12) B.C. 206~A.D. 229

이 두 예로부터 우리는 화엄경에 설해진 '사사무애(事事無碍)'를 확인할 수 있다. 이것은 우리가 망념과 집착을 버려 마음이 어느 정도 청정해졌을 때 이루어진다. 만약 마음이 청정하지 못하면 모든 것이 장애가 된다. 그러나 마음이 청정하면 어떤 장애도 없다.

"지극한 정성은 하늘로부터 감응을 이끌어낸다." 유교는 물질적 욕망과의 투쟁을 언급하며, 우리들에게 놓아버리고 더 이상 욕망에 좌우되지 않도록 가르친다. 지극한 정성은 운명을 바꿀 수 있다. 이것이 관무량수경에 설해진 진심(眞心)이다. 이것이 보리심(菩提心)이고 지성심(至誠心)이고 심심(深心)이고 발원회향심(發願廻向心)이다.

서경(書經) 태갑(太甲)편에 이르듯이, "사람이 하늘의 보복은 피할 수 있으나 자신의 악행에 대한 보복은 결코 면할 수 없다."

"사람이 하늘의 보복은 피할 수 있다."는 말은 비록 우리가 전생에 죄를 지었다 하여도, 그에 대한 보복은 현재의 수행과 금생에 쌓은 공덕에 의하여 바뀌어질 수 있음을 의미한다. 하늘의 보복은 정해졌으나 바뀌어질 수 있다.

"자신의 악행에 대한 보복을 결코 면할 수 없다."는 이승의 죄에 관한 말이다. 하늘의 보복은 전생에 지은 죄들에게 주어지나, 운명처럼 바뀌어질 수 있다. 그러나 이승에서 저지르는 악행에 대한 보복에는 아무런 조치도 취할 수 없다. 그리고 만약 이러한 악행을 계속 하면, 뉘우치고 허물을 고칠 수도 없고 운명도 바꿀 수 없게 된다.

과거에 만든 나쁜 원인들이 현재의 촉매 역할을 하는 불리한 조건들을 만나게 되면, 이러한 악행에 대한 보복이 이루어진다. 그러나 만약 더 이상 악행을 삼가면 불리한 조건들을 제압할 수 있다. 나쁜 원인들은 아직 존재하지만 촉매적 조건이 없이는 이들이 성숙하지 않는다. 운명을 바꾸는 원리는 이 인과법칙의 조건적 측면에 기초를 둔다. 원인은 과거에 만들어져 변할 수 없으나 조건은 변할 수 있고 조절할 수 있다.

세상의 이치는 뿌린 것을 거두게 된다. 원인으로 멜론과 콩 씨를 심을 수 있다. 그러면 열매로서 멜론과 콩을 기르게 된다. 그러나 멜론 씨로부터 콩을 기르거나 콩 씨로부터 멜론을 기를 수는 없다. 원인은 여기에서 상수이다. 수확하는 것은 조건에 의존한다. 콩을 수확하고 싶다면 콩 씨를 심고 멜론 씨를 제거한다. 원인이 발효하려면 적절한 촉매적 조건이 필요하다. 예로서, 씨가 잘 자라기 위해서는 좋은 토양, 태양, 물 등의 적절한 조건이 필요하다. 씨가 심어져 원인이 만들어진 이후라도 성숙하는 것을 막을 수 있다. 물과 태양을 공급하지 않는다면 더 이상 자라지 않는다. 씨는 적절한 조건들이 없으므로 열매로 성숙하지 않는다.

그러므로 비록 전생에 나쁜 원인들을 만들었어도 만약 이승에서 나쁜 짓을 삼가고 잘못된 행동을 그치고 착한 일을 한다면 이러한 원인들이 성숙하는 데 필요한 불리한 조건들을 제공하지 않을 수 있다. 사람은 분명히 전생에 좋은 원인들도 만들었다. 어떻게 한 사람이 오직 나쁜 일 아니면 좋은 일만 할 수 있었겠는가? 이러한 사람은 있을 수 없다. 따라서 생을 거듭하면서 우리들의 행동은 선행과 악행의 혼합으로 이어져왔다. 어떤 때는 선행이 더 많았고 어떤 때는 악행이 더 많았다.

자신이 더 이상 악행을 삼가기만 하면 이전에 저지른 많은 악행들을 두려워할 필요가 없다. 만약 나쁜 조건들을 막을 수만 있다면, 비록 조그만 선행들을 했어도 이것들이 꽃피고 성숙할 것이다.

시경(詩經)에 "하늘의 마음에 영원히 일치하여 우리 자신의 커다란 행운을 구한다(永言配命, 自求多福)."라고 일렀다.

이 말은 조석 예불의 진정한 목적을 보여준다. 아침예불에서 불자들은 아미타 부처님의 서원을 상기한다. 저녁예불의 목적은 하루를 되돌아보고 경의 가르침에 따르고 생각과 말과 행동을 조심했는가를 점검하는 데 있다. 그러므로 두 예불에 참여하는 것이 중요하다. 석가모니 부처님의 시대에는 조석예불의 내용은 화엄경 정행품(淨行品)의 3귀의 "부처님께 귀의하여 모든 중생들이 큰 도를 깊이 이해하고 큰 지혜의 마음을 내기를 서원하는 것(自歸依佛, 當願衆生, 體解大道, 發無上心)"이었다.

옛날의 유덕한 사람들은 현재의 과송본(課誦本)을 편집하였고, 그 내용은 그 당시 함께 수행하는 사람들에게 적합하였다. 그러나 이러한 과송이 오늘날 사람들의 수행에도 적합한가? 만약 그렇지 않다면 이 과송본은 사람들이 허물을 고쳐 혜택을 입을 수 있도록 수정될 필요가 있다. 똑같은 것이 참회의식에도 적용된다. 만약 사람들이 이 의식에 참여하여 청정하지 않은 마음으로 절한다면, 업장을 소멸하지 못할 뿐만 아니라 오히려 이를 증대시킬 것이다.

이것은 사람이 아플 때, 약을 먹는 것과 비슷하다. 만약 약이 효험이 없으면 처방을 바꾸어야 한다. 경을 읽고 참회의 절을 하는 목적은 번뇌를 치료하기 위하여 마음의 병을 다스리는 데 있다. 만약 이들이 효험이 없으면 더 좋은 처방약을 찾을 필요가 있다. 이것이 하련거(夏蓮居) 거사가 편집한 보왕삼매참(寶王三昧懺)이 오늘날 사람들의 문제를 다루는 데 다른 비슷한 것들보다 더욱 적합한 이유이다. 주의 깊게 읽어보면 이 책의 많은 구절들이 현대에 적합함을 알 수 있다. 따라서 병과 문제들에 근거하여 조석 과송을 선택할 필요가 있다.

조석 예불에 많은 정토수행자들은 정(定)을 닦기 위하여 무량수경을 독송한다. 만약 경 전체를 독송할 충분한 시간이 없으면 아침에는 48원을 포함하는 6장을 읽고, 저녁에는 32장에서 37장(어떤 번역에는 31장에서 40장까지인데, 아미타 부처님이 미륵보살에게 하신 말씀이 있는 부분이다)까지 읽어도 된다. 이 6장들은 인과와 자신을 바꾸는 법을 배우는 것에 대한 말씀이다. 이렇게 함으로써 하늘의 마음에 영원히 일치하고 자신의 커다란 행운을 구하게 된다.

'하늘의 마음'은 진여본성(眞如本性)을 의미하며, 하늘은 문자 그대로 하늘, 땅, 그리고 천신들을 의미하지 않는다. 만약 자신이 본성에 합치할 수 있다면, 근본 선을 성취하고 본성에 되돌아 갈 것이다.

선사는 나에게 말씀하셨다. "공 선생은 당신이 관리도 되지 못하고 자식도 없을 것이라고 예언했다. 이것들이 하늘의 응징이지만 그러나 바뀌어질 수 있다. 당신이 다만 덕성을 개발하고, 부지런히 선행을 하고, 많은 음덕을 쌓기만 하면 된다.

운곡 선사는 요범 선생이 관리도 못 되고 자식도 없는 것은 전생의 수많은 악업이 쌓인 결과라고 말했다. 그러나 비록 운명이 존재하지만 고정된 것이 아니므로 이것들은 변화될 수 있다. 과거로부터 온 것은 상수이지만 오늘날 하는 것은 변수이다.

운곡 선사는 일어나기로 예정된 것을 바꾸기 위해서는 우리들의 마음으로부터 시작하여 자신의 덕성을 개발해야 한다고 설명했다. 이로부터, 단지 밖에서만 찾고 바꾸려고 하면, "안과 밖에서 모두 잃는다(內外雙失)."는 것을 알 수 있다. 흔히 문이나 창 등의 배치를 바꿈으로써 환경을 개선해 보려고 노력했던 사람들이 안과 밖에서 잃는 것을 보아왔다. 겉으로는 그들에게 소득이 있었던 것처럼 보이지만 실제로 그들은 얻기로 예정된 것만을 얻었다. 그것은 아직 그들의 운명 속에 있는 상수이지 변수가 아니다.

악행을 그치고 선행을 하기 위해서는 자신의 마음과 가슴으로부터 변해야 할 필요가 있다. 선사는 또한 "음덕을 쌓기 위해 노력해야 한다."고 말했다. 음덕은 남들이 모르는 착한 행동이다. 만약 어떤 착한 일을 하고 남들이 칭찬하도록 이를 널리 알리면, 이 일들이 이제 칭찬으로 바뀌었으므로 공덕을 잃어버리게 된다. 착한 일을 하고 동시에 그 공덕을 지워버리면 절대 공덕이 쌓이지 않는다. 착한 일을 다른 사람들이 모르게 아니 다른 사람들의 비난을 받으며 하면 더욱 좋다. 왜냐하면 이로써 우리의 악업이 줄어들기 때문이다. 가장 좋은 것은 자신의 공덕이 숨겨진 채로 자신의 악업과 그 응보가 감소하거나 아주 소멸되는 일이다.

오늘날 자신은 좋은 일을 하는데 남들이 이를 비난하거나 심지어 중상하면, 억울함을 느끼게 된다. 왜 좋은 일을 하고도 나쁜 결과를 얻는가? 실제로는 이것들은 좋은 결과들이다. 만약 좋은 일을 한 뒤에 즉시 칭찬 받는다면, 공덕을 잃게 될 것이다. 그러므로 남에게 숨기면서 공덕을 쌓도록 노력해야 한다. 왜냐하면 이래야만이 진실로 착한 일이 되기 때문이다.

이것이야말로 당신이 행운을 재창조하는 방법들이다. 이러고도 당신이 그 행운을 향유하지 않을 수 있겠는가?

사람들은 이승에서 만든 모든 행운들을 즐길 수 있을 것이다. 경에 "인과는 과거, 현재, 미래를 통하여 연결되어 있다."라고 설해졌다. 이승에 겪는 것들은 전생에서 한 일들의 결과이고, 지금 하고 있는 일들이 내생에서 겪게 될 일들을 결정한다. 만약 아주 부지런히 수행하면, 그 보상을 수확하기 위하여 내생까지 기다릴 필요가 없다. 그 대신 이승에서 한 일들의 열매를 보게 될 것이다. 이 원리에 의해 요범 선생은 그의 운명을 바꾸었다. 그는 너무나 많은 선행을 쌓아 그 결과를 향유하기 위하여 내생까지 기다릴 필요가 없었다.

역경(易經)은 사람들이 행운을 얻고 불운을 피하는 데 도움이 되기 위하여 씌어졌다. 만약 모든 일이 변화의 여지없이 예정되어 있다면, 우리가 어떻게 이 일을 할 수 있다고 바라겠는가?

역경은 고대 중국에서 가장 이른 시기에 성립된 철학서라고 많은 사람들이 생각하고 있으며 사람들로 하여금 성인이 되고 유덕한 사람이 되도록 가르친다. 이 책은 수학적 계산에 의하여 이 일을 하고, 나누어진 선과 나누어지지 않은 선을 합친 64개의 가능한 조합으로 이루어진 그림들을 이용한다. 여기에는 384개의 가능한 예언들이 있다. 개인들에 영향을 주는 사소한 변화부터 나라와 전 세계에 영향을 끼치는 변화들이 이 그림들로부터 연역될 수 있다. 이 책은 원인과 결과의 자연스런 진행을 결정하기 위하여 수학을 이용한다.

운곡 선사가 수학을 능가하는 것에 대하여 이야기한 것은 역경의 기법이 통하지 않는 영역에 속한다. 역경은 상수들에 관하여는 잘 맞다. 역경은 변수들이 있음을 알고 있지만 이것들을 활용하지 못한다. 이 책은 공덕을 쌓고 악행을 금하라고 가르친다. 하나의 유덕한 생각은 하나의 플러스이고 하나의 나쁜 생각은 하나의 마이너스이다. 따라서 매일 매일 이 단지 더하고, 빼고, 곱하고, 나누는 일들이다. 만약 변화의 폭이 그다지 크지 않으면, 다른 사람들이 어느 정도 정확하게 자신의 운명을 예측할 수 있다. 이것이 바로 공 선생이 요범 선생의 운명을 예언한 것에 해당한다.

20년간 요범 선생은 착하거나 나쁜 생각이나 행동을 늘이거나 줄이지 않고, 그의 운명에 철저히 따랐다. 대부분의 사람들에게는 하나의 착한 생각이나, 불친절한 행동 등 보통 약간의 변화가 있다. 요범 선생은 선행이나 악행 등에 관심이 없이 20년간 한결같았으므로 그의 운명은 놀라울 정도로 정확하였다. 만약 변화가 크면 상수를 초월하여 "행운을 얻고 불운을 피하게 될 것이다."

주해에 다음과 같이 쓰여 있다. "모든 생각과 행동이 변할 수 있으므로 모든 얻음과 잃음, 기쁨과 고통의 결과도 유연하여 변할 수 있는 것 같다. 이 결과들은 더하고, 빼고, 곱하고 나눌 수 있어 개인의 행동에 의하여 얻기도 하고 잃기도 한다."

상수는 원인(因)이고 변수는 조건(緣)이다. 운명을 바꾸는 열쇠는 조건에 의하여 결정된다. 이것이 불교에서 강조된다. "하늘과 땅의 모든 창조물은 조건으로부터 생긴다(天地萬物 因緣所生)." 존재하는 모든 것들은 변수인 조건으로부터 생긴다. 이 변수를 조절함으로써 우리는 운명을 바꿀 수 있다. 그리하여 우리는 소원과 목표를 추구하여 놀랍고도 완전한 결과를 얻을 수 있다. 부처님께서는 경에서 '무상(無常), 무아(無我), 열반(涅槃)'을 말씀하셨다. 이 원리를 이해함으로써 우리는 현인, 성인, 아라한, 보살 그리고 부처가 될 수 있다.

역경의 첫 장에서 "선행을 자주하는 집안은 자손에게 남겨줄 여분의 행운이 있다(積善之家 必有餘慶)."고 말했다. 당신은 이 말을 믿는가? 나는 그렇다고 대답했다.

이로부터 역경을 쓴 사람들이 이 세계와 우주의 원인이 상수임을 이해하고 있었음을 알 수 있다. 이들은 또한 조건이 되는 변수가 있음도 알았다. 이 변수를 작은 규모로 조절하여 운명을 바꿀 수 있고 큰 규모로 조절하여 이 세상의 지속적인 안정과 평화를 추구할 수 있다.

역경은 실로 대단하다. 그러나 이 책이 지금 사실상 점치는 책으로 전락했음은 유감스러운 일이다. 매광희(梅光羲) 선생이 무량수경 서문에 말했듯이 "원래 아미타경은 생사의 윤회를 초월하여 부처가 되는 것을 돕는 가르침이었다. 그러나 지금은 죽은 사람을 보내는 장례식에서나 독송하는 것이 되어버렸다." 아미타경이 이 슬픈 상태로 전락한 것은 역경이 점치는 책으로 전락한 것과 똑같다. 이것은 현 시대의 서글픈 세태의 반영이다.

역경은 사람들에게 행복과 세계 평화와 안정을 얻고, 공덕을 쌓아서 운명을 바꾸는 법을 가르치기 위한 책이었다. 이러기 위해서 먼저 참회하고 허물을 고쳐야 할 필요가 있다. 선사는 요범 선생에게 '선행을 한 가정이 매우 큰 행운을 가져, 그 자손에게 남겨줄 여분이 있음'을 믿는지 물어보았다. 요범 선생은 믿는다고 대답했다.

요범 선생이 그의 운명을 바꿀 수 있었음은 선근과 행운으로 좋은 조언을 믿을 수 있었기 때문이다. 그가 운곡 선사를 만나게 된 것은 적절한 조건이 무르익은 것이다. 부처님께서 말씀하셨듯이 "선근, 행운 그리고 적합한 조건이 성숙하면 어떻게 자신의 운명을 바꿀 수 없겠는가?"

우 선생이 그의 주해에서 말했듯이 "성인으로부터 좋은 조언을 듣고 그를 비방하는 사람은 악행을 한 것이다. 의심은 기본적인 번뇌의 하나이다." 좋은 조언은 이 세상과 그 너머에 있는〔世出世間〕 성인들의 가르침이다. 후대의 사람들이 이 가르침들을 경전이라 불렀다. 경전들은 시간에 따라 변하지 않은 진리를 말한다. 시간을 초월하는 진리는 과거 수천 년 전과 지금이 똑같고, 동양이든 서양이든 결코 변하지 않는다.

성인들의 저술과 가르침은 그들의 개인적인 경험이나 견해에서 나오지 않았다. 만약 그러했다면 이것들이 편향되었거나 부적절했을 것이다. 역사는 견해들이 아니라 쌓인 경험들로 이루어졌지만, 경전은 진여 본성에서 나온 진리이다. 따라서 경에 있는 가르침은 절대적인 진리로서 시간과 공간을 초월한다.

이 가르침들을 믿으면 이익을 얻고 향상하나, 믿지 않으면 대단한 이익들을 놓친다. 이래서 의심이 탐욕(貪), 노여움(瞋), 어리석음(痴), 오만(慢), 의심(疑), 그릇된 견해(惡見) 등 여섯 가지 근본 번뇌의 하나라고 말한다.

주해에서 또한 "좋은 조언을 듣고 믿는 사람은 행운과 공덕의 상(相)을 갖게 될 것이다. 이 믿음이 행운의 어머니가 된다."라고 말했다. '어머니'는 낳아서 기르는 것을 의미한다. 모든 행운과 공덕은 성인의 가르침을 믿는 것으로부터 생긴다. 만약 성인들의 가르침과 말들을 믿을 수 있다면 이로부터 무한한 행운과 공덕이 비롯함을 발견하게 된다. 요범 선생은 실로 희귀한 사람으로서 선사의 가르침을 듣자 이를 깊이 믿었다.

3. 행운을 닦고 공덕을 쌓아 운명을 초월하라

나는 그 분의 조언을 감사히 받아들이고 존경하는 마음을 엎드려 절하여 바쳤다. 그리고 불상 앞에서 크고 작은 내 과거의 모든 과오를 참회하기 시작하였다. 나는 과거에 합격을 바라는 소원을 쓰고 조상과 하늘과 땅에 대한 나의 보은의 마음을 보이기 위하여 3천의 선행을 하기로 맹세하였다.

여기서 요범 선생이 진실로 스승을 존경하고 그 가르침을 공경함을 볼 수 있다. 그는 "스님의 가르침을 믿고 따르겠습니다."라고 가볍게 말하고 잠시 후 다 잊어버리는 짓을 하지 않았다. 그는 불상 앞에서 모든 과오를 숨김없이 참회한 후 진심으로 그 가르침을 받아들였다. 진정으로 참회하고 모든 각자(覺者)들에게 증인이 되어달라고 요청했다.

그 주해에는 다음으로 "다른 사람들이 자신의 비행을 알게 될까 두려워하는 것은 중대한 실수이다."라고 쓰여 있다. 만약 자신의 과오를 숨기면, 그것들은 놀라운 속도로 증대한다. 만약 자신이 영리하다면 그것들이 알려지도록 한다. 그리하여 비난받고 이를 고치게 되면 업장은 점차로 지워진다. 만약 다른 사람들이 자신의 실수를 떠들어 대면 비록 그들이 말하는 것을 저지르지 않았어도 감사해야 한다. 왜냐하면 남들에게 부당하게 비난받으면 자신의 업장이 지워지기 때문이다. 부당한 비난을 받을 때 자신을 변호하거나 또는 반박할 필요가 없다. 자신을 변호하면 다른 사람들이 자신의 과오를 고치도록 돕지 않을 것이다. 그러면 죄는 더욱 심각한 것이 될 것이다.

당 태종(唐 太宗)은 천년 이전에 당 나라에 살았었는데 현명하고 교양 있는 위대한 황제로 기억되고 있다. 왜냐? 그는 그의 결점을 감추지 않았으므로 누구나 그에게 그것에 관하여 말할 수 있었다. 비록 황제였지만 그는 아직 고쳐야 할 허물이 있음을 알았으므로 어떠한 보복도 하지 않았다. 만약 그가 보복했다면 아무도 다시 그에게 충고하려고 하지 않았을 것이다.

요범 선생은 비록 공 선생이 그에게 운명이 아니라 했지만 과거 시험 합격을 구했다. 그는 감사하는 마음으로 3천 개의 선행을 하기로 서원하였다. 자신에게 운명지어지지 않은 것을 원해서 얻는 것이야말로 진실로 구해서 얻는 것이다.

내 서원을 듣고 운곡 선사는 나에게 공과격(功過格)을 보여 주고 매일 내가 한 선한 일과 악한 일을 기록하는 법을 가르쳐 주었다. 선사는 악한 일은 선한 일을 상쇄(相殺)한다고 경고했다.

공과격은 공덕과 과오를 기록하는 것으로 명(明)나라[13] 후기에 매우 유행했다. 선비와 불자들이 덕을 닦는 데 이를 활용하였다. 연지(蓮池) 대사[14]는 불교로부터 선행과 악행의 기준을 끌어낸 '자지록(自知錄)'을 작성하였다. 이것은 불자들이 악행을 끊고 선행을 닦는 데 큰 도움이 되었다. 오랜 기간을 지나며 전해 내려와 현재 우리들이 참조할 수 있는 몇 종류의 공과격들이 있다.

요범 선생은 오백년 전에 살았다. 그의 배경과 생활 방식은 현 시대와 매우 다르다. 그러나 그 공과격을 현대에도 지혜롭게 활용할 수 있도록 수정하여 아직도 그 원리들을 지킬 수 있다. 아무도 더욱 현대적인 공과격을 만들지는 못했지만 그 원리들은 유효하다.

선사는 나에게 준제주(准提呪)를 외우도록 가르치셨다. 오직 순수한 마음으로 집중해야 내가 구하는 것을 얻을 수 있다.

밀교에서 준제보살은 관세음보살의 화신이다. 왜 선사는 요범 선생에게 경을 독송하는 대신 주를 외우라고 했을까? 주를 외우는 목적은 망념을 없애기 위하여 우리의 청정한 마음을 드러내는 것이다. 주는 산스크리트(Sanskrit)에서 음역(音譯)하였으므로 우리는 그 의미를 따질 필요 없이 소리만 반복하면 된다. 오랫동안 주를 외우면 우리의 마음이 청정해진다. 그렇지 않은 경우에도 최소한 망념은 억눌러진다.

우리가 경을 독송하거나, 주를 외우거나, 부처님 명호를 부르거나 그 목적은 같다. 사람들에게 그에 맞는 가장 적합한 방법을 가르쳐 주는 것

---

13) 1368~1644
14) 정토종의 8대 조사이고 우익(蕅益) 대사의 스승이다.

이 중요하다. 예로서 만약 선사가 요범 선생에게 경을 독송하도록 가르쳤으면, 그 의미를 분석하고 싶어졌을 것이다. 독송하면서 생각하는 것은 마음을 정화하는 수행에 방해가 된다. 이래서 그에게 주가 가르쳐졌다. 불자들이 "경을 독송하는 것이 주를 외우는 것만 못하고, 주를 외우는 것이 부처님 명호를 부르는 것만 못하다."라고 말하기도 한다. 이러한 모든 것들이 실제 수행을 강조한다.

오늘날 사람들은 조상들이 받았던 기본교육을 받지 못했으므로 "비록 양을 잃고 난 후에 우리를 고쳐도 너무 늦은 것은 아니다."는 옛 사람들의 충고를 따르는 것이 도움이 된다. 잃어버린 기본교육을 배우기 위하여, 수행의 처음 수년간은 무량수경(無量壽經)을 외우는 데 집중할 수 있다. 배우는 데 가장 좋은 시기가 20세 이전이므로 이것은 젊은 사람들에겐 특별히 실용적이다. 만약 이 경을 기억하여 외울 수 있다면 남은 인생은 이로부터 이익을 얻을 것이다.

불교는 궁극적으로 완전한 지혜이다. 따라서 경을 외우는 것이 매우 중요한 기초가 된다. 만약 나쁜 일을 그치고 착한 일을 하고, 마음을 청정하게 닦는다면, 구하는 것은 무엇이든 얻게 된다.

운곡 선사는 부적을 그리는 전문가들이 "부적을 그리는 사람들이 올바르게 그릴 줄 모르면 귀신들이 비웃는다."라고 말한다고 했다. 부적을 그리는 비결은 처음부터 끝까지 무념의 상태에 있는 것이다. 이 점을 이해하고, 원초적 어두움(萬緣放下 一塵不起) 후의 고요한 마음에서 첫 획을 긋는다. 그리는 과정에서 모든 망념을 버린다. 이렇게 해야만 부적이 영험이 있게 된다.

부적을 그리는 것은 불교에서 주문을 외우는 것과 비슷한 도교의 오래된 기술이다. 부적을 그리는 비결은 무념의 상태에 있는 것이다. 불교의 대비주(大悲呪)로 이것을 보여줄 수 있다. 주(呪)를 외워서 성화(聖化)된 대비수(大悲水)는 어떤 사람에게는 큰 영험이 있고, 다른 사람에게는 전혀 영험이 없다. 왜냐하면 주를 외울 때 영험을 본 사람은 시작부터 끝까지 단 하나의 망념도 갖지 않았기 때문이다. 만약 주를 외울 때 하나의 망념이라도 생기면 그 주는 영험이 없게 된다. 그러므로 주가 길수록 성공적으로 외우는 것이 더욱 어려워진다. 능엄주는 매우 영험할 수 있다. 그러나 오늘날 이 주로부터 혜택을 볼 수 있는 사람은 적다. 왜냐하면 대부분 많은 사람들은 주를 외우면서 많은 망념들을 갖게 되고, 단 하나의 망념도 이들의 노력을 무효화하기 때문이다.

마찬가지 원리가 경의 독송에도 적용된다. 만약 정토수행자로서, 아무런 망념 없이 무량수경 한 편을 독송한다면 이는 경이로운 일이다. 망념 없는 마음은 전 우주의 과거, 현재, 미래의 부처님들의 마음과 합치한다. 따라서 청정하고, 평등하고, 진실하고, 공경하는 마음으로 경을 독송해야 한다. 그러나 만약 망념을 갖고 경을 독송하면 그 마음은 부처님의 마음이 될 수 없다.

그러므로 주가 짧을수록 집중하여 외우기 쉬움을 알 수 있다. 그리고 '나무 아미타불' 하고 부르는 것은 더욱 짧다. 이것도 너무 길다고 생각하는 이들을 위해 연지 대사는 단지 '아미타불' 만 부르도록 가르치셨다. 만약 이 명호를 단 하나의 생각도 없이 부른다면 영험이 있을 것이다. 이것은 마치 아미타 부처님에게 팩스(fax)를 보내 그 분이 이를 받으신 것과 같다. 그러나 만약 하나의 망념이라도 더하면 이 메시지는 전달되지 않을 것이다.

사람이 어떤 것을 위해서 기도하거나 구할 때 또는 자신의 운명을 바꾸고자 할 때, 단 하나의 생각도 내지 않고 그렇게 하는 것이 중요하다. 이렇게 함으로써 그 사람은 쉽게 감응을 얻게 될 것이다.

부처님이나 보살 또는 천상이나 지상의 존재로부터 무언가를 구할 때, 구하는 것에 감응이 있으리라는 생각 없이 그렇게 하는 것이 필요하다. 이것을 이루기 위해서는 마음이 어떠한 망념도 없이 진정으로 청정해야 한다. 이것이 진실하고, 청정하고, 공경하는 마음을 갖는 것이다. 지극히 정성스러운 마음으로 깨달은 존재에게 간구해야만 바라는 것을 얻을 수 있다.

마찬가지 원리가 사람들이 조상들의 제사를 모시고 그 위패(位牌) 앞에서 기도할 때에도 적용된다. 청정하지 못한 마음으로 그렇게 해야 소용없다. 그러므로 옛날에는 제사를 모시는 것이 매우 특별한 행사였다. 제사를 모시는 사람들은 3일 전부터 단식하고 목욕하였다. 그들은 조그만 방에 머물면서 집착을 끊으려고 노력하며 청정한 마음을 닦았다. 그들은 마치 조상의 영혼들이 참석한 것처럼 생각하면서 제사를 모셨다. 불자들은 이를 '관상(觀想)' 이라 부른다. 제사 때 진정으로 조상들을 공경하면 영혼들이 나타난다.

도량에서 불보살(覺者)들을 공경할 때, 그들이 함께 있는가? 반드시 그렇지는 않다. 그들의 형상이 있다 하여도 그들이 그 곳에 함께 있는 것은 아니다. 비구, 비구니 혹은 재가불자들일지라도 그 수행자들의 마음이 진실하고 청정할 때만 불보살들이 함께 할 것이다. 그렇지 않을 때는 불보살로 둔갑한 마귀들이 오히려 더욱 자주 나타날 것이다. 이것이 능엄경에 설명되어 있다.

"맹자(孟子)는 오래 사는 것(壽)과 짧게 사는 것(夭)에 차이가 없다고 했다." 처음에는 왜 이것들이 같은지 이해하기 어렵다. 그러나 생각이 없을 때 짧은 생명과 긴 생명의 이중성도 없다.

짧은 수명과 긴 수명은 완전히 다르다. 왜 이들을 같다고 보는가? 이중성은 망념과 집착이 있을 때만 존재한다. 오직 마음이 청정할 때만 비이중성(非二重性, 不二)을 본다.

우주 속의 모든 것이 하나이기 때문에 짧은 수명과 긴 수명은 같다. 불교에서는 이것을 불이(不二)의 경지에 들어간다고 말한다. 불이의 경지는 유마경(維摩經)에 언급되어 있다. 정토종에서는 이것이 일심불란으로 알려져 있다. 화엄경에는 이것이 모든 부처님들이 사는 일진법계(一眞法界)로 알려져 있다. 이것이 기초수준 위에 있는 보살들의 마음 경계이다.

엄밀하게 분석해 보면, 풍작과 흉작의 이중성도 없다. 이것을 이해하고 나면 부자이든 가난하든 현재의 상황에 만족하게 될 것이다.

만약 모든 것에 대하여 있는 그대로 만족한다면 안정되어 일을 할 수 있다. "만약 부자가 부자로서 만족하고 가난한 사람이 가난한 대로 만족한다면", 사회는 안정되고 세계는 평화롭고 모든 사람들이 행복해진다고 말한다. 무엇이 행복한 상태인가? 어떠한 망념이나 걱정 또는 고민이 없는 것이다. 만약 가난한 사람이 지금 그의 상황이 운명의 일이라고 이해할 수 있었다면, 그 사람 또한 만족할 것이다.

이 좋은 예가 20세기 초에 일어났다. 강소성(江蘇省) 한 마을의 어떤 사람이 낮에는 밥을 빌고 밤에는 오래된 폐사(廢寺)에서 잤다. 그는 그대로 만족했다. 그의 아들이 사업에 성공하여 부자가 되어 유력인사가 되었는데 사람들이 훈계했다. "당신이 어찌 이렇게 불효할 수 있는가? 이렇게 부자이면서 아버지를 계속해서 빌어먹게 놔둘 수 있는가?" 그 아들은 이것을 듣고 부끄러워 사람들을 여러 곳에 보내 아버지를 찾아 집으로 모셨다. 그러나 아들집에서 한 달을 산 후 아버지는 다시 거지생활을 하려고 빠져나갔다.

사람들이 아버지에게 "아들집에서 행운을 즐기며 사는 것이 더 낫지 않은가?" 하고 물었다. 그는 대답하였다. "나는 아들집에서 매우 불편했다. 지금 나는 낮에 내가 원하는 곳이면 어디든 갈 수 있고, 아름다운 경치를 보러 가는 것을 즐길 수 있다. 밤이면 어디든 내 집을 만들 수 있다. 이처럼 자유롭게 사는 것보다 더 즐거운 일은 없다. 집에 머물러야 하는 것이 나에게는 고통이었다."

그는 자신의 분수에 만족하여 욕심을 놓아버리고 진정한 자유를 획득하였다. 그는 부(富), 욕망(色), 명예(名), 음식(食), 수면(睡) 등의 오욕에 전혀 마음이 움직이지 않았다. 오히려 그는 행복했고, 청정한 마음을 가질 수 있었다. 그는 모든 사람들이 명예와 이익을 추구하며 분주할 때, 이 세상을 하나의 유희로 보고 방관자로 남기를 더 좋아했다.

이 사람은 보통사람이 아니고 지혜와 안심입명(安心立命)의 모델이었다. 대부분의 사람들은 행복하고 충족한 생활이 반드시 부나 사회적 지위와 같은 뜻이 아님을 모르고 이를 추구한다. 따라서 운명을 이해하고, 중생의 바람에 부합하도록 순응하고, 다른 사람들의 유덕(有德)한 행위들을 기뻐해야 할 필요가 있다. 오직 이렇게 함으로써 일생이 행복하고 충족해질 것이다.

빈과 부 사이에 이중성이 없음을 이해할 때, 마음은 높든 낮든 현재의 사회적 지위에 만족할 수 있다. 또한 오래 사는 것과 짧게 사는 것에도 이중성이 없다. 이렇게 이해하면 길든 짧든 자신의 수명에 만족할 것이다. 인간에게 가장 중요한 문제는 삶과 죽음이다. 따라서 단명과 장수는 유리와 불리, 손해와 이익의 모든 상황들을 포함한다.

이것은 모든 상황에 순응함을 말한다. 상황이 좋든 나쁘든 모든 것이 명백하고 필연적이므로 완전히 편안할 수 있다. 복을 받고 대 해탈을 얻을 수 있다. 이것이 참된 삶이다. 진정한 행복은 큰 지혜와 수행의 노력 없이는 얻을 수 없다. 오직 깨달은 사람만이 마음을 안정시켜 그들의 운명을 재창조할 수 있다. 부도덕하게 처신하여 더욱 어리석어지는 것은 적절하지 못한 짓이다. 따라서 부처님께서 종종 어리석은 사람들을 '불쌍한 사람들'이라고 하셨다.

자신의 수행이 어떤 수준에 이를 때까지 기다려야 한다. 그러면 운명이 변할 것이다. 이 변화는 자신이 쌓은 공덕과 하늘로부터 감응을 구하는 것에 달려 있다. 수행할 때 자신의 허물을 알고, 마치 병을 고치는 것처럼 이 허물을 고치려고 결심하는 것이 필요하다.

사람들은 운명이 재창조되기를 기다리며 수행하지만 이것은 하룻밤에 이루어지지 않는다. 오랜 시간이 걸린다. 그러므로 게으르지 않고 자신감을 갖고 부지런히 개선하고자 노력할 필요가 있다. 옳은 일을 하고 바르지 않은 일을 하지 않기 위해서는 미혹되지 않고 깨어있어야 한다. 시간이 지나면 자신이 원하는 결과를 얻을 수 있다. 수행이란 바르지 않은 생각, 말, 행동의 3업에서 자신의 허물을 고치는 것이고, 이 허물을 고치기 위하여 필요하다면 어떤 방법이라도 채택하는 것이다.

기다리는 동안, 자신이 갖지 않도록 예정된 어떤 것을 바라는 생각이나 어떤 보상을 원하는 생각을 버려야 한다.

자신의 선행에 대한 보상의 빠른 수확을 바라는 것은 망념이다. 왜냐하면 이러한 생각이 장애를 가져오기 때문이다. 오직 수행만 물을 뿐 그 수확을 물어서는 안 된다. 열심히 수행하기만 하면 수확은 자연히 따라온다. 왜 번거롭게 끊임없이 그걸 바라야 하는가? 어떤 것도 바라지 않는 것, 이것이야말로 수행의 참된 길이다. 단지 그릇된 행동을 끊고 선행을 하는 데만 집중하면, 결국 원하는 것이 무엇이든 다 얻을 수 있다. 무언가를 구할 때, 얻는 것은 제한되어 있다. 왜냐하면 자신의 수행공덕이 자신의 성덕(性德)과 부합하지 않으므로 대부분의 경우 원하는 것만 얻게 된다. 구하지 않을 때 모든 것이 자신의 성덕과 부합하여 나타난다.

실제로 요범 선생이 얻은 것은 수행공덕이다. 그것은 아직 성덕은 아니다. 왜냐하면 그가 여전히 구했기 때문이다. 처음엔 그가 학문적 명성과 관직을 원했고 다음엔 자식을 구했다. 그가 원하는 것은 모두 이루어졌다. 만약 그가 구하는 단 하나의 생각도 갖지 않았다면, 만약 그가 오로지 수행만 하고 공덕을 쌓았다면, 모든 것이 완전하게 이루어졌을 것이다. 그는 장수를 구하지 않았지만 운명지어진 것보다 오래 살았다. 그는 53세에 죽을 운명이었지만, 74세까지 살았다.

만약 구하지 않고 남에게 의지하려 하지 않고, 그저 순탄한 일생, 충분한 먹을 것, 안전한 거처와 적절한 의복 등 분별 있는 소원만 가진다면 그 혜택을 받을 것이다. 작은 집에서 최소의 비용으로 소박하고 안락하게 사는 것으로 충분하다. 그러나 많은 사람들이 그러한 낭비에 치러야 할 대가를 모르고, 사치스러운 물건들을 소유하여 다른 사람들에게 과시하려고 한다. 그런데 그들은 얻는 것보다 더 많이 잃는다. 그 대신 만약 자신의 행운을 남과 나누어 가지면 그 행운은 공덕의 축적이 될 것이다.

만약 수행에 정진하여 100대까지 이어갈 충분한 공덕을 쌓았다면, 자손들이 행운을 누릴 것이다. 만약 정말로 영리하고 지혜롭다면 반드시 자신의 행운을 남과 나눌 것이다. 그러므로 인내심을 가져야 한다. 왜 마침 좋은 때에 행운이 스스로 오는데 더 빨리 오길 바라는가?

"이 수준에서는 실질적 배움과 지혜의 수행인 무심의 내재적 본성에 이르는 경계가 될 것이오." 운곡 선사는 말씀하셨다. "나는 당신이 아직 무심의 경계에 이를 수 없음을 알고 있소. 그러나 당신은 준제주(准堤呪)를 그 회수를 세지 않고 연속적으로 그리고 간단없이 외우는 수행은 할 수 있소. 당신이 더 높은 수준인 끊임없이 생각하는 경계에 이르면, 당신은 외우면서 외우지 않고, 외우지 않으면서 외우는 경계를 얻을 수 있을 것이오. 당신이 더 이상 망념을 갖지 않을 때 주는 영험이 있을 것이오."

지혜를 배우고 수행하는 것이 참된 지식이다. 내재적 본성은 본래의 경계로 돌아가는 것이다(返本還源). 이것은 본래의 참된 성품이 나타나는 것으로 보통사람의 경계가 아니다. 본래의 경계가 진정한 행복이다. 왜냐하면 이것은 법희(法喜)로 충만하고 고통을 떠나 행복을 얻는 것(離苦得樂)이기 때문이다. 이것이 바로 깨달은 사람이 구하는 것이다.

'원만한 수행과 원만한 성취(圓修 圓證)'로 부르는 이 방법을 운곡 선사가 가르쳤고, 이것은 우리로 하여금 계정혜(戒定慧) 3학(三學)을 동시에 수행할 수 있게 한다.

화엄경에 "하나가 전체이고 전체가 하나이다(一卽一切 一切卽一). 한 방법을 수행하는 것이 모든 방법을 수행하는 것이다(一修一切修)."라고 설해졌다. 수행의 요체는 간단없이 그리고 다른 생각이나 방법을 섞지 않고 하는 것이다.

암송 회수를 셀 필요가 있을까? 운곡 선사는 요범 선생에게 그러지 말고 단지 끊임없이 암송하라고만 하였다. 많은 옛 현인들이 수행자들에게 처음에는 회수를 세어가며 암송하도록 요구했다. 왜냐하면 그들이 게을렀기 때문이다. 따라서 그들에겐 하루에 일만 번씩 부처님 명호를 외우는 것처럼 하루의 목표를 갖는 것이 도움이 되었다. 이러한 목표를 채우는 것이 게으름의 나쁜 습관을 퇴치하는 데 도움이 되었다. 왜냐하면 만약 그들이 암송 회수를 세지 않으면 수행하기를 잊어버렸을지도 모르기 때문이다.

그러나 요범 선생처럼 정직하고 진실한 사람에겐 암송 회수를 계산할 필요가 없다. 그에겐 그렇게 하는 것이 생각들을 섞는 것이 된다. 그의 수행은 진실한 공부였고 정진이었다. 따라서 그는 간단없이 그리고 다른 생각이나 방법을 섞지 않고 수행하였다.

모든 방법들이 같다. 어느 것도 다르지 않다. 성취는 오랜 기간 오직 한 방법으로 깊이 들어감에 있다. 과거에는 사람들이 대개 독경으로 수행했다. 그러나 경전을 독송하든 주력이나 부처님 명호를 외우든 청정하고 평등하고 공경하는 마음으로 해야 한다. 끊임없이 수행하면 진실로 그로부터 이익을 얻을 것이다.

'무심'의 경지가 관건이다. 이것은 어떤 망념이나 분별심이나 애착을 갖지 않는 것이다. 비록 요범 선생이 운곡 선사와 참선한 3일간 어떠한 망념도 일으키지 않았지만, 그는 아직 무심의 경지에는 이르지는 못했다. 그는 집중(定)이 아닌 믿음을 이용하여 번뇌를 억눌렀다. 그는 모든 것이 운명지어졌다고 믿었다. 그는 인과를 믿었다. 따라서 선사는 그에게 다음 수준으로 나아가는 길, 집중 수행(修定)을 가르쳤다. 준제주를 암송하는 것은 끊임없이 집중 수행을 하는 것이다. 망념과 애착으로부터 벗어남으로써 진성(眞性)이 나타난다.

부처님은 자주 '있는 그대로의 본성(法爾自然)'을 말씀하셨다. 정토수행자는 이것을 '일심불란이 진실로 그리고 완벽하게 성취된 것'이라고 말한다. 이것이 수행의 목표이다. 이것이 '외우면서 외우지 않고, 외우지 않으면서 외우는' 경지에 이른 것이다. 이것은 종종 '외우는 행위에 집착하지 않는 것, 그리하여 외우면서 외우지 않고, 외우지 않으면서 외우는 것'이라고 설명된다.

　무량수경을 집착 없이 독송할 때, 먼저 끊임없는 아미타불 염불의 경지에, 그리고 다음에 일심불란의 경지에 이른다. 비록 방법들이 다를지언정 원리와 목표는 같다. 우리가 무심의 경지에 이르면 암송은 제2의 천성이 되어 자연스레 감응을 얻을 수 있을 것이다.

　성취에 3가지 수준이 있다. 상위의 수준은 깨달음의 일심불란(理一心不亂)이고, 중위의 수준은 각성의 일심불란(事一心不亂)이고, 하위인 첫 수준은 끊임없이 아미타불을 염불하는 것이다. 자신의 성취가 어떤 수준에 이르렀다고 자랑해서는 안 된다. 그리하면 더 향상하는 것에 지장을 받기 때문이다.

　끊임없는 염불의 상위 수준에 이르면 마음대로 이 세상을 초월하고, 언제고 원할 때 떠날 수 있는 능력을 가질 수 있다. 언제고 가기를 원하면 아미타 부처님이 서방 정토로 인도하러 오실 것이다. 비록 이 수준의 성취를 이루어 편안하게 죽을 수 있어도, 이 세상에 더 오래 머무는 것이 최선이다. 무량수경에 이 사바세계에서 하루 수행하는 것이 정토에서 백년 수행하는 것과 같다고 한다. 그러므로 지금 살고 있는 이 세상은 인욕을 수행하기 위하여 머무는 것이다.

　더욱 중요한 것은 더 많은 사람들이 정토로 가는 것을 격려하기 위하여 머문다. 자신이 왕생할 수 있는 것도 훌륭한 일이지만 다른 사람도 같이 그 곳에 왕생할수록 도울 수 있는 것은 더더욱 좋은 일이다. 그리하여 다른 사람들을 돕고 가르치고 격려하는 일에 집중할 수 있다. 자신이 수행하고 다른 사람들도 같이 수행하도록 고무시킬 수 있다면 그 공덕은 완전해진다. 이렇게 함으로써 깨달은 분들이 자신에게 베푼 큰 은혜에 보답할 수 있다.

내 이름은 본래 '넓게 배우다' 는 뜻의 학해(學海)였다. 그러나 운곡 선사로부터 이 가르침을 배운 후 이름을 '평범(平凡)함을 초월하다' 는 뜻인 요범(了凡)으로 바꿨다.

과거에 중국 사람들은 세 개의 이름을 가졌다. 즉 공식적인 이름(名)과 예의적인 이름(字) 그리고 가명(假名, 號)이다. 공식적인 이름은 부모가 자식들에 대한 희망을 담아 지어준 이름이다. 이 이름을 바꾸는 것은 이 희망을 저버리는 것과 같아 진실로 불효한 행동이다. 남자가 20세 그리고 여자가 16세에 이르러 성인이 되면 사람들은 더 이상 이 공식적인 이름들로 부르지 않는다. 왜냐하면 그렇게 부르는 것이 실례가 되기 때문이다.

이 때 그들은 성인이 되는 의식을 갖는다. 이 의식에서 더 나이 많은 형제나 동년배 친구들이 예의적인 이름을 지어주고 이 이름을 평생토록 쓴다. 훗날 어떤 사람이 관리나 또는 비록 황제가 된다고 해도 사람들은 이 예의적인 이름으로 부른다. 만약 어떤 성인이 공식적인 이름으로 불린다면 아마도 그가 죄를 지어 재판을 받아 처벌되는 경우가 틀림없을 것이다.

더욱 존경해야 할 경우에는 어떤 사람을 가명 또는 그가 태어난 지명으로 부른다. 이것은 그가 어떤 특정한 곳 출신으로 매우 존경받는 중요한 인물임을 가리킨다.[15]

요범과 학해는 요범 선생의 가명들이다. 오직 부모와 스승만이 어떤 사람이 성인이 된 후에도 공식적인 이름으로 부르고, 조부모나 삼촌이나 황제까지도 예의적인 이름으로 부른다. 이리하여, 사회가 스승에게도 부모와 동등한 감사와 존경을 부여했다.

이것은 내가 사람이 자기 운명을 재창조할 수 있음을 알고, 운명에 지배받는 다른 보통사람(凡人)들과 같아지기를 원하지 않음을 의미했다. 그때부터 생각하거나 행하는 일은 무엇이든 매우 조심하기 시작했다. 곧, 예전과 사뭇 달라짐을 느꼈다. 이전에는 조심성이 없었고 자제할 줄 몰랐다. 지금 나는 자연스레 조심스럽고 성실하게 되었음을 발견한다.

이 부분은 요범 선생이 그의 잘못들을 고치도록 수행하고 새로운 출발을 하겠다는 결심을 이야기한다. 먼저 그는 그의 가명을 학해에서 요범으로 고쳤다. '요(了)'는 이해와 깨달음을 의미한다. '범(凡)'은 보통사람을 의미한다. 요범은 세상일을 이해하고 우리가 우리 운명을 재창조할 수 있음을 의미한다.

그 시점에서 그는 세상 모든 일을 이해하고 깨달았다. 진실로 오직 개인만이 자신의 운명을 바꿀 수 있음을 알았다. 원리와 방법을 이해했고, 그때부터 그의 운명을 수동적으로 받아들일 필요가 없음을 알았다. 왜냐하면 운명은 고정된 것이 아니기 때문이다.

그가 개과(改過)하기로 결심한 후, 모든 것에 대한 감각이 변했다. 그

---

15) 불교에서도 마찬가지이다. 스님에게 최고의 경의를 표기기 위하여 그 분이 있는 도량이나 지명으로 부른다. 지자(智者) 대사는 천태산(天台山)에서 살았으므로 천태(天台) 대사로 부른다. 자은(慈恩) 법사는 자은사(慈恩寺)의 규기(窺基) 대사이다.

때부터 인생을 마칠 때까지 줄곧 끊임없이 자신의 생각과 행동을 의식했고, 항상 방심하지 않았고, 더 이상 미혹되지 않았다. 이전에 그는 인생을 어떻게 살아 왔던가? 자제할 줄 몰랐고, 마음 내키는 대로 행동했고, 날마다 목적 없이 떠돌아 다녔다. 방향도 목표도 없었으므로 어떤 생각도 없었다. 이런 식으로 살면 운명에 구속되고, 밝은 미래를 재창조할 수 없게 된다.

개심한 후, 그는 자신의 생각, 말 그리고 행동에서 자연스레 조심스러워지고 주의 깊어짐을 발견했다. 다시 말해서, 마음을 고친 후 인생과 우주에 관한 믿음과 견해가 극적으로 변했다. 이전에는 모든 것이 운명에 구속된다고 생각했었다. 그러나 지금은 운명을 재창조할 수 있음을 알게 되었고 따라서 단호하고 낙관적이 되었다.

나는 홀로 있을 때에도 이러한 태도를 견지한다. 왜냐하면 나의 모든 생각과 행동을 알 수 있는 하늘과 땅의 귀신들이 어디에나 존재함을 알기 때문이다. 내 생각 때문에 그들이 화내지 않도록 조심한다. 비록 나를 싫어하거나 중상하는 사람들을 만날 때도 그들의 모욕을 인내와 평화로운 마음으로 견디고, 굳이 그들과 다투려는 마음이 생기지 않는다.[16]

보통사람들이 허물을 고칠 수 없는 것은 이 점을 이해하지 못하기 때문이다. 무량수경에 더 정통한 사람들은 이를 이해할 수 있고 그들의 생

---

16) 비록 이것이 매우 높은 수준의 성취는 아니지만, 이렇게 할 수 있다는 것은 요범 선생이 올바른 방향으로 나아가고 있으며 좋은 감응을 받았음을 보여준다.

각, 말과 행동에서 요범 선생보다 더 조심스러워질 수 있다.

정토의 인구는 수로 셀 수 없다. 비록 이 세계의 모든 컴퓨터를 동원해도 정토에 사는 사람들의 수를 계산할 수 없다. 이들 각자는 모두 아미타 부처님과 같은 능력을 가진다. 모두 다 모든 것을 보는 천안(天眼)과 모든 것을 듣는 천이(天耳)를 가지며 온 우주 모든 존재의 과거, 현재, 미래의 모든 생각을 아는 능력을 갖는다. 이래서 아미타 부처님, 관세음보살, 대세지보살과 정토의 모든 존재들이 중생의 모든 생각과 나쁜 짓을 안다.

비록 아무도 볼 수 없는 곳에 홀로 있어도 스스로 자제하고 단 하나의 삿된 생각도 해서는 안 된다. 이렇게 함으로써 진실로 자기 훈련과 자제를 성취할 것이다. 정토수행자는 정토왕생과 덕행의 성취를 구한다. 그러나 끊임없이 자신을 속인다면 성취할 수 없다. 공자는 "고상한 사람은 홀로 있을 때도 조심한다."고 말했다. 홀로 살면서도 자신을 훈련하고 방종하지 않을 수 있다. 이렇게 하여 진실로 수행하게 될 것이다. 보통사람들은 어떠한 실제적인 자제도 없이 끊임없이 방종한다. 공공연히는 조심하고 자제하는 것처럼 보이지만 혼자 있을 때는 제멋대로 한다.

이것이 과거의 도량에서 많은 수행자들이 한 방을 사용하는 이유 중의 하나이다. 만약 한 방에 한 사람만 있다면 그는 수행에서 성취할 수 없을 것이다. 한 방에 10인 이상이 있으면 모두가 항상 바르게 처신한다. 이것의 목적은 사람들에게 자기 훈련을 강요하는 것이다.

오늘날 스스로 자제하려는 사람은 매우 적고 쾌락을 즐기는 데 열중한다. 좋다! 우리는 이승에서 인생을 즐길 수 있고 깨달음의 길에서 성공하지 못한 탓으로 내생에도 또한 삼악도에서 여유 있게 즐길 수 있다.

큰 단체 속에서 살게 되면 모두 함께 일할 필요가 있다. 도량에 작은 독방들이 몇 개 있지만 이것들은 특별히 연로한 수행자들의 몫이다. 또한 높은 지위에 있거나 주지나 또는 지도적 위치에 있어 많은 책임을 가진 스님들은 독방을 가질 필요가 있다. 이렇게 함으로써 이들은 다른 사람들을 방해하지 않고 언제든지 편리하게 일을 감독할 수 있다. 따라서 진실한 수행자는 육화(六和)의 하나인 '조화롭게 함께 사는 것'을 실행한다.

한 개인이 독방을 갖는 것은 부적절하다. 만약 어떤 사람이 두서너 사람이 한 방에서 함께 사는 것을 불편하다고 느끼면 '나는 저 사람과 함께 살기를 원하지 않아'라고 생각하기 쉽다. 이러면 이 사람은 남자든 여자든 끊임없이 아미타 부처님을 염불하는 경지에 이를 수 없다. 왜냐하면 분별하고 청정하지 못한 마음, 즉 불쾌함을 싫어하고 피하는 마음을 갖고 있기 때문이다. 어떻게 그런 사람이 무엇인가를 이룰 수 있겠는가? 그렇다면 어디에서 어떻게 수행해야 하는가? 가장 싫어하는 곳에서 청정하고 분별하지 않은 마음을 닦는다.

어떤 사람과 같이 살거나 또는 사이좋게 지내려고 하지 않는 것은 잘못된 일이다. 요범 선생은 그 자신의 허물을 찾아 진실하게 이를 고쳤다. 그러나 사람들은 자신의 허물을 다룰 때 이를 고치는 대신 끊임없이 자기변명을 하고 있다. 이러할 때, 어떻게 수행에 성공하리라 기대할 수 있겠는가?

승단 안에서 수행의 출발점은 단체 속에서 함께 살 때 따라야 할 기본 지침인 육화경(六和敬)이다. 모든 개인은 5계와 10선을 지킬 수 있다. 과거에 도량에서는 사미율의(沙彌律儀)를 기준으로 사용했다. 이것은 10계

24문위의(十戒 二十四門威儀)를 포함했다. 오늘날 우리는 그렇게까지 엄격할 필요가 없다. 우리들은 비구든 비구니든 재가불자든 5계와 10선을 기준으로 사용해도 충분하다. 그러나 기준이 그 이하로 내려갈 수는 없다.

단체 속에서 조화롭게 살기 위해서는 6화경을 지켜 자신의 허물과 나쁜 버릇들을 고치고 다른 사람들과 잘 지내는 법을 배우는 것이 필요하다. 요범 선생은 자신을 싫어하거나 심지어는 중상하는 사람들에게 더 이상 신경 안 쓰는 자신을 발견하였다. 그리하여 그들의 모욕을 평화로운 마음으로 참을 수 있었고, 그들과 굳이 다투고 싶은 마음이 들지 않았다.

그의 마음은 경박하고 참을성 없어 조그마한 불편이나 부당한 대우도 참을 수 없었던 이전과는 달리 평온해졌다. 여기에서 그가 수행하여 개선되었음을 알 수 있다. 따라서 참다운 불교 수행자는 깨달은 존재는 물론이지만 악마나 귀신일지라도 상관하지 않고 누구와도 잘 지내는 법을 배워야 한다. 환경이나 상황에 무관하게 내면의 평화를 찾아 이에 머무를 필요가 있다.

6조 혜능 대사께서 깨달으신 후 사냥꾼들의 시중 노릇을 해야 할 처지에 놓이게 되었다. 대사는 매일 그들이 사냥하고 살생하는 것을 보았으며, 고기를 대접하고 그들을 보살폈다. 사냥꾼들이 주인이었고 대사는 그들의 하인이었다. 대사는 이 일을 짧은 기간이 아니고 무려 15년간 했다.

보통사람이라면 이를 견뎌낼 수 있었을까? 혜능 대사는 이를 견뎌냈을 뿐만 아니라 만족했고 어떠한 분별 망상이나 애착도 가지지 않았다. 이것이 15년 동안의 진정한 수행이다. 대사는 중국 남부의 황매(黃梅)에 있었을 때 깨달음을 얻었다. 상황이 좋든 나쁘든 청정한 마음, 평등한 마음, 대자비의 마음, 친절한 마음을 닦아나갔다. 수행에서 이 네 가지 덕성보다 더 중요한 것은 없다.

자신이 다른 사람들과 어떤 상황에 처했을 때, 유리하거나 불리한 조건에서도 마음의 청정을 닦아나가는가? 만약 마음의 청정을 닦아나가지 못하면 올바르게 불교를 수행하지 않고 있는 것이며, 따라서 혜택도 입을 수 없다. 왜냐하면 그것은 단지 학문적 추구가 되어버렸기 때문이다. 비록 매일 경전을 독송하고 이들을 매우 명료하게 설명할 수 있게 되어도 번뇌는 더욱 증가할 것이다. 이리하여 삼악도에 떨어지고 만다. 이것은 분명 잘못된 일이다.

참된 수행자들은 문자에 집착하지 않아 말, 이름, 또는 생각을 떠난다. 이들은 스스로의 직관을 사용한다. 자신의 본성인 청정한 마음, 무분별의 진심을 찾는다. 최상의 완전한 깨달음을 찾는다.

정토수행자는 청정하고 평등한 마음, 즉 끊임없는 아미타불 염불을 성취하는 것이 목표이다. 끊임없는 염불은 오염되지 않은 무분별의 마음을 갖는 것을 의미한다. 진심에는 어떠한 장벽도 없다. 만약 아직 분별하는 생각과 집착을 갖고 있다면 끊임없는 염불을 이룰 수 없다. 이러한 분별심과 집착을 끊으면 끊임없는 염불을 성취할 수 있다. 이것이 참된 수행이다.

운곡 선사를 만난 그 다음 해, 공 선생이 3등 하리라고 예언한 예비 과거시험을 보았다. 놀랍게도 1등을 했다. 공 선생의 예언은 틀리기 시작했다. 과거 시험에 실패하리라 예언했는데, 그 해 가을에 합격했다.

요범 선생은 시험에 3등 할 운명이었다. 그러나 선행을 하고 공덕을 쌓음으로써 그의 지위를 3등에서 1등으로 끌어 올렸다. 공 선생의 예언이 틀리기 시작하자 요범 선생은 스스로 운명을 바꿀 수 있음을 직접 보게 되었다. 상수뿐만이 아니라 변수가 있음을 직접 보았다. 다음에 더 상위 시험에 합격하는 원을 세웠고 다시 그의 원은 이루어졌다. 자신이 가질 수 없도록 운명지어진 것을 얻는 것이 진실로 구하여 얻은 것이다.

비록 많은 허물들을 고쳤지만, 해야 할 일들을 성심으로 할 수 없음을 알 수 있었다. 비록 그 일들을 하였어도, 강요된 것이었고 부자연스러웠다. 나는 마음 속으로 반성했고 아직도 많은 결점이 있음을 알아냈다. 예를 들면 선행을 해야 할 기회를 보고도 충분히 열성적이지 못했던 것, 또는 남을 도울 때 의심했던 것 등이다. 때로는 억지로 친절하게 행동하려고 했었으나, 내 말은 아직도 무절제하고 불쾌했었다. 술을 마시지 않았을 때는 자제할 수 있었으나, 몇 잔 마시면 자제력을 잃고 행동하곤 했다. 비록 가끔 선행을 하고 공덕을 쌓기도 했지만, 내 허물과 잘못이 너무 많아서 내가 한 선행보다 더 무거운 것처럼 보였다. 많은 시간을 쓸 데 없이 그리고 가치 없이 낭비해 버렸다.

남을 도울 때 아무런 대가도 기대해서는 안 된다. 왜냐하면 그렇게 하는 것이 자신의 책임이기 때문이다. 공자와 다른 성인들은 다섯 가지 인간의 관계〔五倫〕와 열 가지 도덕적 책임〔十義〕을 가르쳤다. 전통적인 도덕적 원리에 의거한 다섯 가지 인간관계는 부부, 부자, 형제, 친구, 그리고 군신간의 인간적 관계를 포함한다.

해야 할 일을 하는 것은 본성의 덕이다. 부모로서 자녀들을 보호하고, 사랑하고 인도하는 것은 당연히 부모의 책임이다. 자식으로서 부모에게 효도하고, 그 분들을 명예롭게 하고 존경하는 것은 당연히 자식의 책임에 속한다. 형제나 친구나 모두 서로 존경해야 한다. 친구는 서로 믿을 수 있고, 정직하고 의지할 수 있어야 한다. 왜냐하면 친구의 책임으로서 당연히 그렇게 해야 하기 때문이다. 모두가 서로 사랑하고 존경하고 그리고 도움이 되어야 한다.

요범 선생은 아직 완전하게 청정한 수행을 하지 않았지만 이해했다. 왜냐하면 어떤 행동을 하는 데 있어 아직도 개인적 이익 및 불이익이 섞여 있었기 때문이다. 만약 다른 사람을 돕는 것이 자신에게 불리하게 작용할까 의심하게 되면, 생각과 행동이 청정하지 않아 다른 사람들을 성심껏 도울 수 없게 된다. 이로부터 비록 선행을 한다 해도 아직 충분히 하지 않았음을 알 수 있다.

공자께서 '다른 사람들이 선행을 하도록 돕는 것'에 있는 공덕, 그리고 선행이 공덕임을 가르치셨다. 남들이 선행을 하는 것을 보면 그들이 목적을 달성하도록 도와주어야 한다. 왜냐하면 하나의 선행이 지역사회 그리고 그 이상으로 전 사회에까지 이익을 줄 수 있기 때문이다.

예를 들면 도로 하나를 수리해야 하는데 어떤 사람이 자원해서 이를 수리하려고 한다면, 그 사람이 그 일을 끝낼 수 있도록 열성적으로 도울 수 있다. 사회에 이익을 가져오는 이러한 종류의 일은 많은 사람의 지원을 필요로 한다. 요범 선생은 다른 사람들을 돕는 일에 동참은 했지만 열성적으로 하지는 않았다. 단지 조금만 하려고 했을 뿐이다. 또한 아직도 어려운 사람들을 도울 때 의심했었다.

어려움에 처한 사람들을 돕는 것은 좋은 일이다. 그러나 대다수의 사람들은 자신이 그래야 하는지 회의적이다. 오늘날 사회에서 도움을 구하는 사람들을 자주 만난다. 그 중 일부는 방탕으로 낭비하려고 돈을 요구하는 사기꾼들이다. 이러한 일이 생기면 남을 돕는 선행이 나쁜 일이 된다. 따라서 선행을 하는 것도 매우 어려운 일이다. 왜냐하면 선행을 하기 위해서는 자비와 함께 지혜가 필요하기 때문이다. 자비는 남을 돕는 일의 배후에 있는 순수한 추진력이지만 지혜는 도와야 할지 말지를 조사하고 판단하는 데 도움이 된다.

만약 도움을 요청한다면 도울 수는 있다. 그러나 만약 도움을 받는 이들이 속이려 하고 또 그들의 하는 나쁜 짓을 알고 있다면 일깨워줄 필요가 있다. 그들이 건강하게 일할 수 있다면 바르지 못한 수단을 쓰는 대신 올바른 일을 하도록 격려할 수 있다.

그러므로 새로 시작하기 위하여 허물을 고치는 일은 쉽게 이루어지는 것이 아니고 시간과 지속적인 노력이 요구된다. 시작 단계에서 어려움이 불가피하다. 말은 조심하지 않고 분별없이 하면서 행동만 예의바르게 하는 것은 나쁜 습관이다. 예로부터 말은 행운과 불행의 원인으로 여겨져 왔다. 따라서 끊임없이 말을 조심해야 한다.

공자는 네 가지 공부(四科)를 가르치셨다. 그 중 첫째는 덕행이고 이것이 품위 있는 사람이 되는 기초이다. 오늘날에는 이것을 도덕교육이라 부른다. 그러나 오늘날 사람들은 그것에 관심이 적기 때문에 이러한 종류의 교육은 현대 사회에서 거의 존재하지 않는다. 두 번째 공부는 언어이다.[17] 공자는 부족한 생각으로 다른 사람들을 해치는 일이 없도록 언어를 적절히 그리고 공경스럽게 사용하는 것이 중요하다고 강조하였다.

종종 부주의한 말로 다른 사람들에게 상처를 입히는 경우가 있다. 상처를 받은 사람들이 화가 나 원한을 품고 훗날 보복할지 모른다. 이리하여 많은 문제들이 오해로 생기게 된다. "말하는 사람은 그러한 의도가 없었지만 듣는 사람은 그렇게 이해했다(說者無心 聽者有意)." 언제라도 말을 조심하고 자제해야 한다. 그리고 많이 말할 필요가 없다. 적게 말할수록 실수가 적어질 것이다.

자신의 성취를 위해서는 '아미타불'을 부르는 것으로 충분하다. 또한 다른 정토수행자에게도 역시 아미타불을 부름으로써 마음을 청정히 닦도록 격려해야 한다. 다른 사람들이 자신을 험담하는 것을 알게 될 때, 그냥 아미타불을 부른다. 더 많이 험담하면 또 다시 아미타불을 부른다. 그들에게 이 염불을 몇 번 듣도록 한다. 그들이 말하기를 그치면, 험담을 들었지만 그들이 말한 것을 무시해버린 것이 될 것이다. 단지 그들에게 아미타불을 염불해준 것이 될 것이다. 이것이 좋다. 많이 말하지 않는 것이 가장 좋기 때문에, 요범 선생이 너무 많이 말하는 나쁜 버릇이 있었다는 것을 알 수 있다.

술을 제한하는 것이 불교에서 오계(五戒)의 하나이다. 부처님께서는 사람들이 술에 취하면 어리석게 행동하므로 음주를 금했다. 계는 우리에게 한 방울도 마셔서는 안 된다고 분명히 금한다. 왜냐하면 술에 취해 자제력을 잃고 추가로 다른 계들을 깨뜨리는 등의 문제를 일으킬까 두렵기 때문이다. 만약 술을 적당히 마시고 취하지 않는다면 이 계에 대한 예외적인 경우가 될 것이다.

---
17) 세 번째 공부는 정치이고, 네 번째는 문학이다.

과거에 내가 대만 태중(台中)에서 공부할 때 나의 작고하신 스승 이병남(李炳南) 선생이 예기(禮記)를 강의하셨다. 동한(東漢) 시대의 박식한 학자인 정강성(鄭康成) 선생이 예기에 관한 친절하고 직관적인 주해를 지었다. 정 선생은 그 당시 또 하나의 뛰어난 학자인 마융(馬融) 선생의 제자였다. 마음이 좁은 마 선생은 그 제자 중 어떤 사람의 업적이 자신의 업적을 능가할 때마다 매우 불쾌해 하였는데 정 선생의 업적이 바로 그러했다. 마 선생은 그러한 상황을 견딜 수 없어 뛰어난 제자를 죽이려고 사람을 고용했다.

정 선생이 마 선생을 떠날 때, 마 선생은 제자들을 마을에서 10리 떨어진 곳 정자에 데려가 송별연을 열고 모두에게 건배하도록 권하였다. 결국 정 선생은 300잔을 마셨다. 마 선생은 정 선생을 취하게 만들어 살인자로 하여금 더욱 쉽게 죽이도록 꾸몄다. 그러나 마 선생은 술이 정 선생에게 아무런 영향도 줄 수 없음을 몰랐다. 정 선생은 시종 예절바르고 품위 있었다. 이병남 선생은 만약 모든 사람이 이렇게 많이 마시고도 취하지 않는다면, 석가모니 부처님께서 결코 이 계를 만드실 필요가 없었을 것이라고 말했다.

석가모니 부처님께서 왜 이 계와 다른 계들을 주셨는지 이해할 필요가 있다. 재가불자가 요리할 때 맛을 내기 위하여 술을 사용해도 괜찮다. 왜냐하면 취하지는 않을 것이니까. 또한 술은 혈액순환을 도우므로 노인들이 식사할 때 한 잔쯤 마시는 것은 괜찮다. 이 경우들은 예외이지 범계는 아니다.

마찬가지로 불자들에게 먹지 않도록 권하는 오신채(五辛菜)가 있다. 즉 마늘, 달래, 홍거, 파, 부추들이다. 마늘은 특별히 금한다. 부처님이 왜 이들을 금하는가? 능엄경에서 마음의 청정이 수행에서 가장 중요하다고 이른다. 만약 어떠한 성취의 경지에 이르지 않은 상태에서 섭취하는 음식과 음료는 판단에 해로운 영향을 줄 수 있다. 일단 어느 경지에 이르러 마음의 주인이 되면 환경에 영향 받지 않고 이를 좌지우지할 수 있다. 그러면 어떠한 장애도 없을 것이다.

부처님께서는 이 오신채를 날로 먹으면 흥분하기 쉽게 된다고 가르치셨다. 이들을 요리해 먹으면 호르몬 분비와 성적 충동을 증대시킨다. 따라서 부처님께서 이러한 계를 정하신 이유가 있는 것이다. 날로 먹거나 익혀 먹거나 이 오신채는 번뇌를 키우기 때문에 금지되어 있다.

어떤 재가신자들은 만약 이러한 오신채를 먹을 수 없다면 채식주의자가 되는 것에 관심 없다고 말하기도 한다. 오신채를 금하는 배후의 목적을 이해할 필요가 있다. 만약 이 채소들이 요리에 맛을 내기 위하여 한두 개의 마늘을 쓸 때처럼 양념으로 사용한다면 어떠한 해도 없다. 따라서 불교가 매우 논리적이고, 융통성 있고, 합리적임을 알 수 있다.

불자들이 계를 받은 후에도 이들을 엄격히 지키는 데 예외가 있다. 이러한 예외들이 다른 사람들에게 불교를 소개하고 모든 사람들과 행복하게 지낼 수 있도록 해준다. 따라서 어떤 일을 할 때 현명하게 처신하고 상황에 적응할 필요가 있다. 사람이 태어나 불법의 가르침을 만난다는 것은 상상할 수 없을 정도로 드문 기회이므로, 불자들은 이 가르침을 남들에게 소개하는 데 모든 기회를 이용해야 한다. 술을 마시거나 식사할 때도 사람들에게 불교를 설명하고 선근을 심어줄 수 있다. 이들은 낭비해서는 안 될 드문 교육적 기회들인 것이다.

내가 맹세한 3천 선행을 마치는 데 10년 이상이 걸렸다. 수년 후 남쪽에 있는 고향에 돌아올 때까지 이 3천 선행의 공덕을 절에서 회향할 수 없었다. 그때 두 스님에게 그 공덕을 회향하도록 요청할 수 있는 기회를 얻었다.

요범 선생이 군(軍)에 직책을 가져 항상 여행해야 했으므로 그 공덕을 회향할 기회가 없었다. 그가 맹세한 3천 선행을 완수한 해가 지날 때까지 회향할 기회를 가질 수 없었던 것이다. 어떤 절의 몇 스님에게 부탁하여, 그 대신에 공덕의 회향 불사를 해줄 것을 약속받았다. 그는 서원을 발했을 때, 진실하고 간절하게 새 인생을 열고 공덕을 쌓겠다고 맹세하였다. 3천 선행을 완수한 후, 이 공덕을 은혜에 보답하고 소원을 이루는 데 바쳤다.

그리고 자식을 구하는 둘째 원을 발했다. 나는 또 하나의 3천 선행을 다할 것을 맹세했다. 몇 년 후, 너를 낳았고 천계(天啓)라고 이름 지었다.

요범 선생은 자식을 가질 운명이 아니었으나, 갖겠다는 원을 세운 후 그것이 이루어짐을 보았다. "올바르게 구하면 얻게 될 것이다." 그는 소원을 올바른 추구와 수행으로 이루었다. 두 번째 3천 선행을 마치기도 전에 그의 처가 첫 아들 천계를 낳았다. 이로부터 진실하고 올바르게 원을 세우면 반드시 이루어짐을 알 수 있었다. 그는 맹세한 3천 선행을 완수하기도 전에 아들을 보았지만, 여전히 그 맹세를 지켜나갔다. 이것은 전에 일어난 일과 같다. 그는 과거시험에 3등으로 합격할 운명이었으나,

맹세한 바를 끝내기도 전에 당당하게 1등으로 합격하였다. 이것이 일치하는 것〔感應道交〕이고, 이러한 일치로부터 나오는 결과는 실로 불가사의하다.

　나는 하나의 선행을 할 때마다 그것을 책에 기록하였다. 너의 어머니는 읽을 줄도 쓸 줄도 몰랐으므로 잉크에 적신 거위 깃털을 이용하였다. 그녀는 하나의 선행을 할 때마다 달력 위에 붉은 원을 그렸다. 때로 가난한 사람에게 먹을 것을 주거나 시장에서 생물들을 사서 들판에 놓아주었다. 이런 모든 일들을 달력 위에 원을 그려 기록하였다. 때로는 하루에 열 개 이상의 원을 그리기도 했다.

　만약 붙잡힌 동물들을 풀어줄 마음이 있다면 속지 않도록 조심할 필요가 있다. 많은 사람들이 동물들을 사서 단지 풀어주기 위하여 애완동물 가게로 간다. 그러나 이 동물들은 이 목적을 위하여 특별히 붙잡은 것이다. 만약 사람들이 수요를 만들지 않았다면 그 가게들은 더 많이 잡아 가득 채우려고 하지 않았을 것이다. 이것은 더 많은 동물들을 위태롭게 하고 좋은 일보다 더욱 많은 해를 끼친다. 그 결과로 공덕보다 오히려 죄를 쌓게 된다.
　따라서 동물들을 풀어주려고 할 때 식품 가게에서 우연히 만난 것들에게만 그렇게 해야 한다. 의도적으로 그들을 찾아서는 안 된다. 자연스럽게 하는 대신에 그렇게 할 의도를 가졌기 때문이다. 만약 우연히 한 동물을 만나게 되면 그것이 독자적으로 살 수 있는지 판단해야 한다. 그렇지 않다면 그것을 사는 대신 그 돈을 다른 공덕을 쌓는 데 사용하는 것이 최선이다. 충동적이거나 감정적으로가 아니라 지혜롭게 행동할 필요가 있다.

붙잡힌 생명들을 풀어주는 것은 단지 동물들이나 새들을 자유롭게 놔주는 것만을 포함하지 않는다. 그것은 또한 채식주의자가 되고 다른 사람들로 하여금 살아있는 존재들을 죽이지 않고 사랑하도록 격려하는 것도 포함한다. 예를 들면 『인생의 사랑』이라는 책을 인쇄하여 무료로 나누어 줄 수 있다. 이 책은 더 많은 어린이들로 하여금 생물들을 사랑하는 마음을 기르는 것을 도울 수 있다. 이렇게 함으로써 진실로 방생의 본질을 성취할 수 있다.

무슨 일이든 그냥 하기 위해서 하는 것이 아니라 자신에게 가르쳐진 것들의 배후에 있는 정신과 깊은 의미를 이해해야 할 필요가 있다. 보시로 말하자면, 재시(財施), 법시(法施)와 무외시(無畏施)를 포함하는 많은 종류가 있다. 이들은 각기 불가사의하게 넓고 깊은 의미를 갖고 있다.

요범 선생과 그의 처는 악행을 삼가고 선행을 했었다. 분명히 그들은 가끔 하나의 선행을 하는 데 며칠 걸리던 이전보다 훨씬 빠르게 그들의 목적을 달성하고 있었다. 처음 맹세한 3천 선행을 끝내는 데 10년이 걸렸으나 선행이 몸에 배면서 그들은 하루에 10가지 이상의 선행을 할 수 있었다. 이것은 대단한 진보였다. 개심하기는 매우 어려웠으나 그들은 모두 끈기와 인내심으로 그렇게 했다. 의지와 결심 없이 나쁜 습관들과 허물들을 뿌리 뽑는 것이 쉽지 않다. 그래서 보통사람들은 깨달음의 길에서 진보보다 후퇴를 더 많이 하는 것이다.

매일 우리 부부는 선행을 실행했고 4년에 3천 선행을 완수했다. 또 전

의 그 두 스님들을 이번에는 집으로 초청하여 그 공덕을 회향했다. 그 해 9월 13일에 최고 과거 시험에 합격하여 진사(進士)가 되는 세 번째 소원을 세웠다. 나는 또한 1만 선행을 하기로 맹세하였다. 3년 후 나는 시험에 합격하여 소원을 성취했다. 또한 보지(寶坻)현의 현장(縣長)이 되었다.

첫 번에는 3천 선행을 완수하는 데 10년 이상이 걸렸지만, 두 번째는 첫 번째와 비슷한 선행을 완수하는 데 1580년에서 1583년까지 오직 4년만 걸렸다.

요범 선생은 이 특별한 과거시험에 합격할 운명이 아니었다. 또한 자식을 가질 운명이 아니었지만 구하고 수행해서 하나를 얻었다. 비록 그가 시험에 합격할 운명이 아니었지만 합격을 바란 그의 꿈이 이루어진다면, 이것 또한 변수인 셈이다. 운곡 선사가 가르쳐준 모든 것이 진실임이 증명된 것이다. 이제 그는 1만 선행을 완수하기로 맹세하였다. 이 맹세를 한 후 단 3년이 지난 1586년에 기대한 대로 그는 시험에 합격하는 소원을 이루었다.

이 후 그는 조정(朝廷)으로부터 북경에 가까운 보지현의 현장으로 임명되었다. 이 직위는 원래 그의 운명이 아니었다. 그 전에는 북경에서 먼 중국 남서부 사천(四川)의 한 현의 현장이 될 운명이었다.

나는 내 공덕과 허물을 기록하는 치심편(治心編)이라는 작은 책을 만들었다. 매일 아침 사무실에서 일을 시작할 때, 하인이 그 책을 가져와 비서로 하여금 내 책상 위에 놓도록 하였다. 나는 아무리 사소한 것일지라도 좋든 나쁘든 내 행동을 기록하였다. 밤에는 송나라의 관리인 조열도(趙閱

道) 선생을 본받아 안뜰에 제단을 세우고 관복을 입었다. 향을 사루고 내 모든 행동을 하늘에 보고했다.

이것은 그가 관리가 된 후 공무의 처리와 남에게 행운을 만들어 주려는 그의 바람에 대하여 그가 어떻게 느꼈는가를 이해하는 데 도움이 된다. 그 당시에는 시장이나 현장은 선출되지 않고 조정에서 임명했다. 요범 선생은 매우 좋은 현장이었다.[18] 비행을 삼가고 선행을 닦고 공덕을 쌓았다. 취임 초기에 빈 책을 만들어 치심편이라고 이름 지었다. 매일 착하거나 악한 생각이나 행동들을 그 책에 기록하여 지켜보고, 맹세한 1만 선행을 완수할 때를 알 수 있도록 하였다.

밤에는 신과 귀신에게 그 날 한 모든 일을 숨김없이 보고했고 그 후 많은 사람들이 이를 따라했다. 몸과 마음이 청정하기 위해서는 사람들은 정직하게 모든 것을 시인해야 한다. 불자들은 이것을 '대중에게 고백하고 사죄하는 것〔發露懺悔〕' 이라고 한다.

한때 너의 어머니가 내가 많은 공덕을 쌓지 못한 것을 보고 걱정했다. 전에는 그녀가 선행을 쌓는 데 나를 도울 수 있었고 우리는 3천 선행을 완수할 수 있었다. 지금 나는 1만의 더 많은 선행을 하기로 맹세했으나 공관에서는 그 일을 할 기회가 더 적었다. 그녀는 내가 맹세를 완수하는 데 얼마나 많은 시간이 걸릴지 걱정했다.

---

18) 매일 요범 선생은 공무를 처리하고 법원에서 심문도 했다. 이것은 오늘날 행정부와 사법부가 분리되어 있는 것과 다르다. 옛날 중국에서 현장은 사법부와 행정부 일을 함께 주관했다.

관리가 되기 전에는 요범 선생은 그처럼 바쁘지는 않았다. 그의 처 역시 그가 선행을 하는 것을 돕는 것이 쉬웠다. 그러나 관리로서 그와 그의 처는 공관에서 살았다. 그 당시에는 공관에 사는 사람들, 특히 그의 가족들과 대중과의 접촉이 적었다. 따라서 그의 처는 더 이상 그의 수행과 공덕을 쌓는 일을 도울 수 없었다. 그녀는 그들이 맹세한 바를 언제나 이행할 수 있을지 걱정했다.

그 날 밤 나는 한 신인(神人)을 꿈꾸었는데 그에게 1만 선행을 완수하는 어려움을 이야기했다. 그 신인은 내가 현장이 되어 농지에 대한 세금을 감면한 것을 상기시켰다. 그 한 선행이 일만 선행의 값어치가 있었다. 나의 맹세는 이미 완수된 것이었다.

내가 현장이 되었을 때, 보지현의 농부들에게 과다한 세금이 징수되고 있었는데, 그것을 거의 반으로 감면해 주었다. 나는 어리둥절했고 그래도 의심을 가졌다. 어떻게 단 하나의 선행이 1만 선행의 값어치가 있다는 것일까?

세금의 감면은 대폭적이었고 그 현의 모든 농민들에게 이익을 주었다. 실제로 그 현의 1만이 훨씬 넘는 농민들이 혜택을 입었다. 이리하여 이 일이 쉽게 맹세를 완성한 것이다. 그러나 그는 두 가지 이유로 불안했다. 어떻게 신인이 그가 한 일을 알았고, 또 어떻게 이 행위가 그렇게 많은 공덕에 값나갈 수 있었을까?

이로부터 왜 정부의 공직이 공덕을 쌓을 수 있는 좋은 자리라고 말하는지 알 수 있다. 보통사람들은 평소에 행운과 공덕을 닦을 수 있는 이러한 기회를 갖지 못한다. 만약 요범 선생이 현장이 되지 않았다면 그가 맹세한 바를 이루기 위하여 얼마나 많은 시간이 걸렸을 것인가? 그때, 그는 관직을 가졌으므로 하나의 행위로 1만이 넘는 농부들에게 이익을 줄 수 있었다. 그래서 그의 한 선행이 1만 선행과 같았던 것이다.

공덕을 쌓는 것이 쉬운 것은 마치 악행을 범하는 것이 쉬운 것과 같다. 만약 국가의 정책이 국민을 이롭게 하지 않고 해롭게 하면 이 행위는 1만의 비행이 된다. 행운과 불운은 자신의 생각에 달려 있다. 지위가 높을수록 행운이나 불운을 만들 가능성이 더 커진다. 예를 들면 만약 어떤 현의 지도자가 한 정책을 실행하여 모든 백성들에게 유익한 것이 되면, 실제로 수천 아니 수백만의 선행을 이루게 될 것이다. 반대로 만약 그 지도자가 해로운 정책을 실행하면, 그는 수천 아니 수백만의 악행을 범한 셈이 된다.

대부분의 사람들에게는 기회들이 제한되어 있으므로, 그들이 할 수 있는 선과 악에도 제한이 있다. 만약 어떤 사람이 지위와 권세가 있어 기회를 갖게 되면, 그는 모든 행동에 주의해야 할 필요가 있다. 선행을 닦음으로써 그는 밝은 미래를 가질 수 있다. 그렇게 하지 않으면 그는 틀림없이 삼악도에 떨어져 그 곳에서 고통을 당할 것이다. 왜냐하면 그의 높은 지위와 권세 때문에 그가 한 행동들의 결과도 보통 사람들보다 훨씬 더 광범위한 영향을 끼치기 때문이다.

운명은 존재하나 변할 수 있다
...

　때마침, 환여(幻余) 선사가 오대산(五臺山)에서 여행을 떠나 보지(寶坻)에 들르셨다. 나는 선사를 공관에 초청하여 내 꿈 이야기를 하고 믿을 수 있는지 물어보았다. 선사는 말씀했다. "만약 사람이 이렇게 진실하고 성실한 마음으로 대가를 바라지 않고 선행을 할 수 있다면, 하나의 행동이 1만 공덕에 값나갈 수 있소. 뿐만 아니라 이 현에서 세금을 감면한 당신의 조치는 1만이 넘는 사람들에게 이익을 주었소."

　꿈을 꾼 후 얼마 되지 않아 그는 우연히 환여 선사를 만나게 되어 맹세를 완수한 것이 가능했던가를 물어보았다. 만약 그의 맹세가 정말로 완수되었다면 놀라운 일일 것이다. 만약 그렇지 않다면 1만 선행을 완수하기 위하여 꾸준히 노력해야 했었다. 선사는 진실로 행한 하나의 행동이 1만 선행의 공덕에 값나갈 수 있다고 대답했다.
　이 원리 즉 "하나를 닦는 것이 모든 것을 닦는 것이다(一修一切修)."가 화엄경에 설해져 있다. 그것이 무애(無碍)를 배우고 닦는 것이다. 모든 것이 진성(眞性)에서 일어난다. 만약 수행이 진성과 합치한다면, 모든 것을 수행하는 것으로 간주될 수 있다. 만약 진성으로부터 비롯하지 않은 선행을 한다면, 구하는 것만 얻을 뿐 그 이상의 어떤 것도 얻지 못한다. 만약 진성으로부터 선행을 한다면, 구하는 것을 얻을 뿐만 아니라 무한한 이익을 얻을 것이다.

무엇이 마음의 본성인가? 이해하기 쉬운 하나의 예가 정토종의 청정심(淸淨心)이다. 마음이 청정할 때 모든 행위는 선행이 될 것이다. 이리하여 단지 1만 선행뿐만 아니라 이를 훨씬 초과하는 공덕을 쌓게 된다. '아미타불'은 무량한 공덕을 가진 명호이다. 점차로 실상을 알게 됨에 따라 우익(蕅益) 조사가 말한 바, 즉 '아미타불' 염불이 무한한 수행방법을 그 안에 포함한다는 것이 논리적임을 이해하게 될 것이다. 조사는 말씀하셨다. "'아미타불' 염불을 하면 모든 불교 경전의 지혜를 알게 될 것이다. 또한 선종의 1,700 공안(公案)의 인도로 깨달음을 얻을 수 있을 것이다."

선종과 다른 종파들의 수행이 모두 '아미타불' 안에 포함되어 있다. 우익 조사는 또한 삼천위의(三千威儀), 팔만세행(八萬細行), 삼취정계(三聚淨戒)가 모두 아미타불 안에 있다고 말씀하셨다. 모든 계, 모든 부처님의 가르침, 모든 세속적인 가르침들이 또한 '아미타불'에 포함되어 있다. 모든 방법, 모든 수행법이 이 명호 안에 있다. 왜냐하면 '하나가 전체이고 전체가 하나(一卽一切 一切卽一)'이기 때문이다. 마음의 청정을 얻었을 때 무량한 방법들을 완전히 성취한 것이다. 아직도 '아미타불' 명호 안에 있는 무한한 이익을 모르는 사람들이 있다.

사람이 생각을 일으킬 때 모든 부처님, 보살, 천지의 귀신들이 이것을 안다. 진심은 한계나 경계가 없으므로 아무리 사소한 선행을 해도, 만약 이 한 생각이 진성으로부터 나오면 그것은 진심과 합치하게 된다. 그러면 그 행위가 아무리 작은 것이라도 그 결과는 전 우주에 이익을 준다. 요범 선생은 아직 이 경지의 마음에 이르지 못했다. 그는 단지 현상적 측면에서 대중에게 이익을 주었을 뿐이다.

진실한 마음으로 하나의 선행을 하면 이 행위는 실로 1만 선행의 공덕에 값나간다. 환여 선사는 요범 선생에게 현에서 세금을 감해준 그의 조치는 모든 농부들을 무거운 세금의 고통에서 구해주었고, 1만이 넘는 사람들에게 이익을 주었다고 말했다. 그러나 요범 선생은 아직 이 점을 이해해야 했다. 왜냐하면 그가 완수한 1만 선행은 현상적 측면에서 이루어졌기 때문이다. 만약 그가 이 일을 그의 진성, 진심으로 수행했다면 하나의 선행이 단지 1만이 아니라 무량한 선행의 공덕에 값나갔을 것이다.

만약 어떤 사람이 필요한 것을 보고 1달러를 거저 주면 이 공덕은 우리의 진성과 합치한다. 왜냐하면 그때 다른 사람과 자신, 그리고 구걸하는 사람과 주는 사람의 분별심이 없었기 때문이다. 이때 받는 사람과 주는 사람을 분별하지 않았다. 집착하지 않았다. 이리하여 1달러를 주는 공덕은 무한하다. 왜냐하면 이것은 자신의 성덕을 드러내는 것이기 때문이다.

수백만 달러를 주는 공덕이 진실한 마음으로 준 1달러의 공덕보다 적을 수 있다. 왜냐하면 이 돈을 자신의 아뢰야식으로부터 주었을지도 모르기 때문이다. 분별하는 생각과 집착하는 마음은 제한되어 있다. 따라서 분별하는 생각과 집착하는 마음은 이러한 장애를 뚫을 수 없다.

중생의 공덕이 부처님과 보살의 공덕과 비교될 수 없는 이유는 마음과 의도에 차이가 있기 때문이다. 환경은 마음에 따라 변한다. 일반적으로 보통사람들의 마음은 좁다. 따라서 아무리 많은 행운과 공덕을 닦는다고 해도 분별하는 생각과 집착에 의하여 구속된다. 그러나 이것들이 더 이상 보살이나 아라한을 구속하지는 못한다. 비록 그들이 작은 일을 한다 해도 그들의 공덕은 무한하다. 이 원리를 이해하게 되면 모든 생각은 원만해지고 공덕은 무한해질 것이다. 요범 선생은 아직 이러한 마음의 경지를 상상할 수 없었다. 그래서 그는 현상적 측면에서 실행했고 따라서 오직 1만 명의 사람들에게만 이익을 주었을 뿐이다.

이 말을 듣고 곧 내 모든 저금을 선사께 오대산으로 갖고 가도록 드렸다. 나는 그 돈을 1만 스님의 음식을 공양하는 데 쓰고 그 공덕을 나를 위해 회향하도록 부탁드렸다.

요범 선생처럼 생각하지도 않고 자신의 저금을 1만 스님의 음식 공양을 위하여 주는 사람은 보기 드물다. 보통 재가불자가 아량을 보이고 싶을 때, 1천 스님들의 음식을 제공한다. 그러나 요범 선생은 1만 선행을 하기로 한 그의 큰 맹세를 이루기 위하여 1만 스님에게 그러하기를 원했다.[19]

우 선생은 그의 주해에서 설명했다. "싫어함이나 인색한 마음이 조금도 없이 그렇게 빨리 관대하게 주기로 결심한 사람은 그 보답으로 무한한 행운을 얻게 될 것이다." 이러한 자발적인 관대함은 요범 선생이 정직하고 전혀 부패하지 않은 관리임을 보여준다. 왜냐하면 그가 1만 스님들의 음식을 제공하기 위하여 모든 저축금을 주었기 때문이다. 얼마나 많은 돈을 그가 가질 수 있었을까? 그는 가난하나 정직한 가문의 출신이다. 그는 매우 비범해서 인과의 법칙을 깊이 이해하고 믿었다. 그는 자신의

---

19) 몇 세기 전 명나라와 청나라에서는 불교가 융성하여 수많은 스님들이 네 곳의 유명한 산에서 살았다. 오대산(五臺山, 문수보살을 상징함)에서 산 1만 명은 실제로 많은 수가 아니다. 가장 스님이 많았던 산은 보타산(補陀山, 관세음보살을 상징함)으로 약 3만에서 4만 명의 스님들이 살았다. 1만 명이 넘는 스님들이 아미산(峨眉山, 보현보살을 상징함)과 구화산(九華山, 지장보살을 상징함)에서 살았었다.

것이 아니면 어떤 것도 취하지 않았고, 이 일은 대다수의 사람들이 쉽게 할 수 있는 것은 아니다. 사람들이 선행을 할 때, 대부분의 경우는 아주 적게 한다. 이 경우 좋은 원인을 위해 100달러를 주고 매우 기뻐할지 모른다. 그러나 요범 선생은 그가 가진 모든 것을 주었다. 그는 실로 매우 희귀한 사람이었다.

공 선생은 내가 53세에 죽으리라 예언했다. 그러나 나는 하늘에게 장수를 구한 바 없지만 병 없이 그 해를 넘겼다. 지금 나는 69세이다.

요범 선생은 53세에 죽을 운명이었다. 그것은 매우 정확한 예언이었다. 가혹한 재난을 당해 그는 8월 14일 오전 1시에서 3시 사이에 집에서 죽게 되어 있었다. 요범 선생은 요범사훈을 69세에 썼다. 그는 53세를 넘도록 살기를 구하지 않았지만, 그 해를 아무런 가혹한 재난도 맞지 않고 건강하게 넘겼다.

분명히 생사와 장수는 인생에서 지극히 중요한 문제들이다. 만약 장수가 구해질 수 있다면 구해서 얻을 수 없는 것이 어디 있겠는가? 장수하지 않고서는 성취와 공명, 부귀와 자식의 즐거움을 구하는 것도 어려울 것이다. 이렇게 구하는 것은 가르침과 합치하여 지극히 진실한 마음과 가슴으로 올바르게 수행되어야 한다. 이렇게 하면 모든 것이 이루어진다.

만약 밖으로부터 무엇인가를 구한다면 운곡 선사가 말했듯이 안과 밖에서 모두 잃게 된다. 불자로서 행운, 지혜 그리고 정토왕생을 구하든, 아니면 다른 사람들이 행운, 장수 및 천상에 태어나기를 구하든, 바르고 진실하게 구하면 모든 것을 얻을 수 있다. 진실하게 구하면, 얻을 수 없는 것은 아무 것도 없다. 요범 선생은 운명의 상수를 완전히 초월하여 행운과 장수와 자식들을 얻었다. 이것들은 그에게 운명지어진 것이 아닌 것들로 수행을 통하여 얻은 것이다.

서경(書經)에 설명되었다. "운명은 존재하나 변할 수 있다."

서경은 고대의 법령과 규정의 제도를 기록한 중국에서 가장 오래된 역사 문헌이다. 사람의 운명은 수의 계산에 의하여 정확하게 예언할 수 있다. 상수, 즉 운명은 존재하나 그것이 그대로 변하지 않으리라고 믿기는 퍽 어렵다. 왜냐하면 가감승제(加減乘除)에 의한 변수들이 존재하게 때문이다.

요범 선생은 악행을 삼가고 선행을 닦기 시작하였다. 이렇게 함으로써 점차 악행을 줄이고 선행을 늘려나갔다. 세금을 감면한 그의 조치는 더하는 것이 아니고 곱하는 것이 되었다. 이리하여 1만의 선행이 며칠 사이에 완전하게 수행되었다.

그러나 만약 악행을 많이 했다면 그것은 한 순간에 빼는 것이 아니라 나누는 것이 되었을 것이다. 따라서 실제로 자신의 생각과 행동의 결과로 더하고 빼는 것뿐만 아니라 곱하고 나누는 것이 되기도 한다. 이것들은 상당한 변화를 가져오는 변수들이다. 상수들은 있으나 그것들은 고정된 것들이 아니고 변한다.

서경은 운명은 존재하나 변할 수 있기 때문에 많은 사람들이 믿기 어렵다고 설명한다. 태상감응편(太上感應篇)은 "불운이나 행운도 이유나 조건 없이 오지 않는다. 자신이 그들을 불러 온다(禍福無門 惟人自招)."라고 부연한다. 다른 말로 그들은 자신의 과거 행동들이 가져온 보복이나 보상이다.

"운명은 정해져 있지 않고, 자신에 의하여 창조되고 결정된다." 이 모든 것이 진실이다.

이것도 역시 서경에서 나온 말로서, 공덕 수행의 중요성과 변수가 어떻게 상수를 능가하는가를 강조한다. 옛 성인과 유덕한 사람들의 가르침은 진리이고 따라서 변하지 않는다. 그때나 지금이나 그것들을 '경'이라 부른다. 그 가르침들은 오늘에 적용해도 여전히 틀림이 없다.

만약 그 가르침들을 믿지 않고 대신 자신의 생각에 따라 비행을 저지르면 단지 죄만 증대시킬 뿐이다. 비록 조그만 이익을 얻을지라도 단지 운명에 의하여 갖게 된 것을 얻었을 뿐이다. 만약 덕을 닦는 방법을 모른다면 자신이 얻은 것을 보존할 수 없을 것이다. 부를 지속할 수 없을 뿐만 아니라 수명도 지속할 수 없다. 만약 수명을 지속할 수 없다면 거대한 재산을 가져보았자 무슨 소용이 있겠는가?

이 세상은 언제나 재난들로 괴로움을 당하고 있다. 어느 순간에 생명을 잃을지 모른다. 이것을 생각해 보면 다른 무엇을 갖는다는 것이 과연 중요한 것일까? 비록 모든 것을 가진다 해도 소용없을 것이다. 이것이 화엄경 보현보살행원품(普賢菩薩行願品)에 분명히 설해졌다. 마지막 숨을 거둘 때 가족이나 친구, 지위, 재산 등 그 어느 것도 내생으로 가져갈 수 없다. 이것들 중 어떤 것도 가져가지 못한다. 단지 함께 가져갈 수 있는 것은 이를 끊임없이 지닐 때 정토로 인도하는 보현보살의 10대원왕(十大願王)이다.

불교에서는 "자신의 업을 빼고는 아무 것도 내생으로 가져갈 수 없다."라고 말한다.

이것은 주의해야 할 중요한 말이다. 자신의 업이 그림자처럼 따라옴을 알 때, 부지런히 선행을 닦아 나쁜 업을 함께 내생으로 가져가지 않도록 해야 한다. 왜냐하면 나쁜 업은 자신을 삼악도로 이끌기 때문이다. 좋은 업은 삼선도로 이끈다. 그리고 끊임없이 '아미타불'을 염불하는 것에서 비롯한 청정한 업은 서방정토에 왕생하도록 인도한다. 이로부터 이승에서 해야 할 일이 분명해진다. 사소한 일들에 관심을 갖고 이익과 손해를 계산하는 대신에 지각(知覺)을 넓히고 생각을 확장할 필요가 있다. 인생은 매우 짧다. 만약 금생에 더 많은 선행을 하고 더 많은 사람들을 이롭게 하면 엄청난 공덕이 될 것이다.

만약 옛 성인과 유덕한 사람들의 가르침들을 읽고 이를 믿고, 받아들이고 또 지킬 수가 있다면 무한한 공덕과 이익을 얻게 될 것이다. 만약 이 가르침들을 의지할 수 없는 동화라고 생각하고 믿을 수 없다면 이것은 자신의 업장 때문이다. 이것 때문에 이 무상(無上)의 수승한 기회를 놓칠 것이다.

나는 행운과 불운이 모두 자신의 행동의 결과임을 믿게 되었다. 이것은 진실로 성인과 유덕한 사람들의 말씀이다. 만약 어떤 사람이 행운과 불행이 하늘에 의하여 결정된다고 말한다면, 나는 그 사람을 보통사람으로 생각할 것이다.

이것은 요범 선생의 깨달음의 말들이다. 위대한 성인이나 유덕한 사람들은 참된 지혜가 있어 실상을 명확히 볼 수 있다. 부처님과 보살들은 무상의 성인들이다.

이 말은 상수에 관한 것이다. 공 선생이 요범 선생의 운명을 예언한 것은 속세의 이론에 근거했다. 운곡 선사가 그의 운명을 바꾸는 것에 관하여 가르쳐 준 것은 성인과 유덕한 사람들의 가르침이다. 이것을 알 때 어찌 운명에 관한 예언을 들을 필요가 있겠는가? 점 잘 치는 사람의 조언을 구할 필요가 있겠는가? 사람들은 성인과 유덕한 사람들의 가르침을 믿고, 운명은 자신이 통제할 수 있는 범위 안에 있으며, 자신의 운명을 밝고 빛나게 재창조할 수 있음을 아는 것이 필요하다.

천계, 내 아들아. 나는 네 일생이 어떻게 될지 궁금하구나? 사람은 항상 최악의 경우에 대비해야 한다. 따라서 번영할 때에도 그러하지 않은 것처럼 행동해야 한다. 일이 네 뜻대로 잘 풀릴 때, 역경을 생각해라. 네가 충분한 음식과 의복을 가졌을 때, 궁핍을 생각해라.

요범 선생의 운명은 정확하게 예언되었으나 그의 아들은 그렇지 않았다. 따라서 그는 어떤 일이 아들에게 생길지 알지 못했다. 실제로, 알 필요가 없었다. 요범 선생은 그에게 번영할 때에도 그렇지 않은 것처럼 행동해야 함을 명심하는 것이 중요하다고 가르쳤다. 비록 그가 큰 재산과 사회적 신분을 얻고 권력과 세력을 가진 고위 관리가 될지라도 아무것도 가지지 않았던 때를 기억할 필요가 있다. 왜냐하면 비록 미래에 번영하게 되어도 겸손하고 예절바르게 남아, 다른 사람들이 갖지 못한 부와 지위를 가졌다는 오만한 생각을 버릴 수 있기 때문이다. 만약 우리가 겸손하게 남을 수 있다면 참된 공덕과 행운을 기를 것이다.

모든 일이 매우 잘 되어나갈 때일지라도 사람들은 어려웠던 시간들을 기억할 필요가 있다. 이리하여 일들이 뜻대로 진행될 때에도 조심스럽게 지낼 것이다. 오늘날 충분하고도 남는 음식과 의복을 갖고 있을 때에도 근검하게 지낼 필요가 있다. 만약 부와 권세를 가질 때 항상 겸손하고 근검하다면, 자신의 도덕과 선행을 높일 수 있다.

한 좋은 예가 매우 가난한 집안의 출신인 범중엄(范仲淹) 선생이다. 선생이 젊은 시절 도량에서 공부할 때 먹을 것이 부족했다. 가난한 상황에서 살면서 매일 죽 한 단지를 만들어서 4개로 나누어 식사 때마다 하나를 먹었다. 후에 성공하여 정승이 되었을 때, 황제의 직접 감독을 받았지만 다른 모든 사람들보다 더 높은 지위에 있었다. 그러나 선생은 소박한 생활양식을 지속했고 거의 변하지 않았다. 더 많이 벌었을 때 가난에 시달리는 사람들을 생각하고 도와주었다. 선생의 전기를 보면 300이 넘는 가정들을 도왔음을 알게 된다. 그 많은 사람들의 생활을 도와줌으로써 선생은 항상 가난한 상태로 살 수밖에 없었다.

범 선생은 진실로 중국의 가장 위대한 현인 중의 한 분이다. 선생에 대한 인광(印光) 대사의 존경은 공자 다음이었다. 선생은 백 대가 넘는 자손들이 누릴 공덕을 쌓았으므로 그 자손들은 20세기 초까지 번영하였다. 공자의 가족이 오래되고 잘 알려진 가족으로서는 수위이고 그 다음이 선생의 가계이다. 선생의 수승한 수행과 공덕으로 인해 800년간 번영했다. 그 자손들은 남을 돕는 가족의 전통을 지켜왔다. 중국 역사를 통하여 이렇게 많은 공덕을 쌓은 가족은 드물다.

커다란 행운은 남과 함께 나누는 것이다. 남과 함께 나누고 도움으로써 끝없는 행운을 누리게 되기 때문이다.

모든 사람들로부터 사랑과 존경을 받을 때 두려워하고 조심해라. 가족이 크게 존경받을 때 스스로 겸손히 처신해라. 그리고 배움이 넓고 깊을 때, 항상 더 많이 배울수록 아는 것이 더 적다고 느껴라.

"기대하지 않은 호의에 놀라다."라는 옛 중국의 격언이 있다. 다른 사람들이 자신을 사랑하고 보호하는 것은 좋은 일이다. 그러나 생각할 필요가 있다. 자신이 이러한 보살핌과 존경을 받을 자격이 있는가? 끊임없이 자신의 부족함을 걱정하고, 반성하고, 부지런히 덕을 닦고, 자신에 대한 다른 사람들의 기대를 실망시키지 않도록 해야 한다.

겸손과 학식이 부족하다고 느끼는 것은 오만을 뿌리뽑는 데 도움이 된다. 오만은 다섯 가지 큰 번뇌 중의 하나이고, 다른 네 가지 번뇌인 탐욕, 화냄, 무지, 의심과 연관되어 있다. 번뇌를 근절하기 위해서는 겸허함을 닦아야 한다. 완벽하게 겸허함을 익힌다면, 자신의 성덕을 드러내어 공덕의 수행에서 성취할 수 있을 것이다.

과거에 대해서는 어떻게 조상들의 공덕을 선양(宣揚)할까를 생각하고, 현재에 대해서는 부모의 허물을 어떻게 덮는가를 생각하라. 나라에 대해서는 자신에게 베풀어진 은혜를 어떻게 보답하는가를 생각하고, 가족에 대해서는 어떻게 행운을 가져오는가를 생각하라. 다른 사람들에 대해서는 주위의 어려운 사람들을 어떻게 도울까를 생각하고, 자신에 대해서는

삿된 생각과 행동이 일어나는 것을 어떻게 막을까를 생각하라.

여기에서 요범 선생은 운명을 재창조하는 중요한 열쇠를 보여주고 있다. 이러한 생각들이 자신의 덕과 도덕을 증대하고 선행을 개발하는 지침을 제공하게 된다. 과거에 중국의 교육은 사람과 사람 사이의 관계, 사람과 귀신의 관계, 사람과 자연의 관계를 가르쳤다. 그것은 우리에게 조상들의 공덕을 명예롭게 하고 알리기 위하여 항상 먼 과거를 생각하도록 가르쳤다. 만약 자신의 도덕과 학문 그리고 사업에서 사회로부터 존경받으면 조상들을 명예롭게 하는 것이다.

현대사회에서 사람들이 열심히 일하는 배후의 추진력은 무엇인가? 부, 명예 그리고 권세이다. 대부분의 사람들이 이것들을 얻기 위하여 필요한 것이라면 무엇이든 하려고 한다. 만약 얻을 부가 없다면 얼마나 많은 사람들이 그렇게 열심히 일하려고 하겠는가? 거의 없다. 과거에는 사람들이 열심히 일하는 배후의 추진력은 효도였다. 조상과 부모를 생각하면서 그들을 명예롭게 하기 위하여 그들 대신에 공덕을 쌓으려고 최선을 다했다. 이 추진력이 부, 명예, 권세를 위한 추진력보다 훨씬 가치 있고 고상하다. 이것이 수천년간 중국 문화와 유교적 가르침의 전통이 되어왔다.

불교도 역시 효도의 기초 위에 서 있다. 이리하여, 효도가 중국 문화의 궁극적 뿌리이자 기초이므로 제사와 사당(祠堂)의 건립은 높이 평가된다. 만약 부모와 조상에게 효도하고 그 뿌리를 기억할 수 있다면, 자연스레 바르게 생각하고 처신하며 악행을 삼가할 수 있을 것이다.

"현재에 대해서는 우리 부모들의 허물을 어떻게 덮는가를 생각하라." 이것은 가까운 사람들에 관한 것이다. 자녀가 효도하고 사회에 공헌한 바 있으면, 비록 부모가 작은 죄를 범했어도 사람들이 이를 눈감아 주고 그렇게 효성스러운 자식을 기른 것을 칭찬할 것이다.

"나라에 대해서는 자신에게 베풀어진 은혜에 어떻게 보답할 수 있을까를 생각하라." 나라나 또는 정부가 있어 국민들에게 책임감 있는 지도자, 부모, 그리고 스승의 임무를 다하고, 사람들이 평화롭고 만족스럽게 살고 일할 수 있는 장소를 제공한다. 그 보답으로 국민은 나라에 충성하고 애국하고 그들 자신을 바칠 수 있다.

"가족에 대해서는 어떻게 행운을 가져올 수 있는가를 생각하라." 가족을 생각한다는 것은 단지 현대의 핵(核)가족을 의미하는 것이 아니고, 과거에 이루어졌던 대가족을 의미한다. 가족의 일원으로서 단지 직계뿐만이 아니고 대가족 전체의 행운을 창조하는 것을 생각해야 한다. 따라서 한 사람이 행운을 얻으면 대가족이 그로부터 이익을 얻을 수 있다.

"다른 사람에 대해서는 주위의 어려운 사람들을 어떻게 도울까를 생각하라." 항상 사회의 이익을 생각하라. 사람들은 사회에 봉사하고 다른 모든 사람들의 행운을 창조하기 위하여 할 수 있는 모든 것을 다해야 한다. 오늘날 가장 시급히 필요한 것은 도덕 교육을 부활하고 발전시키는 것이다.

"자신에 대해서는 삿된 생각과 행동이 일어나는 것을 어떻게 막을까를 생각하라." 망념과 분수에 어긋난 생각을 억누르고, 자신이 하기로 된 일들을 주의 깊게 생각하고, 과도한 야망을 버려야 할 필요가 있다. 만약 사람들 모두가 그렇게 하여 책임을 완수할 수 있다면 사회는 행복하고 조화로워져 세계는 평화로워질 것이다. 맹자가 말했다, "만약 고상하고 성실한 사람들이 자신의 책임을 다할 수 있다면 진리가 드러날 것이다 (君子務本 本立而道生)."

유교의 가르침에서 이 책무는 남편과 아내, 부모와 자식, 형제, 친구, 지도자와 부하를 포함하는 인간 사이의 다섯 가지 관계(五倫)에 관한 것이다. 사람들은 가족과 사회의 행복을 창조하기 위하여 사회와 다른 사람들에 대한 자신의 책무를 성실하고 부지런히 완수할 필요가 있다.

매일 자신의 허물을 찾고 이를 즉시 고쳐야 할 필요가 있다. 만약 자신의 허물을 찾아낼 수 없다면, 자신이 행한 모든 일이 옳다고 생각할 것이다. 허물을 고칠 수 없다면 향상이 불가능하다.

깨어남[깨달음(開悟)의 시작]은 매일 자신의 허물을 찾을 수 있는 것이다. 사람들이 처음 등각보살(等覺菩薩)이 되려는 서원을 세울 때 이 과정을 시작한다. 매일 자신의 허물을 발견하면 그것을 고쳐야 한다. 이것이 수행이다. 이것이 위대한 성인과 유덕한 사람들의 수행에서 참된 성취이자, 운명을 바꾸고 고통을 떠나 행복을 얻는 열쇠이다. 일생 동안 대부분의 사람들이 유덕한 사람이나 성자가 될 수 없고, 수행에서 성취할 수 없다면 그들은 여기에 문제가 있다는 것을 발견할 것이다.

매일 자신의 허물을 아는 것이 매일 깨닫는 것이다. 일단 한 허물을 찾으면, 진지하게 그것을 고쳐나간다. 이것이 수행력을 키우는 방법이다. 많이 하지 않아도 된다. 만약 하루에 하나의 허물만 찾아 고쳐나가면 3년이면 성인이나 유덕한 사람이 될 것이다.

아미타 부처님 명호를 부르는 수행자로서 만약 매일 하나의 허물을 고치고 염불할 수 있다면 3년만 지나면 정토의 상품이나 중품에 왕생할 것이다. 이것이 부처가 되는 수행법이다. 문제는 사람들이 기꺼이 진실하게 그렇게 하느냐에 있다. 만약 매일 하나의 허물도 찾을 수 없다면 스스로를 속이는 것이다. 허물을 알지 못하면 고칠 수도 없을 것이다. 이렇게 하고서 어떻게 향상하리라 바랄 수 있겠는가? 향상이 없을 때 퇴전(退轉)이 있다. 자신에게 결코 잘못이 없고 자신이 하는 모든 것이 옳다고 생각하는 것이 삶에서 가장 무서운 일이다.

세상에는 도덕과 공덕의 수행이나 하는 일에서 향상할 수 없는 머리 좋은 사람들이 많다. 이승에서 그들의 실패는 게으름이라는 단 하나의 단어 탓이다.

만약 현재만을 위하여 살고 게으르면, 운명에 구속된 채로 남게 될 것이다. 어떻게 태어나서 죽고, 죽은 후 어디로 가고 하는 것이 모두 운명과 일치한다. 운곡 선사는 정해진 운명을 맹목적으로 따라가는 이러한 사람들을 보통사람, 속물로 불렀다. 부처님께서 '불쌍한 사람들'로 불렀던 사람들이 바로 그들이다. 요범 선생이 그 자식에게 가르쳤던 이 원리들은 속세의 교육과 불교를 위한 원리들로서 절대 무시해서는 안 된다.

천계야, 운곡 선사의 가르침들은 가장 훌륭하고, 심오하고, 실제적이고 올바르다. 나는 네가 이들을 잘 배워서 부지런히 실행하기를 바란다. 시간을 현명하게 활용하고 무익하게 보내지 말라.

요범 선생은 운곡 선사가 그의 운명을 바꾸는 데 가르쳐 주었던 원리와 방법들을 주의 깊게 적어 그 자식 또한 이 방법을 따라 수행하기를 바라면서 넘겨주었다. 선생은 이 수행으로부터 훌륭한 결과를 얻었고 따라서 선사가 가르쳐준 모든 원리와 방법들을 확고히 믿었다.

다른 사람들도 운곡 선사의 가르침들을 깊이 생각하고 그 가치를 인정하기 위해서는 이에 매우 익숙해질 필요가 있다. 그 가르침들을 끊임없이 생각할 때 그 원리를 음미하고 행동의 기본 원리로 활용하고 이를 열심히 수행하게 될 것이다. 금생을 헛되이 보내서는 안 된다.

2교훈 과오를 고치는 방법

부끄러워하는 마음, 두려워하는 마음,
그리고 용감하고 결의에 찬 마음을 가질 필요가 있다.
왜냐하면 이것들이 허물을 고치기 위한
내적이고 직접적인 인연이 되기 때문이다.
그리고 깨달음의 길을 걸어가는 데에는 우리에게 생각하게 하고,
밖에서 가시적인 보조 요인으로서 우리를 도와주는
좋은 영적인 친구와 같은 촉매적 요인도 필요로 한다.
만약 허물을 고치려고 노력하는 유덕하고 진지한 생각을
가지고 있다면 모든 부처님과 보살들이 기뻐할 것이고
모든 자비로운 신들이 칭찬하고 존경하면서 은밀히 도와줄 것이다.

과오를 고쳐야 하는 이유
● ● ●

　원인과 결과에 관한 첫째 교훈은, 운명을 바꾸는 개인의 능력에 대한 믿음을 세우는 방법에 중점을 둔다. 둘째 및 셋째 교훈은 이것을 성취하기 위한 방법들을 강조한다. 이리하여 이들은 주로 악행을 삼가고 공덕을 쌓는 방법들을 취급한다.

　춘추(春秋) 시대에 중국은 여러 작은 나라들로 나뉘어져 있었다. 이 나라들의 많은 권위 있는 고문들은 어떤 사람의 언행을 보고 그의 장래의 행운이나 불운을 정확히 예언할 수 있었다. 이 많은 것들이 춘추(春秋)[20]에 기록되어 있다.

　요범 선생은 아들 천계에게 춘추 시대에는 어떤 사람의 언행을 관찰하여 그 사람의 장래가 좋을 것인가 나쁠 것인가, 또는 운이 좋을 것인가 나쁠 것인가를 정확히 예언할 수 있는 고문들이 많았다고 말한다. 한 개인에 관하여 그들은 그 사람의 성공이나 실패를 예언할 수 있었다. 더 나아가 그들은 한 국가의 흥망을 예언할 수 있었다. 그들은 인과의 법칙을 이해했으므로 다른 사람들을 관찰하는 이러한 비범한 능력을 가졌다.

---

[20] 중국 5경의 하나로 노(魯)나라 역사의 기록이다. 공자가 일생 동안 이 기록들을 수집하고 편집하여 한 책으로 만들어 전해오고 있다.

말과 행동이 착하고 품위 있고 사려 깊을 때, 행운과 밝은 미래가 있을 것이라고 자신 있게 말할 수 있다. 반면에 말이 거칠고 행동이 천박할 때, 장래는 어두워 질 것이다. 비록 지금 자신의 형편이 좋은 것처럼 보여도 이 성공의 시기는 잠시 피는 꽃처럼 짧은 기간이 될 것이다. 말과 행동이 자신의 미래를 결정하므로 말하고 행동하는 모든 일에 조심해야 한다.

대개 위험이 임박하거나 행운이 다가옴을 알리는 징후들이 있다. 안에서 일어나는 생각이나 느낌에서 비롯한 이러한 징후들은 그 사람의 행동에 나타난다.

이러한 징후는 개인뿐만 아니라 국가에도 적용된다. 모든 사건에 앞서 최초의 의도에서 비롯하는 징후가 있고, 그것은 생각이나 행동에서 보여진다. 그러므로 조용하고 논리적인 사람들이 관찰을 통하여 미래의 변화를 예측할 수 있다. 그들은 국민들의 욕망과 행동을 통하여 한 나라의 흥망을 볼 수 있다. 사회 각계각층 사람들의 생각하고 행하는 것을 단지 관찰함으로써, 종종 한 나라가 장래 번영할지 쇠퇴할지 예견할 수 있다. 마찬가지로 이것은 가정에도 적용된다. 구성원들이 생각하고 행동하는 방식이 그 가족의 성공과 실패를 크게 좌우한다. 그리고 이것은 개인에게도 마찬가지로 진리이다. 모든 것에는 징후가 있고 그것은 대개 현명하고 식견 있는 사람에게는 분명히 보인다.

대개 어떤 사람이 친절해질 때 더욱 운이 좋아지고, 잔인해질 때 어려운 일들이 생긴다. 보통사람들은 종종 무엇이 실제로 일어나는지를 모른다. 마치 시력이 흐려져 있는 것과 같다. 그러므로 진실을 볼 수 없어 행운과 불운을 예측할 수 없는 것이다.

'친절'은 우리의 마음과 행동에 관한 것이다. 진실로 친절한 사람은 자신이 해를 입어도 남을 돕는다. 자신에게는 엄격하고 남에게는 관대한 사람들은 말년에 많은 행운을 가지게 된다. 반면에 잔인한 사람은 많은 난관을 불러온다. 자기 자신의 이익에만 몰입하고 다른 사람들을 경멸하는 사람들은 장래에 재앙의 씨를 심지만, 안타깝게도 그 징후를 볼 수 없다. 보통사람들은 진실을 보는 데 있어 시력이 흐려졌거나 아니면 눈가리개를 한 것과 같다. 모든 징후들이 실제로 바로 눈앞에 있지만 운명을 감지할 방법이 없는 것이다. 누가 점쟁이들의 조언을 구하는가? 이들은 보통사람들이다.

다음에 요범 선생이 그 아들에게 들려준 것은 매우 중요하므로 더욱 주의 깊게 배워야 한다.

진실하고 정직할 때, 마음은 하늘의 뜻과 합치한다(至誠合天).

이것이 핵심 원리이다. 모든 행동에서 진실해야 하고 다른 사람을 속이거나 자신을 속여서는 안 된다. '하늘의 뜻'은 불교에서 진성(眞性)이라고 부르는 것이다. 그것은 망념이 없고 오직 유덕한 생각만 있는 경지이다. 절대적으로 정직하고 진실할 때, 마음은 하늘의 뜻과 일치할 것이다. 비록 지금 현재 어려움들을 겪고 있더라도, 그 어려움은 곧 끝나고 많은 행운을 누리게 될 것이다. 따라서 생각하고 말하고 행동하는 모든 것이 진실로부터 비롯되어야 한다.

'진실하고 정직한 마음〔誠意 正心〕' 이 공자께서 가르친 8개 지침〔八條綱目〕의 요체이다. 욕망을 끊고 진성을 드러내어 이것을 성취한다. 이렇게 하지 못하면 우리는 궁극적 진실을 성취할 수 없을 것이다. 욕망을 끊을 때, 무엇을 끊는 것인가? 여섯 개의 먼지〔六塵〕 또는 오염요인 즉 보는 것(色), 듣는 것(聲), 냄새(香), 맛(味), 접촉(觸), 생각(法)과 그리고 부(財), 색욕(色), 명예(名), 음식(食)과 수면(睡)에 대한 5개의 욕망들이다. 만약 이러한 욕망들이 제거될 수 없으면 우리 마음은 끊임없이 환경에 영향을 받을 것이다. 이러한 마음이 어떻게 진실에 머물 수 있겠는가?

비록 이러한 욕망들을 완전히 버릴 수 없을지라도 점진적으로 이들을 줄여나갈 수 있다. 대부분의 사람들은 아무 것도 성취하지 못하는 망념에 빠져 있다. 만약 이러한 생각들과 6근(六根)을 통하여 경험하는 몇 가지 즐거움을 버릴 수 있고 남을 더 생각할 수 있다면 최선이 될 것이다. 다른 사람들이 자신의 행운을 나누어 가지도록 환영하면 그것은 더욱 큰 행운이 될 것이다. 그러니 일단 이것을 알고 나면 실천해야 한다.

내가 불교 공부와 수행을 시작했을 때, 독실한 불교신자인 주경주(朱鏡宙) 선생이 나에게 요범사훈 한 권을 주었다. 그것을 읽은 후 일생을 돌이켜보니, 요범 선생과 같은 허물과 운명을 가짐을 깨닫게 되었다. 나 또한 매우 짧은 수명을 가질 운명이었다. 살아있는 부처님인 감주(甘珠)와 미래를 알 수 있는 많은 사람들이 나에게 젊어서 죽을 것이라고 말해주었다. 나는 그들을 믿었고 45세를 넘기지 못할 것이라고 확신했다. 따라서 스님이 되었을 때 일찍 죽을 것이라고 생각하고, 그것이 내가 가진 모든 시간이라는 전제하에 공부했다. 나는 더 오래 살기를 구하지 않았다. 예상한 대로 45세에 심하게 앓았다.

그때 기륭(基隆) 대각사(大覺寺)의 영원(靈源) 대사가 하안거를 실행하면서 나에게 능엄경을 강의하도록 초청하였다. 나는 겨우 3권에 이르렀을 때 병이 들었다. 그때 내 생명이 끝날 때가 왔음을 알았기에 의사에게 가지도 않았고 또 어떤 약도 먹지 않았다. 단지 집에 머물면서 매일 '아미타불'을 염불하면서 조용히 나의 죽음과 그 후의 정토왕생을 기다렸다.

그러나 한 달이 지난 후 나는 죽지 않았을 뿐만 아니라 또한 건강을 회복했다. 이후 여러 해 동안 이 방법을 따라 수행했고 그 효과를 볼 수 있었기 때문에 운명을 바꾸는 원리들에 더욱 자신감을 갖게 되었었다. 지금 나는 모든 것을 놓아버렸고 더욱 해탈한 느낌을 갖는다.

따라서 얻기 위해서는 먼저 놓아야 한다. 만약 놓아버리기를 주저하면 얻는 것도 없다. 경전에는 주는 것이 얻는 것이라고 한다. 무언가를 얻기 위해서는 먼저 무엇을 주어야 한다. 따라서 운명을 개선하는 것에 관한 이 가르침은 모두 놓아버리는 것에 관한 것이다. 만약 무엇을 구한다면 어떻게 될까? 구하는 것 역시 받는 것을 도와준다. 그러나 이것을 어떻게 성취하는가? 그냥 놓아버리면 구하는 모든 것을 받게 될 것이다.

먼저 욕망과 망념들을 놓아버려야 한다. 요범 선생은 "절대적으로 정직할 때, 마음은 하늘의 뜻과 일치한다."라고 말했다. 버릴 때는 뿌리로부터 버려야 한다. 이기심을 뽑아내기 위하여 자신을 이롭게 하는 생각들을 완전히 없앤다. 그 대신 자신의 모든 생각은 '살고 있는 모든 존재들을 어떻게 이롭게 할 것인가'가 되어야 한다. 일단 이 일이 성취되면 무한한 행운을 얻게 될 것이다.

자신의 착함을 보고서 다른 사람들은 행운이 다가옴을 예견할 수 있다. 그리고 자신의 부도덕을 보고서 그들은 불운이 다가옴을 예견할 수 있다.

따라서 행운도 역경도 징후를 갖는다. 선행은 행운을 나누도록 다른 사람들을 초대하기 때문에, 그들은 마음과 행동이 착함을 보고 곧 행운이 올 것임을 안다. 그러나 만약 불친절하고 이기적이고 다른 사람들의 이익을 빼앗고 결코 양보하지 않으면, 자신의 이익과 행운은 결국 탕진되어 버릴 것이다. 일단 이 일이 일어나면 불운을 만날 것이다.

따라서 분별없는 행동을 지속하는 한 자신에게 곧 역경이 다가올 것임을 다른 사람들은 알 수 있다. 이 관찰의 원리는 한 개인, 한 가정, 한 사회, 한 국가와 심지어는 세계에까지 적용된다. 조용히 깨어있는 한 모든 것을 명백히 볼 수 있을 것이다. 따라서 행운과 불운, 행복과 고통, 한 국가의 흥망과 세계의 안정과 불안을 예언하는 것이 가능하다.

과오를 고치는 세 가지 방법
• • •

만약 행운을 얻고 불운을 피하기를 바라면, 먼저 선행을 말하기에 앞서 과오를 고칠 필요가 있다.

오직 순수한 마음과 깊은 집중력을 가진 사람들만이 행운과 불운의 징후를 볼 수 있다. 깊은 집중력은 불자들에게만 국한된 것이 아니다. 그 사람은 도교(道敎)신자나 유생(儒生)일 수도 또는 청정한 마음을 가진 사람일 수도 있다. 집중이 깊을수록 더 멀리 볼 것이다. 이러한 이유로 불교 경전에서 가끔 아라한은 과거 500세와 미래 500세를 볼 수 있다고 말한다. 실제로 모든 살아있는 존재들이 이러한 능력을 본래 갖추고 있으므로 그렇게 되어야 한다.

그러나 사람들의 마음이 산란해 이러한 능력을 잃어버렸다. 여러 가지 망념, 분별심, 집착 그리고 번뇌들이 마음을 혼란시켜 본래의 능력을 잃어버리게 만들었다. 불교는 우리의 본래 진성을 드러낼 수 있도록 이러한 오염물과 장애를 제거하는 방법을 가르친다.

일단 이러한 원리를 이해하면 어떻게 변화해야 할지를 결정한다. 이렇게 하기 위한 몇 가지 효과 있는 방법들이 있다. 대부분의 사람들은 역경을 피하면서 행운과 행복 그리고 지혜를 갖기를 원한다. 착한 행동이 원인이 되어 그 결과인 행운을 낳는다. 그러나 먼저 자신의 업장을 제거하지 않으면 행운은 얻기 어렵다. 따라서 첫째 목표는 자신의 죄업을 뿌리 뽑는 것이다.

보통사람들은 그들 밖에서 즉 상수들을 통하여 구하나, 이것은 그들이 원하는 것을 얻는 데 도움이 안 된다. 반면에 앞선 원리들을 이해한 사람은 지금 변수들이 존재한다는 것을 확신하고 있다. 그러나 변수들이 곧 표면에 나타나지 않는다. 그러면 어떻게 목적들을 달성할 수 있을까? 먼저 마음을 청정히 할 필요가 있다.

청정하고 평온한 마음이 최상선(最上善)의 마음이다. 그러나 만약 마음이 청정하지 않으면 모든 선행들이 더럽혀지고 받을 수 있는 행운의 양은 제한될 것이다. 달리 말해서 업장들이 아직 철저히 제거되지 않은 것이다. 이로부터 유덕하고 청정한 마음이 가장 중요함을 알 수 있다. 그렇다면 어떻게 청정한 본래의 마음 상태로 돌아가는가? 먼저 자신의 과오들을 알고 이들을 고쳐야 하고 그 후 선행을 하는 올바른 방법들을 알아야 한다.

1. 부끄러움을 알라

과오를 고치는 세 가지 길이 있다. 먼저 부끄러움을 느낄 줄 알아야 한다.

많은 중국의 옛 성인과 유덕한 사람들은 "부끄러움을 아는 것은 용기를 갖는 것에 가깝다."고 가르쳤다. 공자는 종종 큰 지혜〔大智〕와 큰 친절〔大仁〕 그리고 큰 용기〔大勇〕를 말했다. 무엇이 부끄러운 것인가를 앎으로써 진정으로 과오를 고치고 자신을 개선할 수 있다. 만약 무엇이 부끄러운 것인가를 모른다면 행운을 가질 수 없다. 자신을 개선하려고 노력할 때 보통사람들을 기준으로 삼지 않는다. 그 대신 부처님과 보살들을 기준으로 삼는다. 그들은 바로 자신과 같은 사람들이었으나 부처님과 보살이 되었다. 우리가 아직껏 육도에 갇혀 있는 것은 큰 치욕이다.

그 이름과 가르침이 수백 대에 지속되는 옛 성인들과 유덕한 사람들을 생각해 보아라. 그들도 바로 우리와 같은 사람들이었다. 그런데 왜 내 이름은 부서진 기와처럼 가치가 없는가?

만약 가끔 이렇게 생각하고 자신에게 이 질문을 던진다면 부끄러운 마음이 생길 것이다. 이것이 운명을 바꾸는 첫째 단계이자 동기이다. 무엇이 이 동기의 배후에 있는 힘인가? 그것은 불가사의한 본래의 능력이다. 누구나 요범 선생이 여기에서 설명한 바를 곧장 따라할 수 있다.

고대 중국에 위대한 성인들이 몇 사람 있다. 공자(孔子), 맹자(孟子), 주공(周公) 그리고 이윤(伊尹)이다.[21] 그분들을 보며 생각할 수 있다. "그분들은 위대한 사람들이다. 그럼 나 또한 위대하다. 그들은 사람이다. 나도 그렇다. 만약 그들이 할 수 있다면 왜 내가 할 수 없겠는가?" 이것이 바로 자신이 반성을 시작해야 할 곳이고 길이다.

어떤 사람들은 세상을 초월하여 아라한, 보살 그리고 부처님이 되었다. 그들은 무한히 많은 생을 살아왔다. 우리 또한 그러하다. 왜 그들은 수많은 생에서 불교를 수행하고 부처님과 보살들이 되었는데 우리는 아직도 윤회의 수렁에 빠져 있는가? 이것은 다른 무엇과도 비길 수 없는 최

---

21) 주공은 주(周)나라 때 살았으며 탁월한 섭정이었다. 이윤은 은(殷)나라의 재상으로 탕왕(湯王)을 도와 폭압적인 하(夏) 왕조를 멸망시켰다.

악의 치욕이다.

　이 세상과 그 너머에서 성인들은 모두 인간과 하늘사람들의 스승이 되었다. 모든 부처님의 10가지 명호 중의 하나가 '하늘사람과 인간의 스승' 이다. 여기서 스승이란 본질적으로 모범이라는 말이다. 그는 모든 중생들에게 좋은 예를 보이고 모범이 될 수 있다. 이 예를 이용하여 자신의 행동을 점검할 수 있다. 왜 자신의 이름과 명예가 더럽혀지거나 파괴되었던가? 그것들이 자신이 저지른 악행에 대하여 치루어야 할 대가이다.

　요범 선생의 덕성의 하나는 어떤 허물이라도 숨기려고 하지 않았다는 점이다. 그는 다른 사람의 잘못들에 관하여는 이야기하지 않고 오직 그의 잘못만 이야기했다. 허물들을 알아채는 즉시 그것들을 고치기 시작하였다. 이것이 후에 그를 성취하도록 이끈 힘이자 결정적인 요인이었다.

우리는 세속적인 욕망에 집착하고 있다.

　이것이 사람들의 바닥에 놓여 있는 허물 또는 병이다. 마음이 심하게 오염되어 있으므로 아직도 세속적인 욕망을 그리워하거나 이에 집착한다. 세속적인 욕망들은 오욕과 보는 것, 듣는 것, 냄새, 맛, 접촉, 생각의 여섯 먼지[六塵]들을 말한다. 먼지라는 단어는 여기에서 오염이라는 뜻으로 사용된다. 예를 들면, 만약 매일 가구를 닦지 않으면 먼지가 쌓일 것이다. 매일 그것을 닦는 일이 먼지나 오염을 제거하는 것이다. 이것은 욕망들과 먼지로 오염된 청정한 마음과 비슷하다. 부, 색욕, 명예, 음식, 잠이 오염의 요소가 되는 욕심, 화, 무지, 오만과 의심의 감정들을 일으키는 욕망들이다. 이것이 부처님께서 외부적 환경을 여섯 감각 대상[六境] 또는 여섯 먼지[六塵]들로 부르신 까닭이다. 이러한 불순물들이 청정한 마음을 오염시키고 병의 뿌리가 된다.

만약 자신의 진성인 청정한 마음을 회복하고자 한다면, 이러한 욕망들과 먼지에 대한 집착을 놓아버려야 한다. 놓아버리는 것이 가장 하기 어려운 일이다. 그러나 만약 욕망을 한 뭉큼 놓아버리면, 마음은 한 뭉큼 더 청정해질 것이다. 욕망을 두 뭉큼 놓아버리면 마음은 두 뭉큼 더 청정해질 것이다.

부처님은 보살 수행에 51계급이 있다고 가르치셨다. 각 계급은 보살이 버린 감정의 양에 의하여 정해진다. 일단 모든 51먼지와 욕망들을 놓아버릴 수 있다면, 부처님이 될 것이다. 만약 한 뭉큼의 욕망만 가지고 있다면, 등각보살(等覺菩薩)이 될 것이다. 이러한 먼지들과 욕망들이 실제로 사람들의 업장들이다.

정토종은 종종 자신의 남은 업을 정토로 함께 가져가는 것을 이야기한다. 이것은 비록 죽기 전에 모든 세속적 욕망들을 놓아버릴 수 없어도, 남은 업을 함께 가져갈 수 있음을 의미한다. 과거에 어떤 사람들은 업이 조금만 남아 있어도 정토로 왕생할 수 없다고 믿었다. 그들은 "모든 업을 없애고 정토에 왕생한다(消業往生)."의 구절(句節)로 되어야 한다고 느꼈다. 이것이 전 세계의 정토수행자들을 놀라게 했다. 모든 업을 제거해야 한다는 이러한 해석은 경전들이 의미하는 바가 아니므로 틀렸다.

비록 "남은 업을 정토로 함께 가져가다(帶業往生)."라는 구절이 어느 경전에도 없을지라도 이 말은 매우 분명한 진리이다. 오직 업이 모두 없어졌을 때만 정토에 왕생할 수 있다고 믿는다면, 무량수경을 읽고난 후 모든 업을 없앴을 때 정토에 왕생까지 할 필요가 있을까 하고 의아해 할 것이다. 등각보살들도 아직 한 뭉큼의 무지가 남아 있고 모든 욕망에서 완전히 해탈한 것은 아니다. 그들에게는 아직도 아주 작은 조각의 남은 업이 있다. 따라서 보살들을 깨달은 중생(覺有情)들이라고 부른다.

실제로 완전히 청정한 마음을 가진 존재는 오직 하나이고 부처님이다. 비록 등각보살들이라도 아직 한 뭉큼의 남은 업이 있다. 그들은 아직 육진(六塵)의 일부를 가지고 있다. 그러나 그들은 이러한 감정에 집착하지 않으므로, 그들을 깨달은 중생들이라고 부르는 것이다.

"남은 업을 정토로 함께 가져가다."라는 말은 조사들이 했지만 경전에 근거한 것이다. 이것은 정토종에서 특별히 그러하다. 비록 모든 업을 제거하지 않았어도 서방정토에 왕생할 수 있다. 오직 정토에 왕생하기 위하여 죽은 수많은 정토수행자들을 보기도 하고 알기도 해왔다. 따라서 실상을 깨닫고 삿된 견해에 영향을 받아서는 안 된다. 경전의 가르침을 따르고 경전을 틀리게 해석할 수 있는 개인들을 따르지 않는다.

어떤 사람들은 다른 사람들이 모르리라 생각하고 은밀히 부적절한 일들을 많이 하고 부끄러움을 모르고 자랑스러워한다. 어느 날 그들은 깨닫지 못한 채 동물로 태어나게 될 것이다.

'부적절한'은 해서는 안 될 즉 불법이고, 비합리적이거나 또는 도덕적 기준이나 관습에 반하는 일들을 말한다. 많은 사람들은 부적절하게 행동하면서 다른 사람들이 그것을 모르리라 생각한다. 솔직히 몇 사람들은 모를 것이다. 누구인가? 마음이 무지로 덮여 미혹한 사람들이다. 반면에 바른 생각, 지혜와 평정한 마음을 가진 사람, 또는 하늘과 땅에 항상 있는 천신과 귀신들은 다 볼 수 있다.

천신과 귀신들은 태어날 때 5가지 신통력을 가지는데 이것들은 수행을 통하여 얻어지지 않았다. 만약 천신과 귀신들이 안다면, 부처님이나 보살들이 알게 되는 것은 말할 필요도 없다. 그들은 육도 안의 각 존재들의 모든 생각을 알고 있다. 그 사실을 알고 나면 그들에게 아무 것도 숨길 수 없음을 알고 두려움에 떨 것이다. 스스로 뉘우침이 낫지 않을까? 그들은 비록 사람들이 고백하지 않아도 모든 것을 다 알므로, 만약 자발적으로 참회하면 죄책감을 덜 느끼게 될 것이다.

그러나 사람들은 참회하기보다는 부끄러움을 모르고 오만하다. 부끄러움을 모른다는 것은 뉘우치지 않고 자신의 양심을 무시하는 것을 말한다. 만약 죄를 지은 후 죄책감을 느낀다면 아직은 괜찮다. 비록 악행을 다른 사람에게 숨길지라도 양심은 무겁다. 되돌아 올 희망은 아직 있다. 그러나 죄를 짓고도 죄책감이 없다면 희망은 없다. 오직 자기 죄에 부끄러움을 느끼는 사람만이 도움을 받을 수 있다.

부끄러움을 모르고 오만하면 어느 날 동물 세계에 태어날 것이다. 비록 현재 인간 세계에 있다 하여도 자신의 죄업 때문에 결국 삼악도에 떨어질 것이다. 보통사람들은 이것을 모를지 모르지만 부처님과 보살들 그리고 하늘과 땅의 귀신들은 알고 있다. 때로 불운에 처해 있을 때 나쁜 귀신들이 괴롭히기 시작할 것이다. 그들은 아무나 멋대로 괴롭히는 것이 아니라, 사람의 행위에 따라 목표를 선택한다. 그들은 삼선도에 태어날 사람들은 감히 괴롭히지 못한다. 친절한 마음을 가지고 자비로운 행동을 한 사람들을 매우 존경한다. 그러나 나쁜 사람들에겐 고통을 준다. 이러한 사람들이 결국 삼악도에 떨어질 것을 알므로 이들을 조롱하고 들볶을 때 오만하고 냉소적이다.

진정한 불교 수행자들은 이 원리들을 이해한다. 일단 이해하고 나면 자연스레 생각과 행동을 주의하게 될 것이다. 왜냐하면 비단 삼악도에 떨어지는 것을 원하지 않을 뿐만 아니라 생사의 윤회를 벗어나길 원하기 때문이다. 금생에 이것을 성취할 수 있는 오직 하나의 길이 있다. 정토왕생을 구해야 한다. 따라서 확고하고 흔들림 없는 결의를 가져야 한다.

어떻게 이 왕생을 이루는가? 확고한 믿음, 서원, 아미타 부처님 염불, 그리고 마음을 청정히 하는 수행을 통해서이다. 세속적 욕망들을 끊어야 한다. 모든 것을 완전히 놓아버릴 필요는 없다. 왜냐하면 만약 그렇다면 부처님이 될 것이기 때문이다. 그러나 더 많이 놓아버릴수록 더 좋아질 것이다. 불필요한 집착을 끊어라. 그리고 아미타 부처님께 마음을 집중하고, 오로지 자신과 가족을 이롭게 하는 생각들을 다른 사람들을 이롭게 하는 생각들로 바꾸라. 그렇게 함으로써 마음이 청정해질 것이다.

깨달은 존재들은 그들 대신에 모든 중생들을 생각한다. 이에 반하여, 보통사람들인 중생들은 오직 자신들만 생각한다. 비록 일부러 자기에 대한 집착을 끊으려 하지 않아도 끊임없이 모든 중생들을 이롭게 하는 생각을 하면, 욕망과 집착은 점차 스스로 줄어든다. 일단 부처님 명호를 불러 더 이상 집착이 없어지면 일심불란의 경지에 이르러, 방편유여토(方便有餘土)에 왕생할 것이다. 방편유여토는 삼계 밖의 정토(淨土)로서, 미혹은 끊었으나 무명의 번뇌를 완전히 끊지 못한 이들이 태어나는 곳이다.

여기서부터 시작하여 단지 임박한 미래나 오직 이승만 생각하지 말고, 멀리 앞을 바라보며 간절하게 수행할 필요가 있다. 왜냐하면 그것들은 환영이고 일시적이기 때문이다. 금강경(金剛經)에 "형체 있는 것은 무엇이나 환영이다(凡所有相 皆是虛妄)."라고 설해졌다. 영원하거나 걱정할 가치가 있는 것은 아무 것도 없다. 가족이나 친척들과도 올바른 가르침들을 같이 나누고, 그 가르침에 따라 수행하도록 격려할 수 있다.

한때 어떤 수행자가 외국 유학을 원하는 자식이 걱정되어 나에게 도움을 구했다. 그는 어떻게 해야 좋을지 물었다. 나는 그에게 모든 망념을 버리고 가족들이 무량수경을 독송하며 '아미타불'을 염불하도록 일러 주었다. 그는 "그것은 도움이 안 됩니다. 내 마음이 안정되어 염불하고 독경할 수 있기 전에 먼저 이 문제를 해결해야 합니다."라고 말했다. 나는 그에게 만약 그렇게 생각한다면 금생에 희망이 없다고 말했다. 그는 그 이유를 물었다. 나는 그가 이 문제를 바르게 다루고 있지 않다고 말했다. 즉 그의 방법은 업의 지배 속에 있었고, 삼보(三寶)가 돕는 힘을 갖지 못하고 있었다.

삼보의 힘에 의지하고, 자신의 힘에 의지하는 것을 포기할 줄 알아야 한다. 왜냐하면 자신의 힘만으로는 성취할 수가 없기 때문이다. 사람들은 삼보께 도움을 구하기 위하여 청정한 마음을 이용할 필요가 있다. 이렇게 하면 삼보로부터 불가사의한 도움을 받게 될 것이다. 이것은 매우 중요하다. 내가 전에 말했듯이 운명 지워진 상수가 아니라 변수를 이용해야 한다. 변수가 운명을 재창조하는 데 쓰일 수 있기 때문이다.

이렇게 함으로써 마음 속에서 구한다. 이것은 참 마음이고 환영의 마음이 아니다. 마음이 끊임없이 망념들로 채워졌을 때 상수 때문에 존재하는 환영의 마음을 이용하게 된다. 만약 참 마음을 이용하면 그때 변수들이 작용한다. 이것을 경전들과 요범사훈에서 아주 분명하게 볼 수 있다.

어떻게 부처님과 보살에게 도움을 구하는가? 사람들은 그들과 협상하지 않는다. 예를 들면 그들에게 부를 얻도록 도움을 청하고 그 대가로 그 돈의 반을 지불하겠다고 말하지 않는다. 이것은 옳지 않다. 정말로 그들이 이에 동의하리라 생각하는가? 보통 사람들은 부처님과 보살 그리고 삼보와 거래를 맺으려고 하면서 그들의 도움을 청한다. 이것은 옳지 않다. 왜냐하면 맺을 거래가 없기 때문이다.

중요한 것은 본래 청정한 마음을 회복하는 것이다. 혜능 대사는 말했다. "모든 것이 이미 진성(眞性) 안에 있는데 왜 애써서 밖에서 구하는가? 모든 것이 자신의 진성 안에 있으므로, 안으로 구하면 모든 것을 얻을 수 있다. 진실하게 구하면 감응이 있을 것이다."

삼보는 단지 촉매적(觸媒的) 조건으로만 작용할 뿐이다. 자신의 진성이 본래 가지고 있었던 것을 구하여 얻는다. 그것이 이미 진성 안에 없었다면 비록 삼보라도 우리를 도울 수 없다. 불교는 올바르게 구하면 무엇이든 얻을 수 있다고 가르친다. 부처님이 되는 서원까지 포함하여 구하는 것은 무엇이든 얻을 수 있다고 믿는다면, 분명히 다른 모든 것도 얻을 수 있다. 그러나 보통사람들은 모든 것을 구하는 데 세속적 지혜를 사용하므로 이것을 깨닫지 못한다. 사람들은 명예와 부, 권세를 구하여 얻는다고 생각하고 있지만, 이것은 오해이고 실제로는 나쁜 짓들을 하고 있는 것이다. 얻어지는 것은 무엇이든 이미 자신의 것으로 운명지어진 것들이다. 그것은 앞으로 그 대가를 치러야 할 가치가 없다. 왜냐하면 자신이 저지른 악행의 결과로 고통을 당할 것이기 때문이다.

불교는 십법계(十法界)에 관하여 가르친다. 그 각각의 법계들 안에 또 하나의 십법계들이 존재한다. 현재 사람들은 인법계(人法界) 안에 있다. 이 법계 안에 십법계가 존재한다.

이 순간 만약 일심으로 아미타 부처님을 생각하고 정토왕생을 구하면, 불법계(佛法界)에 있다. 부처님을 생각하는 것이 원인이고 부처님이 되는 것이 결과이다. 이 순간 만약 보살들과 육바라밀 수행을 생각하면, 보살법계(菩薩法界)에 있는 것이다. 마찬가지로 만약 덕, 도덕과 인정을 생각하면, 인천법계(人天法界)에 있는 것이다. 그러나 만약 탐욕스럽고 끊임없이 돈을 벌고 물질적 향락을 얻으려고만 머리를 쓰면, 아귀법계(餓鬼法界)에 있는 것이다. 만약 생각이 혼란스럽고 미혹되고 생활을 따라 표류하면 축생법계(畜生法界)에 있는 것이다. 그리고 만약 모든 사람 모든 일에 불쾌하고 화가 나 있다면 지옥법계(地獄法界)에 있는 것이다.

비록 현재 사람의 모습을 하고 있지만 다른 구법계(九法界)의 어디에도 있을 수 있다. 부처님, 보살 그리고 귀신들은 어떤 사람이 부처님인지 보살인지 아니면 다른 존재인지 아주 잘 알고 있다. 일단 각 법계 안에 십법계가 있음을 깨달으면 어떻게 선택할 것인가를 알게 된다. 선택은 자신의 손에 놓여 있다.

세상에서 이러한 행위보다 더 부끄럽고 후회스러운 것은 없다. 맹자는 한때 "부끄러움은 한 개인의 일생에서 가장 중요한 단어다."라고 말했다. 왜냐하면 부끄러움을 아는 사람은 최선의 노력을 다하여 허물을 고치고, 결국 성인의 지위에 오르거나 아니면 유덕한 사람이 될 것이기 때문이다. 부끄러움을 모르는 사람은 마치 축생과 같아 절제를 모르고 비도덕적이다. 이것이 허물을 고치는 열쇠이다.

다른 사람들이 부처님과 보살이 되었는데, 아직도 육도환생의 수렁에 빠져 있는 것은 부끄러운 일이다. 이보다 더 큰 수치는 없다. 부끄러움이란 단어는 인간과 매우 밀접한 관계를 가진다. 왜냐하면 부끄러워짐으로써 유덕한 사람이나 성인이 될 수 있기 때문이다. 부끄러움을 모르면 틀림없이 삼악도로 떨어진다. 따라서 부끄러움이라는 단어가 자신의 미래와 얼마나 밀접하게 연관되었음을 알 수 있다. 부끄러움을 앎으로써 자신의 허물을 없애고 성인이나 유덕한 사람이 되려는 열망으로 대치하려고 꾸준히 노력할 것이다.

부끄러움을 모르면 부도덕한 행동을 하는 천한 사람이 될 것이다. 오직 부끄러움을 모르는 사람들만이 아직 탐욕과 화, 무지, 오만을 가지고 있다. 그러나 부끄러움을 앎으로써 더 이상 이들 사독(四毒)을 갖지 않는다. 탐욕의 마음은 자신을 아귀계로 데려 갈 것이다. 화와 증오의 마음은 지옥계로 데려 갈 것이다. 무지의 마음은 축생계로 데려 갈 것이다. 중생들이 자랑할 것이 무엇이 있겠는가? 부처님과 보살들에 비하여 상상할 수 없을 정도로 뒤져 있다. 이것을 이해함으로써 이러한 번뇌들은 자연스레 감소하여 사라질 것이다.

솔직히 말해서 유덕한 행위를 하고 좋은 결과를 얻는 데, 남에게 뒤지는 것은 부끄러운 일이다. 부끄러움을 알게 되면 자신을 개선하려고 노력할 것이다.

2. 두려워할 줄 알라

과오를 고치는 두 번째 길은 두려움을 아는 것이다. 하늘과 땅의 귀신들이 머리 위를 맴돌며 보고 있다. 사람들은 그들을 속일 길이 없다.

이 두려워하는 마음을 끊임없이 가짐으로써 자신을 훈련하여 감히 더 이상 죄를 짓지 않게 된다. 그것은 항상 행동을 조심하도록 돕는다. 사람들은 무엇을 두려워하는가? 위에는 사람들의 모든 움직임을 아주 분명히 보는 신통력을 가진 하늘의 신들이 있다. 아래에는 역시 오신통을 갖는 땅의 귀신들이 있다. 비록 땅 귀신들의 능력이 하늘의 신들과는 비교할 수 없지만 보고 듣는 것과 같은 감각은 사람보다 훨씬 예민하다.

땅 귀신들은 이러한 능력들을 갖지만 사람들보다 더 영리하거나 현명한 것은 아니다. 많은 동물들은 특이한 감각을 갖고 있다. 예를 들면 개가 보고 냄새 맡는 감각은 사람들보다 더 탁월하다. 그러나 그렇다고 사람들만큼 지성적이지 않다. 동물들이 여러 가지 능력에서 사람들을 능가하는 것과 같이 귀신들도 역시 그러하다. 또한 귀신들에게는 오신통이 있다. 그런데 그들이 왜 아직도 고통을 받고 있는가? 그들은 사람들만큼 지혜롭지도 않고 대부분 복을 많이 받은 것도 아니다. 하지만 도처에 사람들의 모든 생각과 행동을 완전히 알고 있는 귀신들이 있음을 기억해야 한다.

나쁜 짓을 은밀한 곳에서 할 때에도 하늘과 땅의 신과 귀신들이 함께 있다. 그들은 내 허물을 모두 보고 있다. 만약 나의 악행이 중대하면 모든 종류의 불행들이 나에게 온다. 비록 나의 허물이 사소해도 현재의 복을 줄인다. 내가 어떻게 두려움을 느끼지 않을 수 있겠는가?

비록 아무도 볼 수 없는 가장 은밀한 곳에서 작은 허물을 범해도 천안통을 가진 천신과 귀신들은 모든 것을 분명히 볼 수 있다. 이것은 무서운 일이다. 그러나 이러한 존재들의 능력은 아직 크지는 않다. 왜냐하면 그들의 능력은 부처님과 보살들과 비교할 수 없기 때문이다. 다행히 부처님과 보살들은 큰 자비와 친절과 청정한 마음을 가지고 있다. 이러한 자비로운 존재들이 사람들의 악행들을 보더라도 괴롭히지 않는다.

그러나 호법신(護法神), 천신, 귀신들은 보통 존재들로서 악행을 하는 사람들에게는 문제를 일으킬 것이다. 사람들의 부적절한 행동들을 보면 화가 나서 괴롭힐 수 있다. 그들은 사람들의 중대한 죄들에 대하여 벌을 주기 더 쉽다. 그리하여 악행을 하면 어려움이 닥칠 것이다. 이것을 이해할 때 어찌 두려워하지 않을 수 있겠는가?

무량수경에 존경과 두려움을 불러오는 몇 개의 구절들이 있다. 정토에는 무수한 존재들이 있다. 모두 천안(天眼)을 가져 아무런 장애 없이 모든 것을 볼 수 있다. 모두 천이(天耳)를 가져 과거, 현재, 미래 전 우주에 있는 모든 소리를 들을 수 있다. 그들은 사람이 볼 수 없는 것을 보고, 들을 수 없는 소리를 듣는다. 그것을 생각할 때, 지극히 유덕한 사람들에게는 어떤 것도 숨길 수 없음을 깨닫게 된다. 귀신과 다른 존재들조차 속일 수 없는데, 어찌 아미타 부처님, 관세음보살과 대세지보살을 속인다는 생각조차 할 수 있겠는가? 그들을 속인다는 것은 불가능하다.

일단 이것을 이해하고 정토왕생의 필요를 깊이 깨닫는다면 공덕을 어떻게 회향하는가는 문제가 안 된다. 정토에 있는 모든 존재들이 중생들의 열망을 알고 있다. 입으로 "정토왕생을 추구합니다."라고 말할 필요가 없다. 그들은 사람들이 처음 그 생각을 낸 순간, 그것을 안다. 그러므로 정직히 '아미타불'을 불러야 한다. 불필요한 말이 필요 없다. 오로지 일심불란과 서방정토 최상품 왕생(上品上生)을 구할 필요가 있다. 그렇게 함으로써 자신의 지혜, 복덕은 최상이 될 것이다.

자신이 방에 혼자 있을 때에도 천신과 귀신들은 아주 주의 깊게 관찰하고 모든 것을 기록한다. 비록 바르지 못한 행동들을 교묘한 말로 숨기려 해도, 귀신과 천신들은 폐나 간을 들여다 보는 것처럼 마음속을 환히 들여다 볼 수 있다. 궁극적으로 사람은 스스로를 속일 수 없다. 만약 다른 이들이 자신의 모든 행동과 속마음을 알고 있다면 매우 부끄러울 것이다. 따라서 어찌 끊임없이 모든 행동을 조심하지 않고, 그 행동이 불러올 결과들을 두려워하지 않을 수 있겠는가?

사람은 홀로 있을 때에는 방심 않는 수행의 중요성을 알지 못하고 부주의하게 되어 제멋대로 행동하게 된다. 남들과 함께 있을 때는 행동을 자제하게 되지만 홀로 있을 때 해이해지는 경향이 있다.

나의 돌아가신 스승인 이병남(李炳南) 선생은 2,000여 년 전에 일어난 어떤 사건을 이야기해 주었다. 정강성(鄭康成) 선생과 한 무리의 동학(同學)들이 그들의 허물들에 대하여 반성하고 있었다. 각자가 반성하자, 많은 허물들을 갖고 있음을 알게 되었다. 오직 정 선생만이 어떤 허물도 생각해 낼 수 없었다. 한참 생각한 후 그는 기억을 해냈다. 언젠가 변소에 갈 때 모자 쓰는 것을 잊었다. 이것이 그의 허물이었다.[22] 옛날에는 혼자 있을 때도 항상 생각과 행동을 조심했고, 복장이 다른 사람들과 같이 있

---

22) 옛날 중국에서는 남자가 항상 모자를 쓰는 것이 관습이었다. 죽을 때까지도 그러했다. 그렇지 않으면 망신거리였다.

을 때처럼 단정했다는 것이 확실하다. 오늘날 사람들은 왜 그렇게까지 해야 하느냐고 말할 것이다. 그러나 이것이 사람들이 처신했던 모습이었다. 왜냐하면 그들은 홀로 있을 때에도 하늘과 땅의 귀신들이 자신을 보고 있다는 것을 알고 있었기 때문이다. 조심하지 않고 제멋대로 행동하는 것은 무례한 짓이 되었을 것이다.

은밀한 곳이라도 하늘과 땅의 귀신들에게는 보여진다. 따라서 사람들은 항상 방일(放逸)을 자제하고 공경스러운 태도를 지녀야 한다. 방에 홀로 있을지라도 무수히 많은 눈들이 자신을 보고 있다는 것을 생각해야 한다. 마치 대중 속에 있는 것처럼 행동을 조심하고 감히 제멋대로 처신해서는 안 된다. 그럴 듯한 말로 행동을 숨기거나 허물을 덮으려 해도 소용없다. 그것은 속에 있는 내장들이 모든 사람들에게 보이는 것과 같다. 이렇게 분명히 귀신들은 우리를 볼 수 있다.

사람들은 비밀들을 가지고 있다고 생각할지 모르나 단지 자신을 속이고 있을 뿐이다. 왜냐하면 하늘과 땅의 귀신들이 모든 것들을 꿰뚫어 보기 때문이다. 자신의 허물들을 감추려는 어떠한 시도도 소용없다. 이것을 깨닫고서 어떻게 자신의 행동을 두려워하지 않겠는가?

그러나 아직 한 호흡이라도 남아있는 한, 가장 나쁜 행동들이라도 참회할 기회를 갖고 있다.

부끄러움을 알 때 마음은 공손해진다. 그리하여 허물을 고쳐 나쁜 행동들을 뿌리 뽑을 수 있다. 많은 불자들이 일생을 통하여 참회하고 업장을 없애기 위하여 매일 참회의식에 참여한다. 그러나 어떤 사람들은 비단 업장을 뿌리 뽑는 데 실패할 뿐만 아니라, 의식에 많이 참여하면 할수록 업장이 오히려 증가한다. 왜냐하면 그들은 진실로 참회할 줄 모를 뿐만 아니라 오히려 자신의 나쁜 행동들을 더욱 많이 감추기 때문이다. 진실로 수행한다는 것은 부끄러움을 느끼고, 공경하고 두려움을 아는 것이다. 이것을 알고 자신의 생각을 바르게 바꾸는 것이 매우 중요하다.

오역(五逆)이나 10악(十惡) 등 큰 죄를 지은 사람들은 지옥계에 떨어질 운명이다. 그들도 도움을 받을 수 있을까? 그렇다. 단 하나의 호흡만 남아있어도, 참회하면 도움을 받을 수 있다. 진정으로 부끄러워하고 진실로 공경하고 두려운 마음을 내고 자신의 죄를 깊이 후회하고 정토왕생을 발원하고 '아미타불'을 한 번에서 열 번까지 올바르게 부르면, 확실히 정토에 왕생한다. 예를 들면 당나라 때 장선화(張善和)라는 푸주한은 죽기 전 마지막 순간에 '아미타불'을 열 번 부르고 극락세계에 왕생했다.

또한 관무량수경에서 옛날 인도의 아사세(阿闍世) 왕이 아버지를 죽이고 어머니를 심히 학대하고 승단의 화합을 깨뜨렸음을 볼 수 있다. 그는 못하는 짓이 없었다. 아사세경에는 그에 관하여 더 많이 나온다. 아사세 왕은 일생의 마지막 순간에서 단 하나의 남은 호흡으로 진정으로 참회하고 정토왕생을 구하면서 일심으로 '아미타불'을 염불했다. 불가사의하게도 그는 정토의 두 번째 높은 지위에 왕생했다(上品中生).

이로부터 정토에 왕생하는 두 가지 길이 있음을 알 수 있다. 한 길은 매일 수행하여 공덕을 쌓아가며 정토왕생을 구하는 정규적인 방법을 따르는 것이다. 다른 길은 엄청난 악행을 범한 사람들이 일생의 마지막 순간에 깊이 참회하는 것이다. 그러므로 나쁜 짓을 한 사람들을 경멸해서는 안 된다. 혹시 생애의 마지막 순간에 깊이 참회하는 능력이 아주 강해서 우리보다 더 높은 수준으로 왕생할지 모른다. 이것은 정말 가능한 일이다. 집으로 돌아오는 탕아(蕩兒)가 황금보다 더욱 귀중하다는 말이 있다. 보통사람들은 그들과 비교될 수 없다. 따라서 나쁜 짓을 하는 사람들을 경시할 수 없다.

그렇다고 마지막 순간에 언제나 참회하여 정토에 왕생할 수 있다는 생각으로 악행을 계속하면서 요행에 의지해서는 절대 안 된다. 그리하면 틀림없이 삼악도에 떨어질 것이다. 이 마지막 순간에 마음이 변하는 것은 대단히 어려운 일이다. 깨닫지 못한 사람이 죽어가는 순간에 또렷한 마음을 유지할 수 있다면, 그는 전생에 깊은 선근을 닦은 사람이다.

병원에 가보면 알게 될 것이다. 주위를 둘러보아라. 마지막 순간에 아직 정신을 차리고 있는 사람이 얼마나 있는가? 또렷한 마음을 유지할 수 있다는 것이 첫째 기준이다. 만약 의식을 잃어 참회하고 염불할 수 없다면 삼악도에 떨어질 것이다. 수천 명 중 한 사람도 죽을 때 정신을 잃지 않은 경우가 드물다. 그 누가 죽는 순간에 완전히 의식적인 상태를 유지할 수 있다고 보장할 수 있겠는가?

두 번째 기준은 우리에게 '아미타불'을 부르도록 일러줄 수 있는 사람을 만나는 것이다. 그리고 세 번째 기준은 그 순간 즉시 깊이 참회하고 '아미타불'을 염불하고 정토왕생을 구할 수 있는 것이다. 그런데 과연 이러한 조건들이 바로 그 결정적인 순간에 되어질 것이라고 보장할 수 있을까? 만약 그렇지 않다면 사람들은 정직하고 진지하게 매일 공덕을 쌓아가도록 수행해야 한다. 이것만이 오직 진실로 의지할 수 있고 안전한 길이다. 만약 만 명이 정토 수행법을 따라서 하면 만 명이 정토에 왕생할 것이다.

우 선생은 그의 주해에서 "푸주한이 칼을 내려놓음으로써 그는 즉시 그 곳에서 부처님이 될 수 있다. 만약 자신의 악행을 후회하는 마음이 있다면 반드시 다시 시작할 수 있다."라고 말했다. 더 일찍 깨어날수록 더 좋다. 따라서 부디 서둘러 참회하여 나쁜 일들을 더 이상 해서는 안 된다.

역사에는 수없이 악행을 저질렀으나 마지막 순간에 깊이 참회하여 평온히 죽을 수 있었던 사람들이 있다.

이러한 예가 많으며 그 중 어떤 사람들은 불교 수행자들이었다. 최근에 직접 본 예는 미국 워싱턴 D.C의 사업가인 주광대(周廣大) 선생이다. 주 선생은 나쁜 행동을 하지 않은 선량한 사람이었다. 그는 일생의 마지막 순간에 불교를 만났더라도 '아미타불'을 한번 내지 열 번 부르고 정토에 왕생할 수 있음을 증명해 보였다.

주 선생은 죽기 바로 사흘 전, 한 친구가 정토의 가르침들을 소개하기 전까지는 불교를 만나지 못했었다. 그는 그 가르침들을 듣고 환희했고 추호의 의심도 없이 이를 받아들였다. 그는 정토왕생을 발원하였고 전심으로 '아미타불'을 불렀다. 이것은 그의 전생에서 비롯한 선근의 결과였다. 그가 일단 정토왕생을 발원하자 더 이상 병으로부터 고통이 느껴지지 않았다.

이것이 선행의 보답이다. 일단 진심(眞心)이 일어나면 삼보(三寶)가 도울 것이다. 비록 주 선생은 위독한 상태에 있었지만 그는 발원의 힘과 불교를 수행하는 기쁨으로 고양(高揚)됨을 느꼈다. 그의 에너지와 힘은 자신의 내부와 아미타 부처님으로부터 나왔다. 이리하여 주 선생은 '아미타불'을 염불할 수 있었다. 사흘 동안 염불한 후 그를 정토로 인도하기 위하여 정토의 세 성인들이 오는 것을 볼 수 있었다. 이 일은 최근에 일어났다. 어떻게 그것을 믿을 수 없겠는가?

수행에 있어서 요체 또는 중요한 것은 가슴과 마음에 있는 것이지 형식에 있는 것이 아니다. 주 선생은 결코 불교 법문을 들어본 적도 없고 경전을 읽어 본 적도 없었다. 그는 삼보에 귀의하지도 않았고 오계를 받지도 않았었다. 그는 단지 그에게 '아미타불'을 부르도록 격려한 친절한 친구가 있었고, 아미타 부처님과 성인들이 그를 정토에 맞이하려고 왔다. 따라서 수행에서 중요한 것은 진실한 가슴과 마음이다.

우 선생의 주해에서 "너무 빨리 수행을 시작하는 법도 없고 또 너무 늦게 후회하는 법도 없다. 평화롭게 죽는 것이 초월의 가시적 현상이다."라고 읽는다. 죽을 때 후회한다고 너무 늦은 것은 아니다. 언제고 어떤 사람이 잘 죽으면 그 사람은 틀림없이 좋은 곳에 간 것이다. 중국에서 오복의 다섯 번째는 잘 죽고 잘 태어나는 것이다. 고통 없이 평온하게 죽으면 틀림없이 삼선도에 다시 태어나는 것이다.

만약 어떤 사람이 가장 중요한 순간에 단호하고 용기 있고 친절한 생각을 가질 수 있다면, 수백 년간 쌓은 죄를 씻어낼 수 있다. 이것은 단지 등 하나만 켜면 천 년간 어두웠던 골짜기가 밝아지는 것과 같다. 얼마나 오랜 기간 악행을 범하였느냐는 문제가 안 된다. 만약 어떤 사람이 허물을 고칠 수만 있다면 그 사람은 귀한 사람인 것이다.

불교와 유교학자들이 다같이 이 진리를 이야기했다. 사람들은 참회하고 허물을 고치는 데 용기 있고 단호해야 한다. 죄가 중대하든 또는 오랫동안 지속되었든 그것은 참회해서 없앨 수 있다. 죽어 갈 때 철저히 친절한 생각을 갖는 것은 진정으로 참회하는 것이고 업장의 뿌리를 뽑는 것이다. 이렇게 함으로써 실로 수백 년간 쌓은 악행을 씻어낼 수 있다.

천 년간 어두웠던 골짜기에 단지 등 하나만 켜면 바로 밝아진다. 등과 그 불빛은 허물을 고쳐 오랫동안 쌓인 악행을 씻어내려는 사람들의 용기와 결의에 비유한다. 따라서 중요한 것은 자신의 허물을 고치는 것이지, 자신의 악행이 얼마나 중대한가 또 얼마나 오랜 기간 지속되었는가는 문제가 안 된다.

종종 불교에서 진정한 법기(法器)가 드물다고 말한다. 만약 불자들이 진정한 법기가 아니라면 불교가 지속적으로 유지해 나갈 수 없을 것이다. 예를 들면 물을 마실 수 있으려면 컵을 잘 닦아야 한다. 만약 컵이 깨끗하지 않고 미량의 독으로 오염되어 있다면 독살될 것이다. 독이 죄업이다. 진정한 법기가 되기 위해서는 부처님의 가르침을 받도록 자신의 번뇌를 먼저 없애야 한다. 번뇌를 없애면 자신뿐만 아니라 다른 사람들도 이롭게 할 수 있을 것이다.

불자들은 허물을 고치고 행운을 닦아야 한다. 법기가 되기 위해서는 왜 먼저 허물을 고쳐야 하는가? 부처님과 보살, 하늘과 땅의 귀신들이 주는 모든 행운을 받을 수 있는 그릇을 만들기 위해서다. 이것이 진정한 행운이다. 만약 법기가 깨끗하지 못하고 번뇌와 죄업으로 가득 차 있다면 부처님과 보살들이 주는 행운이 더욱 치명적인 독이 될 것이다.

만약 그릇된 방식을 고치지 않으면 자신이 닦는 행운이 더 많은 죄를 짓도록 유도할 것이다. 왜냐하면 행운 없이는 더 큰 죄를 지을 기회를 갖지 못하므로 단지 작은 죄만을 지을 뿐이다. 그러나 큰 행운을 가지면 짓는 죄가 더 중대해질 것이다. 장래에는 이로 인해 지옥계로 더욱 깊이 끌려들어 더 심한 고통을 받게 될 것이다. 가난한 사람들은 비록 더 큰 죄를 범할 생각을 가졌을지라도 대체로 이를 실행할 수 없다. 부유한 사람들이 짓는 죄들이 보통 사람들이 짓는 죄들보다 훨씬 중대하다.

진정한 행운을 즐길 수 있기 위해서는 먼저 불운을 제거하도록 허물을 고쳐야 한다. 만약 이러한 수행을 하기 전에 쌓여있는 나쁜 습관들을 제거하지 않으면, 행운이 증대할수록 더욱 나쁜 행동을 하기 쉬울 것이다. 지식을 전할 때, 진실로 자비로운 선생이 나쁜 습관을 많이 가지고 있는 학생을 받아들이겠는가? 아니다. 왜 아닐까? 선생은 그 학생이 법기가 아니기 때문에 그것이 그에게 해로울 것임을 알고 있기 때문이다.

이것은 오직 매우 영리하거나 현명한 사람이 법기가 되기에 적합하다는 것을 말하는 것은 아니다. 만약 어떤 사람이 탐욕과 노여움, 어리석음, 오만함 없이 청정하고 친절한 마음을 갖고 있다면 그 사람이 법기이다. 담허(倓虛) 대사의 회고록에서 햇볕에서 곰팡이 냄새가 나는 초를 말리는 스님을 볼 수 있다. 그는 매우 우둔하고 아무런 지혜도 없었다. 그러나 마음은 청정하고 정직해서 어떤 사람에게도 나쁜 감정을 가지지 않았다. 늙은 대사는 그를 좋아했다. 그는 법기였고, 그래서 대사는 아육왕사(阿育王寺)에서 매일 3천 번씩 석가모니불 사리에 절하도록 가르쳤다. 3년 후 그는 깨달았고, 게송까지 지을 수 있게 되었다. 그는 결국 지극히 분명하게 경전들을 강의했고 널리 환영받았다. 그리고 비록 성취하였지만 여전히 검소하게 살았다. 항상 겸허하고 남들에게 예의바른 행동을 했다. 이것이 법기가 되는 길이고 진정한 행운이다.

후계자를 선택하면서 선생은 한 사람을 해칠 수도 또 성공하게도 할 수 있다. 예로부터 좋은 선생들은 불교도이거나 아니거나 그들의 후계자를 신중히 선택하였다. 선택할 때 가장 중요한 기준은 유덕한 행동이었다. 길러질 수 있는 다른 자질들은 고려되지 않았다. 따라서 만약 진실로 성취하고 정토에 왕생하고 다른 사람들과 우리 자신을 이롭게 하기를 원한다면 마음을 바꾸는 것으로부터 시작해야 한다. 요범 선생이 말했듯이 "변할 수 있는 것은 최상의 가치이다."

세상은 끊임없이 변하고 혼란스럽다. 살과 피로 만들어진 사람의 몸은 쉽게 무너진다. 만약 다음 호흡이 오지 않으면 그때는 허물을 고치고 싶어도 너무 늦다.

이것은 사람이 아직 살아 있을 때 기회를 잡고 참회하고 허물을 고치도록 격려한다. 이 세상은 항상 변하고 있다. 경전들은 인생은 단지 한 호흡에 있다고 가르친다. 만약 다음 호흡이 오지 않으면 이 일생은 끝나고 다음 생이 시작되는 것이다. 그때는 참회하기에 너무 늦을 것이다. 이것이 우리의 가장 중요한 관심사임을 알 때 우리는 이 기회를 소중히 하고 더 이상 시간을 낭비해서는 안 된다. 매일 반성하고 절실하게 참회하고 허물을 고치도록 하라. 이것이 진정한 수행이다.

불행히도 많은 사람들이 수행이란 단지 매일 독경하고 부처님에게 예배하거나 부처님 이름을 부르는 것으로 생각한다. 이것들은 단지 형식에 지나지 않고, 죄업을 줄이는 데 아무런 효과도 없다. 수행이란 단순히 어떤 경전을 독송하는 것이 아니라, 독경하며 그 본문에 집중할 때 망상을 일으키지 않는 것이다. 또한 그 의미를 분석하려고 해서도 안 된다. 왜냐하면 분석하는 것 역시 망상을 갖는 것이기 때문이다. 수행의 목표는 무수히 일어나는 생각들을 멈추고 마음의 청정을 얻는 것이다. 독경, 송주, 염불 모두 이 목적을 공유한다. 마음이 청정할 때 몸도 청정해질 것이다.

여러 해 동안 나는 진실로 마음이 청정해야 몸도 청정하고 건강하게 유지됨을 통감하였다. 자연히 먹고 마시는 것과 어떻게 살아야 할지에 관하여 조심해야 할 필요가 있다. 비록 나이가 들지라도 청정한 몸과 환경이 있고 걱정과 번뇌가 없으면, 병들지 않고 활력을 잃지 않을 것이다. 이병남(李炳南) 선생이 그 좋은 예이다. 이미 90세가 넘었어도 매일 강의, 약속 그리고 사회적 활동 등으로 분주하게 보내며 나이든 사람이 어떻게 건강하고 오래 살면서 유능하게 살 수 있는가를 보여 준다. 더 젊은 사람들도 이렇게 할 수 없다. 청정한 마음을 따라서 청정한 몸도 따라오는 것이다.

악행을 범할 때 이 세상에서 받는 죄보는 오명(汚名)으로 수백 년 심지어는 수천 년 지속될 것이다. 효성스럽고 애정이 깊은 자손들이라 할지라도 자신의 명예를 회복시킬 수 없다. 내생에서 결국 지옥에 떨어져 무량한 고통을 받게 될지 모른다.

만약 악행을 참회하지 않고 허물을 고칠 줄 모른다면, 후손들에게 나쁜 명예로 부담을 줄 것이다. 효성스럽고 유덕한 자손들도 그 이름을 깨끗하게 할 수 없다.

　사람들은 지금 지옥을 볼 수 없으나 죄업은 틀림없이 지옥으로 인도할 것이다. 지옥은 참으로 무서운 곳이다. 경전은 지옥에 관해 많이 설명하고 있다. 지옥에서의 하루가 지상에서의 2,700년과 같다.

　중국 사람들은 종종 그들의 5,000년 역사를 자랑스럽게 이야기한다. 그러나 이것은 지옥에서 단지 이틀에 불과하다. 그리고 지옥이 얼마나 무서운 곳인지 생각해 보라. 짧은 일생이라도 수천 년, 수백만 년이다. 이 크기를 명심하라. 고통은 끝이 없다. 지옥에 가면 수백 겁, 수천 겁 동안 빠져나올 수 없을 것이다. 그리고 이승에서 지옥에 갈 원인을 만들기는 정말 쉽다. 일단 지옥에 떨어지면 빠져 나오는 일은 상상할 수 없을 정도로 어렵다. 그러므로 만약 부처님께서 오직 진리만을 말씀하시는 것으로 믿는다면, 어떻게 경솔하게 맹목적으로 악행을 지속할 수 있겠는가.

성인, 유덕한 사람, 부처님과 보살들도 중생이 나쁜 결과로부터 빠져나오는 것을 도울 수 없는데, 어찌 두려워하지 않을 수 있겠는가?

　큰 자비와 인정을 가진 부처님과 보살들까지도 중생이 지옥에 떨어지면 도울 수 없다. 지옥을 관장하는 지장(地藏)보살이 지옥에 떨어진 중생을 도울 수 있을까? 아주 솔직히 말해서 지장보살도 견고한 선근과 많은 행운이 있고 그의 가르침을 받아 따를 수 있는 사람들만을 도울 수 있을 뿐이다. 오직 그러한 사람들만이 정직하게 참회하고 나쁜 습관을 고쳐 지옥을 초월할 수 있다.

뿐만 아니라 강렬한 고통을 받을 때, 좋은 말을 받아들이는 것은 실제로 불가능하다. 더 많은 고통을 받을수록 더 나쁜 생각들과 분노의 감정들을 갖게 될 것이다. 그때는 다른 사람들이 무언가 유쾌한 말을 해도 자신을 모욕했다고 느낄 것이며, 그로 인해 그들을 더욱 증오하게 될지 모른다. 이것은 지옥에 있는 존재들은 말할 것도 없고, 이 세상에서 고통 받는 사람들에게도 해당하는 진리이다. 그래서 지옥에서 고통 받는 사람들이 더 나쁜 짓을 하여 지옥을 초월하기가 더욱 어려워지게 된다. 이렇기 때문에 부처님과 보살들이 우리를 도울 수 없는 것이다.

어떤 종류의 사람들을 지장보살이 도울 수 있을 것인가? 지장보살은 진실로 선근과 행운을 가졌으나 마지막 순간에 나쁜 생각을 가져 지옥에 떨어진 사람들을 도울 수 있다. 지장보살은 그들에게 조언하고 격려할 수 있다. 그들은 듣고 참회하고 깨달으려고 하므로 지옥을 초월하는 것이 더 쉽다. 그렇지 않으면 그들을 도울 방법이 없다. 부처님과 보살들까지 이 일에는 무력하다. 이것을 안다면 어떻게 두려워하지 않을 수 있겠는가?

허물을 고치는 두 번째 길은 두려워하는 마음을 가지는 것이다. 아무리 사소한 허물이라도 하늘과 땅의 귀신들에게 숨길 수 없다. 모든 부처님이나 보살들에게는 더더욱 숨길 수 없다. 따라서 비록 어두운 방에 있을지라도 삿된 생각을 해서는 안 된다. 이렇게 하여 자연스럽게 어떠한 악행도 하지 않게 될 것이다. 이것이 단순한 진리이다. 참회하고 허물을 고칠 때 마음으로부터 시작해야 한다. 가슴과 마음이 유덕하고 친절할 때 말과 행동도 자연스럽게 따라온다. 가슴이 부도덕하고 사랑하지 않을 때 아무리 잘 가장하여도 언어와 행동은 여전히 거짓이 될 것이다.

3. 허물을 고치는 데 용감하라
허물을 고치는 세 번째 길은 단호하고 용감한 마음을 갖는 것이다.

사람들은 참회하고 허물을 고치는 데 용감해야 한다. 허물을 고치는 첫 번째 길인 부끄러움을 아는 것은 용감한 것과 가깝다. 부끄러운 마음을 갖는 것은 깨달음이고, 부끄러운 마음을 갖지 않은 것은 미혹이다. 그러므로 부끄러운 마음은 깨달음의 조건이고, 용기는 부지런한 수행의 조건이다. 부끄러움을 느끼는 것은 내부로부터의 깨달음이다. 두려운 마음을 갖는 것은 악행을 자제하도록 돕는 외부의 힘이고, 이 역시 자성 안의 깊은 부끄러움을 반영한다.

'백법명문(百法明門)'에 열한 개의 유덕한 법이 있는데, 그 중 하나가 수치로서, 이는 부끄러움을 느끼는 마음의 상태이다. 두려움은 양심의 가책을 받는 마음의 상태이다. 부끄러움을 느끼고 양심의 가책을 받는 것은 마음의 두 가지 유덕한 상태이다. 만약 부끄러움을 느낄 수 있다면 틀림없이 성취하게 되어 있다. 인광 조사(印光祖師)는 그의 전 생애를 통하여 항상 부끄러워한다고 말했다. 그는 항상 부끄러워하고 두려운 마음을 가졌었다. 이러한 마음의 틀로서 그는 부지런하고 용감하게 그 자신을 개선할 수 있었다. 이리하여 그는 단호하고 용감한 마음을 얻었다.

실로 변화를 원하지 않아 허물 고치는 것을 주저한다면, 벌 받지 않고 지낼 수 있다는 것에 만족하고 있는 것이다. 허물을 고치기 위해서는 단호하게 즉시 변하겠다고 결심해야 한다. 주저하거나 내일이나 그 다음 날로 미루어서는 안 된다.

사람들 대부분은 진보하는 대신 매일 표류하면서 퇴보하고 있다. 지속적으로 유덕한 행동으로 개선하겠다는 마음이 없다면, 진정으로 개선하려고 노력하는 것이 아니다. 단호하고 근면하게 전진하는 사람들 또한 그들의 행동이 가져오는 두려운 결과를 모르고 오욕, 육진과 오독을 찾고 있다.

이 세상과 그 너머의 성인들은 도덕적 개선에 집중하여 지혜, 즉 진성으로부터 흘러나오는 본래의 지혜를 얻으라고 가르쳤다. 이러한 지혜는 학교공부나 세속적 지식에 정통한 것보다 더 높다.

오늘날 사람들은 단호하고 근면하게 전진하지만 방향이 틀렸다. 삼악도에 들어가서 윤회의 수렁에 머물려고 하고 있다. 이 세상과 그 너머의 성인들은 육도를 초월하여 윤회에서 영원히 해방되어 부처님과 보살들을 뒤쫓으라고 가르쳤다. 요범 선생이 말했듯이 의심을 완전히 근절하려고 노력하고, 즉시 변하여 분발하려고 결심하여 부지런히 전진해야 한다. 늦추지 말고 지금 결심하고 시작하라.

작은 허물은 자신의 살을 찌르는 가시와 같이 즉시 뽑아내야 한다.

피부를 찌르는 가시는 매우 아프므로 그것을 빨리 뽑아내기 위하여 어떤 일이라도 할 것이다. 그러나 마음속의 작은 허물은 한층 더 고통스럽다. 그 고통을 빨리 의식해야 한다. 의식하지 못하는 것은 느낌의 감각이 없는 것과 같아, 무엇이 자신의 몸을 찔러도 고통을 느끼지 못하는 것이다. 지금 마비된 것은 우리의 육체가 아니라 양심이다.

커다란 허물은 손가락이 독사에 물린 것과 같다. 독사한테 물리면 독이 퍼져 죽는 것을 막기 위해 빨리 손가락을 잘라야 한다. 역경(易經)에서 풍뢰익(風雷益)의 괘는 강한 의지로 허물을 고치면 성공이 보장됨을 의미한다.

이것은 자신의 결점들을 고치는 데 얼마나 단호해야 하는가를 보여주는 한 예에 지나지 않는다. 매일 열의 없이 보낸다면 그것은 자신의 업장 때문이다. 끊임없이 망념, 번뇌와 걱정거리를 갖고 아무 것도 뜻대로 되지 않는 것 또한 업장 때문이다. 종종 커다란 허물은 악몽과 불규칙한 일상생활 양상의 원인이 되기도 한다. 그러한 일들이 일어나면 절실하게 반성하고 경계해야 한다.

만약 자신의 모든 허물을 고칠 수 있다면 업장들은 곧 근절될 것이다. 업장이 적어질수록 법희(法喜)로 채워지며 몸과 마음이 가벼워짐을 느낄 것이다. 생각하고 행동하는 데 어떠한 부담도 없을 것이다. 번뇌는 줄어들고 마음은 자연히 청정해지고 끊임없이 지혜가 솟아나올 것이다. 이렇게 되면 주위의 모든 것들을, 그것이 정신적인 것이든 물질적인 것이든, 이 세상의 것이든 그 너머의 것이든, 분명히 보고 이해할 수 있게 될 것이다. 사람들은 결의와 열망을 갖고 자신의 동기와 느낌을 점검하고 허물을 찾아 두려움 없이 이것들을 고쳐야 한다.

역경은 64괘를 갖고 있으며 각 괘는 6개의 설명 또는 예언을 갖고 있다. 풍뢰익 괘는 이익을 나타내지만 결의와 연관되어 있다. 만약 자신의 잘못된 길을 고치고 선을 닦기로 결심한다면 진정한 이익을 얻게 될 것이다. 만약 주저하지 않고 즉시 개과할 수 있다면, 풍뢰익 괘가 말한 이익을 이루게 될 것이다.

만약 부끄러움, 두려움, 그리고 허물을 고치려는 용감한 결심의 세 길을 따르면 틀림없이 변할 것이다.

허물을 고침에 있어서 부끄러움, 두려움, 그리고 용감한 결의를 가질 필요가 있다. 부끄러운 마음을 갖는 것은 깨닫는 것이다. 공경하고 두려운 마음을 갖는 것은 양심의 가책을 갖는 것이다. 이 두 마음을 가져야 비로소 용기 있고 단호한 마음으로 참회하고 허물을 고치게 될 것이다. 이것을 알고도 왜 자신의 허물을 고칠 수 없는 것인가? 아직 부끄럽고 두려워하는 마음이 없으므로 용기 있고 단호한 마음을 내는 동기를 갖지 못한 것이다. 만약 수치를 모른다면 남의 웃음거리가 되는 것을 두려워하지 않을 것이고, 따라서 선을 닦을 자극이 적을 것이다.

어떻게 부끄러움, 두려움, 용감한 결의 이 세 가지 마음을 기를 수 있을까? 왜 정토수행자는 수행을 위하여 무량수경을 선택하는 것일까? 그 이유는 다른 경전들이 좋지 않기 때문이 아니고, 단지 무량수경처럼 완벽하게 설명해 주지 않기 때문이다. 무량수경은 현상과 원리, 원인과 결과를 완전하게 설명한다. 이 경은 너무 길지 않아 현대인들이 수행하기 쉽고 또 모든 경들의 정화(精華)이다.

정토수행자는 아침 의식에 아미타부처님과 같은 마음과 서원을 갖기 바라면서 무량수경 제6장을 독송한다. 저녁 의식에는 32장부터 37장까지 독송한다. 이 6장은 살생, 투도, 사음, 망어, 음주 등의 다섯 가지 큰 죄와 열 가지 악행을 설명한다. 이들은 또한 이승에서 받을 다섯 가지 고통

(五痛)과 내생에 지옥에서 치러야 할 대가인 다섯 가지 불탐〔五燒〕에 대하여 설명한다. 이들 고통과 불탐이 응보이다.

    이 장들을 매일 독송하면 반성하고 뉘우치고 허물을 고치는데 도움이 된다. 이들을 독송하는 것은 본질적으로 참회문(懺悔文)을 독송하는 것과 같다. 독송이 끝난 후 방심하지 않고 각성하고, 진지하게 자신의 허물을 고치며 이해와 수행에서 그 가르침을 따라야 한다. 이렇게 하면 독송수행에서 혜택을 입을 것이다. 따라서 부끄러움, 두려움 그리고 단호한 결심의 이 세 가지 마음을 갖는 것이 중요하다.

    걱정할 필요는 없다. 그것은 마치 봄날 태양이 얇은 얼음층을 녹이는 것처럼 틀림없이 일어날 것이다.

    만약 이 세 가지 마음을 갖고 있으면 즉시 자신의 허물을 고칠 수 있을 것이다. 그것은 봄날 날씨가 따뜻해짐에 따라 얼음이 얇아지는 것과 같이 자연스럽다. 허물들을 고침에 따라 지혜가 늘고 업장이 줄어들 것이다.

허물을 고치는 세 가지 수행법
• • •

1. 행동을 통하여 고치기

또한 허물을 고치는 수행에 도움이 되는 세 가지 방법이 있다. 첫째는 행동을 통하여 고치는 법이고, 둘째는 이치를 통하여 고치는 법이며, 셋째는 마음을 통하여 고치는 법이다.

방법들이 다르기 때문에 그 효과들 또한 다르게 될 것이다. 예를 들면 내가 과거에 생물을 죽이곤 했다면 다시는 결코 죽이지 않겠다고 맹세한다. 내가 만약 과거에 화를 내고 다른 사람들에게 고함을 질렀다면 결코 그러하지 않겠다고 맹세한다. 이것이 과거에 범한 악행을 삼가고 다시는 결코 반복하지 않겠다고 맹세함으로써 행동을 통하여 고치는 것이다.

요범 선생은 수행의 세 가지 일반적 방법들을 제공한다. 첫째는 행동을 통하여 고치는 것이다. 만약 화를 내고 다른 사람들에게 고함을 지르거나 또는 욕설을 했다면, 행동을 통하여 고칠 수 있고 허물들을 하나하나 찾아 고치면서 악행을 결코 다시는 하지 않겠다고 맹세함으로써 이들의 반복을 삼가할 수 있다. 이것이 요범 선생이 허물을 고치기 위하여 처음에 한 방법이다. 그는 처음 목표인 3천 선행을 달성하는 데 10년 이상이 걸렸다. 그다지 좋은 성적은 아니다. 그가 아들을 구하여 얻었을 때는 단지 4년이 걸렸다. 그러나 이것도 역시 너무 길었다. 행동의 변화를 통하여 결과는 구하는 대로 얻어졌다.

불교에서 사람은 계를 지키는 행동을 통하여 변할 수 있다. 중국에서 대승불교의 8종파, 그리고 소승불교에 2종파가 있어 모두 10종파가 계를 지키면서 수행을 시작한다. 수행자의 생각 대신에 행동을 강조하는 소승불교는 계를 특히 강조한다.

이것은 범망경(梵網經)에서 볼 수 있는 대승불교의 계와는 다르다. 다소 긴 이 경전은 중국어로 완전히 번역되지는 않았다. 오직 가장 중요한 품인 심지계품(心地戒品)만 중국에 전해졌다. 상권은 보살의 마음의 상태(心地)를 설명하는 것으로서 어떻게 마음이 변하는가를 기술한다. 하권은 보살의 계행(戒行)을 설명한 것으로 어떻게 행동을 통하여 고치는가를 기술한다. 중요한 것은 마음의 상태이다. 행동과 함께 마음으로부터 바꾸는 것이 최선의 길이다.

허물을 억누르도록 자신에게 강요하는 것은 지극히 어렵다. 왜냐하면 허물을 영구히 근절하지 못하고 단지 일시적으로 억눌렀을 뿐이기 때문이다. 따라서 행동을 통하여 변하는 것은 허물을 영구히 근절하는 데 도움이 안 된다.

사람들의 문제의 뿌리는 자신의 마음속에 있다. 만약 허물들을 근절하지 못하고 단지 억누르기만 한다면, 언젠가 다시 쉽게 나타날 것이다. 따라서 행동을 통하여 변하는 것은 단지 증상만 치료하는 일시적인 해결책이다. 이것은 두통이 있을 때 두통약을 먹고, 다리가 아플 때 다리를 치료하는 것과 같다. 행동은 바르게 보일지 모르나 마음은 아직도 오염되어 있다. 왜냐하면 근원적인 문제가 남아있기 때문이다.

2. 이치를 통하여 고치기

그 대신 어떤 일을 왜 해서는 안 되는가를 이해함으로써 허물을 고칠 수 있다. 예를 들면 살생이다. 모든 생물들을 사랑하는 것은 하늘의 덕이다. 모든 생물들이 삶을 사랑하고 죽음을 두려워함을 이해할 때, 자신의 보양을 위하여 다른 생물의 생명을 빼앗고 어찌 스스로 편안할 수 있겠는가? 때로는 물고기나 게 같은 생물들이 산 채로 요리되어 나온다. 그러한 아픔과 고통은 그들의 뼛 속에 박힌다. 어떻게 사람들이 이처럼 잔인해질 수 있을까?

식사할 때 많은 음식들로 온 식탁을 가득 채워 자신을 살찌운다. 그러나 일단 식사가 끝나면 가장 맛있는 것도 몸에 쓰레기가 되어 배설될 것이다. 살생의 결과는 아무 것도 이루지 못한다. 채식을 해도 마찬가지로 배부르고 영양이 있을 것이다. 왜 살생하여 자신의 위를 묘지가 되게 하고 행운을 줄이는가?

여기서 요범 선생은 이치를 통해 실상과 그 원리들을 이해하여 변하는 것에 관하여 기술하였다. 이것을 이룬다면 자연히 다른 생명의 살을 먹는 것을 견뎌낼 수 없을 것이다. 전에는 어떤 일을 왜 해서는 안 되는가를 분명하게 몰랐으므로 억지로 중단하려고 애썼다. 무엇을 하도록 자신에게 강요하는 것은 매우 어렵다. 불행하고 하기 싫은 채 고통스럽게 자신과 싸우는 것으로 끝날 것이다.

그러나 일단 원리와 이유를 이해한다면 이러한 문제들과 화해할 수 있을 것이다. 항상 모든 생명들을 사랑하는 것이 하늘의 덕임을 마음에 간직해야 한다. 그렇게 하는 것이 당연하다. 오늘날 과학자들은 점차 자연이 생태적 균형을 이루는 것이 모든 생명을 사랑하는 것과 같음을 이해하기 시작했다. 만약 자연적인 생태 체계의 균형이 깨어지면 이 세상의 모든 생명들이 황폐해져 고통을 당할 것이다. 현명한 사람은 자연의 생태체계에 해로운 어떠한 일도 삼가할 것이다.

실제로 모든 동물 중에서 인간이 가장 잔인하고 파괴적이며 가장 나쁜 동물이다. 동물들은 오직 배고플 때만 살생을 한다. 배고픔을 채우면 그들은 주위를 걸어 다니는 다른 동물들을 무시한다. 이것은 그들이 배고픔의 자연적 충동으로 살생하므로 작은 죄업을 만드는 것을 보여준다. 반면에 인간은 죽여야 할 필요가 없어도 제멋대로 죽인다. 인간이 만드는 죄업은 동물들과 비교할 수 없다. 이것을 생각할 때 인간이 육도에서 자랑할 것이 없음을 깨닫게 될 것이다.

비록 축생도에 떨어지는 것이 커다란 고통이지만 그들은 그렇게 함으로써 그들의 죄업을 줄인다. 만약 사람의 몸을 얻었을 때 불도를 닦지 않는다면, 사람의 몸을 갖춘 것이 무슨 소용이 있겠는가? 사람들은 매일 악행을 범한다. 동물들은 그들의 죄업을 줄인다. 동물들은 삼악도에서 나올 준비를 하는데 사람들은 오히려 그 곳으로 들어갈 준비를 하고 있다. 인간이 자랑할 무엇이 있겠는가?

또한 동물들을 포함한 모든 생명체들이 죽음을 몹시 두려워함을 기억할 필요가 있다. 인간은 그들이 대항해 싸울 수 없으므로 그들을 죽일 수 있다. 이것이 약육강식(弱肉强食)이다. 동물들은 저항할 수 없다. 그러나 그들이 기꺼이 죽임을 당하려고 하는가? 만약 그렇지 않다면 그들이 원한과 증오를 갖고 있음을 분명히 알아야 한다. 복수가 또 다음의 복수를 낳는 것을 어떻게 피할 것인가?

언젠가 한 친구 수행자가 나에게 와서 물었다. "유산한 아이들의 영혼을 천도하는 것이 효과가 있나요?"

나는 말했다. "쓸모없어요. 당신은 그들을 천도하는 것이 무엇을 해결하는 것으로 생각하나요?"

수행자가 물었다. "그러나 만약 불구나 지진아로 태어나면 그 애가 많은 고통을 겪지 않을까요? 차라리 유산하는 것이 낫지 않을까요?"

나는 대답했다. "우리는 불구나 지진아를 가졌다면 빚을 갚도록 요구하러 온 사람을 갖는 것으로 이해할 필요가 있어요. 당신은 빚을 지고 있어요. 아이를 유산하면 당신은 빚을 갚으라는 요구를 중지시켰을 뿐만 아니라 그 아이를 죽인 것이에요. 당신이 과거에 진 빚이 증가해서 내생에는 더욱 나빠질 것입니다. 과학자들은 단지 그들 앞에 있는 것만 보고 다음 생의 인과를 모르고 있어요. 원인과 결과는 과거, 현재 그리고 미래를 통하여 연결되어 있어요. 이것은 중대한 범죄입니다."

수행자는 집요했다. "그러나 아이는 아직 형체를 갖추지 못했잖아요. 단지 임신 첫째나 둘째 주인데요."

나는 말했다. "아니에요, 아이는 임신할 때 오는 것이고 형체를 갖추고 안 갖추고는 상관이 없습니다. 임신하자마자 그 아이는 당신을 찾은 것입니다. 당신은 그것이 은혜나 원한을 갚는 것이든, 빚을 갚도록 요구하거나 또는 빚을 갚는 것이든 그 아이와 과거로부터 인연이 있습니다. 만약 아이가 은혜를 갚기 위해서 왔는데 당신이 죽였다면 당신은 친절을 배은(背恩)으로 되갚은 것입니다. 그 아이는 미래에 당신의 원수가 될 것입니다. 아마 그 아이는 은혜를 갚기 위해서 온 효성스러운 자식이나 아니면 유덕한 손자였을 것입니다. 그 아이를 죽임으로써 당신은 태아를 불구대천의 원수로 만들었어요. 이것은 무서운 일입니다. 당신은 위패 (位牌)를 위하여 약간의 금액을 지불한 작은 공덕으로 그 아이를 천도할 수 있다고 생각합니까? 그렇게 쉬운 것은 하나도 없어요. 당신은 오직 자신을 속일 뿐입니다."

만약 모든 사람들이 단지 과거의 원인과 그 결과에 따른 효과만 볼 수 있어도, 공포에 떨 것이다. 사람들은 원리를 이해하고 실상을 알기 위해서는 주의 깊어져야 한다. 단지 보양을 위하여 다른 생명들을 죽이거나 해치는 것은 중대한 죄이다. 그러나 오늘날 사람들은 이것을 아주 정상적인 것으로 생각한다. 어떤 사람들은 심지어 동물들은 신이 그들에게 먹도록 창조한 것으로 믿고 있다. 만약 이 동물들이 우리의 먹이가 되도록 예정되어 있다면, 과연 신이 진정으로 모든 생물들을 사랑하는 덕성을 갖고 있는지 의심하지 않을 수 있을까? 이 그릇된 생각이 많은 범행을 저지르게 한다. 그러나 얼마나 잘못하고 있는지조차도 모르고 있다. 죽이고 도살할 때 모든 동물들은 두려움과 고통으로 비명을 지른다. 이 공포에 찬 소리를 들을 때 어떤 사람이 그들이 기꺼이 죽음을 받아들인다고 생각할 수 있겠는가?

경전에 설해졌다. "사람이 죽어서 양이 된다. 양이 죽어서 사람이 된다." 생을 이어가면서 그들은 복수하기 위해 서로를 죽일 것이다. 그리하여 한 근의 살을 먹으면 한 근의 살로 되갚게 될 것이라고 설해졌다. 돈으로 진 빚은 돈으로 되갚고 목숨으로 진 빚은 같은 것으로 되갚지 않으면 안 된다. 이것이 인과법칙의 불가피성이다. 일단 이것을 진정으로 믿고 수용한다면 결코 다시는 다른 존재를 해치는 일을 생각하지 않을 것이다. 왜냐하면 미래에 자신의 목숨으로 되갚는 것을 원하지 않기 때문이다. 또한 부정으로 부를 구하지도 않을 것이다. 왜냐하면 미래에 그 빚을 갚아야 함을 알기 때문이다.

　실상을 이해함으로써 자연히 법을 지키고, 자신이 갖고 있는 것에 만족하고, 모든 일에 정직하게 될 것이다. 이것이 수동적이거나 퇴영적이 아님을 확실히 알아야 한다. 그것은 아름답고 밝은 미래를 창조하기 위하여 최선을 다하는 것이다. 그것은 비단 이승뿐만 아니라 모든 내생에서 좋은 생활을 추구하는 것이다. 지혜와 실상의 지식 없이는 구하는 것을 얻을 수 없을 것이다.

　책의 이 부분에서 요범 선생은 고기를 먹는 것, 동물을 죽이는 것을 보고 그들의 고통이 뼈에 박히는 것에 관하여 기술했다. 어떻게 자신의 보양을 위하여 그들의 생명을 앗아갈 수 있겠는가? 일단 먹는 일이 끝나면 아무리 맛있는 음식도 몸 속에서 쓰레기가 되고 만다. 사람들은 진미(珍味)와 맛있는 음식들을 좋아한다. 그러나 그것을 어떻게 요리하든 맛을 즐기는 것은 오직 혀뿐이고 그 외에 아무 것도 없다. 단지 몇 초의 즐거움을 위하여 사람들은 수많은 동물들을 죽여 왔고 헤아릴 수 없는 죄를 지었다.

　채식을 해도 마찬가지로 배부르고 영양가가 있다. 어떤 사람들은 채소가 영양가가 없다고 말할지 모른다. 그러나 많은 채식가들도 오래 건강하게 살았다. 어릴 때 채식가가 된 비구나 비구니들도 튼튼하고 건강하다. 채식가는 건강하지 않다는 말은 맞지 않다. 보양을 위하여 다른 중생들의 목숨을 앗아 먹는 것은 그들을 원수로 만들고 원한을 불러올 뿐만 아니라 자신의 행운을 줄인다. 진정으로 지성적인 사람은 결코 이러한 짓을 하지 않을 것이다.

살과 피를 가진 모든 생물은 영지(靈知)가 있다. 그들과 우리는 일체이다. 비록 수행의 덕이 부족해 아직 이 존재들이 우리를 존경하고 우리 주위에서 안전함을 느끼게 하는 경지에 이르지 못했어도, 최소한 그들을 해치지 않거나 우리를 증오하지 않도록 할 수는 있다. 만약 이것을 생각한다면, 자연히 이 동물들에게 슬픔을 느끼고 따라서 그들의 살을 삼킬 수 없을 것이다.

모든 생물들이 영지를 갖고 있다. 그들은 우리와 다르지 않다. 부처님과 보살이 아닌 어느 누구도 이것을 이해하지 못할 것이다. 이 책에선 이 내용을 보면서 요범 선생의 가족이 채식가였음을 알 수 있다. 왜냐하면 그가 이치를 이해해 진리를 알았기 때문이다. 오늘날 어떤 사람들은 아직도 오해하고, 성인들은 채식가가 될 수 있으나 어린아이들은 될 수 없다고 생각한다.

부모들은 자녀가 영양실조에 걸릴 것을 두려워하여 더욱 많은 고기를 먹기 원한다. 이것은 옳지 않다. 실제로 그것은 자녀들의 업장이 부족하거나 원수들이 너무 적어 그들이 더욱 많은 원수를 갖는 업을 짓도록 도와주어야 한다고 생각하는 것에 더욱 가깝다고 할 수 있다. 이러한 설명을 하면 의심하거나 또는 심지어 비난하면서 세상 물정을 몰라 과학과 영양에 무지하다고 말할지 모른다.

실제로는 전혀 그렇지 않다. 부모들에게 가능한 한 빨리 자녀들이 더 어려서 채식주의자가 될수록 더 잘 살게 된다는 것을 깨닫게 하는 것이 최선이다. 그것은 그들이 행운과 공덕의 견고한 토대를 만드는 것을 도울 것이다. 무량수경과 아난문사불길흉경(阿難問事佛吉凶經)에 설명되었듯이 선조들은 무지했다. 여기에서 선조들이란 나이든 세대들을 말한다. 그들은 지혜가 없어서 우리가 모르는 사이에 과실을 범하도록 이끌어 중대한 죄업을 짓게 하였다. 고기를 먹는 이 일은 중대한 죄이므로 무서운 것이다.

이치를 통하여 고치는 다른 하나의 예는 쉽게 화내는 사람이다. 화를 잘 내는 사람은 잠시 멈추어서 누구나 허물이 있음을 생각해야 한다. 만약 내가 어떤 사람의 결점을 접하면, 그의 부족함을 슬프게 생각하고 어떤 결점이라도 용서해야 한다. 만약 어떤 사람이 전혀 아무런 이유도 없이 나를 화나게 하면, 그것은 그 사람의 문제로 나와는 상관이 없다. 내가 화내야 할 이유가 없다.

참지 못하고 화를 내는 대신에 진지하게 반성하고, 단지 인간에 불과하므로 모두가 허물을 가짐을 기억해야 한다. 만약 다른 사람들의 결점들을 용서할 수 없다면 어떻게 그들이 자신의 결점들을 용서하리라고 기대할 수 있을 것인가? 이렇게 생각하면 더 이상 다른 사람들을 비난하지 않고 그들에게 연민의 감정을 느끼게 될 것이다.

사람들은 단지 그들의 무지 때문에 실수한다. 그들은 진실과 허위, 바름과 삿됨, 해로움과 유익함을 구분하는 능력이 없다. 이리하여 그들은 자신을 고칠 수도, 잘못된 습관을 끝낼 수도, 또는 선행을 닦을 수도 없다. 그러므로 그들에게 연민을 느껴야지 비난해서는 안 된다. 그렇게 함으로써 사람과 상황에 대처하는 부처님과 보살의 길을 따르는 것이다.

요범 선생은 어떤 사람이 전혀 아무런 이유도 없이 자신을 화나게 하면, 그것은 그들의 문제이고 자신의 문제가 아니라고 했다. 만약 어떤 사람이 자신을 부당하게 공격해도 자신과는 상관없는 일이다. 비록 그들이 물리적으로 공격해도 화를 낼 이유가 없다. 이 몸은 '내'가 아니다. 청정심은 본래 아무 것도 포함하지 않으므로 결코 공격에 의하여 상처 입지 않는다. 다른 사람이나 사건들과 관계할 때 청정심을 사용하지 않는 것은 부끄러운 일이다.

보통사람들이 사용하는 것은 진아(眞我)가 아닌 망심(妄心)이다. 불교는 부모미생전본래면목(父母未生前本來面目)을 찾으라고 가르친다. 이 청정진심(淸淨眞心)은 어떠한 망념도 일으키지 않는다. 어떠한 환경도 청정심에 영향을 주지 못할 것이다. 만약 자신과 무관하다면 왜 그것에 대하여 걱정해야 하는가? 왜 그것에 그렇게 집착해야 하는가? 일단 분별하는 모든 망념과 집착을 끊는다면, 상관할 무엇이 있을 것인가? 아무 것도 없다.

이치를 이해하면 마음은 안정되어 더 이상 외부적 상황에 좌우되지 않으며 완전한 마음의 평화를 얻을 것이다. 주위에서 무슨 일이 일어나든 조용히 머무를 수 있다. 좋은 상황을 만날 때도 욕심을 내지 않는다. 불리한 상황을 만나도 화내지 않는다. 환경과 무관하게 청정하고 평등하고 자비로운 마음을 유지하여 진정으로 자신을 고쳐나갈 수 있다.

나는 또한 자기가 항상 옳다고 생각하는 사람은 위대한 영웅이 될 수 없다고 생각한다. 지성적인 사람들은 그들의 과실을 남에게 전가하지 않는다. 일이 뜻대로 되지 않는 것은 덕과 도덕을 닦지 않아, 다른 사람들을 움직일 수 있는 충분한 공덕이 쌓이지 않은 탓이다.

사람은 항상 먼저 스스로 반성해야 한다. 이렇게 함으로써 비난은 자신의 인격을 도야하고 능력을 강화하는 도량이 될 수 있다. 그러므로 다른 사람의 비난과 지도를 아주 기꺼이 받아들여야 한다. 우리가 화내고 불평할 것이 무엇이 있겠는가?

이것은 변화하는 최선의 길, 즉 마음으로부터 개심(改心)하는 것을 가르친다. 화엄경에서 선재동자가 53선지식을 방문한 목적은 수행하고 경험으로부터 배우는 것이었다. 우리가 변하는 최선의 길은 수행하고 마음으로부터 개심하는 것이다. 이렇게 하기 위하여 진지하게 반성해야 한다.

불교에서 부처님과 보살은 위대한 영웅들이다. 그분들은 다른 사람들 중에서 뛰어나고 다른 사람들이 할 수 없는 일을 한다.[23] 그분들은 참회하고 허물을 고친다. 모든 과실들을 고칠 수 있으므로 그분들은 위대한 영웅들이다. 독선적인 부처님과 보살은 없다. 큰 성인이나 유덕한 사람 중에 오만한 사람은 없다. 그들은 모두 겸허하고 인내심 있고 상냥하다. 이 겸허와 공경은 그들의 유덕한 성품들이 드러난 것이다.

지성적인 사람들은 결코 다른 사람이나 하늘을 비난하지 않는다. 그들은 진성(眞性)으로부터 나오는 진정한 학문을 갖고 있다. 이 학문은 불교적이거나 또는 유교적일 수 있다. 유교에서 말한 지혜도 또한 본성에서 흘러나온다. 따라서 성실하고 정직한 마음이라고 부른다. 성실한 마음은 진실한 마음에서 흘러나오므로 진심이다. 그것은 지혜이다. 그것

---

[23] 이러한 이유로 사찰의 중심 법당을 대웅전(大雄殿)이라 부른다.

은 참다운 학문이다. 따라서 학문이 있고 지혜로운 사람은 그들의 불행에 관하여 결코 다른 사람들에 대하여 불평하거나 비난하지 않을 뿐만 아니라 하늘을 원망하지도 않는다.

자신이 시도하는 일에서 성공하지 못하거나, 말과 행동이 비난받거나, 다른 사람들이 자신을 중상하거나, 일들이 원하는 대로 되지 않을 때 다른 사람들을 비난해서는 안 된다. 그 대신 먼저 자신을 반성하고, 아직 도덕과 공덕의 수행에서 성공하지 못한 탓으로 이해해야 한다.

먼저 자신이 다른 사람들을 부당하게 대우했는지 판단해야 한다. 사람들이 자신에게 욕설을 퍼붓거나 비난하거나 중상할 때, 복수하겠다는 마음이 아니라 감사한 마음으로 그것을 받아들여야 한다. 왜냐하면 만약 자신이 허물을 가졌을 때는 즉시 고치고, 허물이 없다면 이를 경계하는 데 귀중한 도움을 주었기 때문이다. 비록 허물이 없어도 이 사람들을 비난하지 말고 그 대신 더욱 개선하려는 용기를 가져야 한다. 선재가 그의 모든 결점을 고쳐 궁극적으로 부처가 되기 위하여 53선지식들을 찾아갔을 때 이 방법을 사용하였다.

53선지식의 방문은 하루하루 생활의 경험과 다른 사람과의 관계를 통하여 자신의 마음을 단련하는 예들이다. 모든 일과 모든 사람들은 자신에게 깊이 생각할 수단을 제공한다. 그 사람들이 누구이든 그들을 자신의 스승으로 생각해야 한다. 그들이 자신에게 가르치는 것을 부처님이나 보살이 가르치는 교훈으로 생각해야 한다. 그러므로 진지하게 반성하고 배우고 수행해야 한다. '나'라는 오직 하나의 학생이 있을 뿐이다. 그 외 모든 사람들은 나의 스승이고 조언자이고 부처님이고 보살이다. 그들은 허물이 없다. 오직 나만이 허물이 있다. 이것이 선재가 부처님이 된 방법이다.

화엄경에서 선재가 부처가 되기 위하여 내생까지 기다릴 필요가 없었음을 배운다. 그는 이생에서 부처가 되었다. 그는 보통사람으로 시작하여 최상의 완전한 깨달음에 이를 때까지 수행을 계속하였다. 만약 이러한 능력과 방법을 체득할 수 있다면, 우리 또한 금생에 이 몸으로서 틀림없이 부처가 될 수 있다.

선재는 어떻게 수행했었는가? 첫째로 아무도 아무 것도 비난하지 않는다. 오직 자기 자신만 비난한다. 만약 다른 사람들이 나에게 거스르면 그것은 내 업장이 드러난 까닭이다. 다른 모든 사람들은 조그만 허물도 없는 부처님들이다. 내가 싫어하는 마음으로 보는 것은 나의 업장이며 나의 잘못 때문이다.

혜능 대사는 "다른 사람들의 허물을 싫어하면 자신의 업장이 드러나 퇴전(退轉)하게 될 것이다. 참 수행자는 다른 사람들의 허물들을 보지 않는다."라고 말했다. 선재는 참된 수행자였다. 그는 다른 사람들의 허물을 보지 않고 오직 자신의 허물만 보았다. 그는 다른 사람의 허물을 찾는 시간이 아니라, 자신의 허물을 고치는 데 시간이 부족할까를 걱정하였다. 그는 모든 사람을 유덕한 사람, 보살이나 부처님으로 생각하였다. 이렇게 함으로써 그 자신이 보살, 부처님이 되었다.

만약 아직도 다른 사람들의 허물을 본다면 그것은 자신의 허물이고 업장이 나타나는 것이다. 부처님의 눈에는 모든 사람이 부처님이다. 보통사람의 눈에는 부처님이나 보살까지도 보통사람이다. 따라서 허물을 고치는 최선의 길은 안으로부터 하는 것이다.

비난은 실제로 좋은 일이 될 수 있다. 아무리 노력해도 자신의 허물을 찾기가 쉽지 않다. 만약 다른 사람들이 자신의 허물을 찾아 알려준다면 많은 어려움으로부터 자신을 구할 수 있을 것이다. 따라서 다른 사람들의 비난을 기꺼이 수용해야 한다. 왜냐하면 이것이 자신의 성격을 개선하고 목표를 달성하기 위한 도량이 되기 때문이다. 그들은 나를 돕기 위해 자비로운 조언자가 되려고 왔다. 만약 이렇게 모든 것을 받아들이면 화내거나 불평할 것이 아무 것도 없음을 알게 될 것이다. 이를 알면 어찌 화를 낼 수 있겠는가? 어찌 비난을 받아들이지 않을 수 있겠는가? 어찌 보복할 마음을 낼 수 있겠는가? 그러나 사람들은 자신의 은인들에게 아직도 보복으로 갚으려고 한다. 이것은 중대한 죄이다.

중국 사람들이 효도를 말할 때, 효의 모범으로 알려진 순(舜) 황제를 생각한다. 그의 깊은 효심은 하늘과 땅을 감동시킬 수 있었다. 누가 그것을 이루도록 도왔는가? 그의 부모와 이복형제이다. 그의 어머니가 죽자 그의 아버지는 재혼했다. 그의 계모가 그를 학대하자 그의 아버지는 그녀를 편들었다. 그리고 여러 해가 지나 그의 이복동생이 자라자 그들은 그를 학대하고 세 사람은 그를 죽이려고까지 했었다. 그러나 이런 모든 것을 겪으면서도 그는 온순한 마음이 변치 않았고 항상 '왜 부모와 동생을 행복하게 만들 수 없는가'를 스스로에게 물었다.

그는 그들의 잘못된 행동을 그 자신의 허물로 생각하였다. 왜냐하면 다른 사람들의 허물을 보지 않았기 때문이다. 그는 매일 자신의 결점들을 어떻게 참회해서 고칠 것인가를 생각했다. 결국 그는 그의 전 가족을 감동시켜 허물을 고치도록 하였다. 그는 집에서 도망가거나 복수할 생각도 하지 않았다. 요(堯) 황제가 순에 관한 것을 알았을 때, 그는 순을 그의 후계자로 선택했고 그의 두 딸을 그에게 시집보냈다. 왜냐하면 순이 그의 가족을 감동시킬 수 있었다면 틀림없이 온 나라도 감동시킬 수 있기 때문이다.

경전에서 우리는 인욕선인에 관하여 읽었다. 누가 석가모니 부처님의 성취를 도왔는가? 가리왕이다. 석가모니 부처님께서 이 예에 관하여 금강경에서 간단히 그리고 대열반경에서 상세히 말씀하셨다. 가리왕은 산스크리트 말로 방종하고 무도한 폭군을 의미한다. 선인이 산에서 수행하고 있을 때 가리왕이 아무런 이유도 없이 화를 내어 선인의 손발을 잘라 죽였다. 인욕선인은 티끌만한 원한의 흔적도 갖지 않았다. 그 대신 인욕바라밀을 완성했다. 그는 어떤 사람이나 어떤 일도 나쁘게 보지 않았다. 그가 성취한 마음의 청정을 상상해 보라. 우리는 불교수행에서 무엇을 배우는가? 인욕을 통하여 청정심을 얻는 것이 중요하다.

사람들은 선과 악을 구분하지 않으면 무감각하다고 말할지 모른다. 사실은 주변에서 무엇이 일어나는지 모르는 것이 아니다. 모두 알고 있다. 인과의 법칙을 이해하게 되면 마음이 어떤 집착이나 분별없이 청정해질 수 있다. 인욕선인의 경우 그가 진리를 찾았기 때문에 마음이 청정했다. 그러나 중생들은 번뇌를 가지므로 개념들을 이용하여 원리들을 설명할 필요가 있다.

자기〔我〕, 남〔人〕, 현상〔衆〕과 시간〔壽〕의 네 가지 집착〔四相〕은 원래 존재하지 않는다. 즉 모든 것이 털끝만큼의 차이도 없이 평등하다. 그러므로 이 경지에서는 분별과 무분별이 똑같다. 왜냐하면 모든 것이 하나로 이중성이 없기 때문이다. 분별할 때는 자신을 위해서가 아니라 남을 돕기 위한 방법으로 그렇게 하는 것이다.

중생들은 아직 그들의 진성을 발견하지 못했으므로 삿된 길을 버리고 선행을 닦아야 한다. 진성을 찾게 되면 버려야 할 삿된 길도 닦아야 할 선행도 없다. 왜냐하면 마음이 청정과 평등의 경지, 수행도 성취도 없는 일진경계(一眞境界)에 있을 것이기 때문이다. 이러한 경계 속에서도 수행과 성취를 위하여 필요한 모든 일들을 하지만, 공(空)과 유(有)의 어느 극단에도 집착하지 않는다.

만약 진성 또는 청정과 평등을 밝히고도 수행하지 않는다면 공의 극단에 떨어진다. 또한 사물의 겉모습에 집착하여 원리를 철저히 이해하지 않고 본성을 보지 못한다면, 유의 극단에 떨어지게 될 것이다. 공과 유에 집착해서는 안 된다.

대세지보살이 말했듯이 육근(六根)을 끊임없이 청정한 생각들에 집중해야 한다(都攝六根 淨念相繼). 육근을 집중할 때, 유의 극단에 떨어지지 않을 것이다. 청정한 생각들이 끊이지 않을 때(淨念相繼), 공의 극단에 떨어지지 않을 것이다. 이리하여 마음은 청정하고 분별하지 않아 모든 것이 진성과 합치할 것이다. 유와 공에 집착하지 않고 밤낮으로 끊임없이 "아미타불"을 불러야 한다.

마찬가지로 중상에도 아랑곳하지 않고 마음의 평정을 유지해야 한다. 비록 중상하는 소문들이 거대한 횃불의 불길처럼 퍼져나가도 그것들은 결국 타서 없어질 것이다.

이것은 다른 사람들이 자신을 모욕하고 중상할 때 어떻게 처신해야 하는가를 말해준다. 만약 조용하게 그리고 태연하게 머문다면 모든 것은 스스로 지나갈 것이다. 다른 사람들이 욕설할 때, 같이 반응할 필요가 없다. 그들이 저주할 때, 아무 말도 할 필요가 없다. 몇 시간 지나면 그들은 지쳐 중단할 것이다. 이것이 이러한 종류의 상황에 대처하는 매우 효과적인 방법이다.

나는 이것을 내가 10대의 학생일 때 동급생에게 배웠다. 그 당시 나는 요범 선생처럼 매우 빈정대기를 잘하였다. 나는 사람들을 조롱하고 장난치는 것을 좋아했다. 그러나 그 친구가 나의 좋은 조언자였다. 나는 그에게 거만하였고 여러 사람 앞에서 그를 조롱까지 하였다. 그러나 그는 결코 같은 방식으로 반응하지 않았다. 이것이 한 해 내내 지속되었고 결국 그는 나를 이해시켰다. 이 친구는 정말로 놀라웠다. 그는 단 한 번도 반격이나 모욕으로 되갚지 않았다. 나는 이 기술을 그에게 배워서 평생 동안 활용했다.

그것은 또한 자신의 수양을 증장시키고 행운을 쌓는 데 도움이 된다. 만약 자신을 모욕하고 중상하는 그러한 사람들이 없었다면 인욕을 수행할 기회를 갖지 못했을 것이다. 그들은 수행을 돕기 위해서 왔다. 그런데 왜 그들의 도움을 거절해야 하겠는가?

만약 어떤 사람이 직장에서 자신을 모욕하고 중상했더라도 그를 청정한 마음으로 상대할 수 있다면 상사가 칭찬하고, 동료가 존경하고, 승진할 기회가 증대할 것이다. 그 사람이 자신을 그렇게 크게 이롭게 했는데, 어떻게 그러한 사람의 도움을 거절할 수 있겠는가?

내가 학교에 다닐 때, 두 학생이 싸우면 선생님은 보통 둘 다 벌하여 땅에 무릎 꿇게 하였다. 학생들은 이것을 매우 불공평하다고 느꼈고, '내가 분명히 옳은데 왜 선생님은 나도 벌하실까?'라고 생각하곤 했다. 그런데 나중에 알고 보니 어떤 논쟁이나 싸움이 있을 때, 양쪽이 다 허물이 있고 같은 수준에 있음을 깨닫게 되었다. 만약 어떤 사람이 위에 있고 다른 사람이 아래에 있다면 다툼이 일어나지 않았을 것이다. 예를 들면 어른이 아이하고는 싸우지 않는다. 이것은 매우 논리적이다. 지금 어떠한 모욕이나 중상을 당했다면 자신의 수행 수준이 높은지 낮은지를 알 수 있을 것이다.

만약 모욕이나 중상을 당했다면 그 사람이 은인으로서 자신에게 선물을 주기 위하여 왔음을 기억해야 한다. 이러한 친절을 배은망덕으로 갚을 수 없다. 첫째 그들은 나의 수행 수준을 시험하기 위하여 왔다. 둘째로 덕분에 나는 행운을 쌓을 것이고, 곧 다른 사람들의 칭찬과 존경을 받게 될 것이다. 그러므로 이 은인들은 나쁜 사람들이 아니고, 부당하게 비난하고 싶지 않은 실로 좋은 친구들이다.

만약 중상을 당했을 때 화를 내고 자신을 변호하려고 든다면, 봄날 누에가 고추 속에서 빙빙 돌며 스스로 질식하는 것과 같을 것이다. 화를 내는 것은 이로운 것이 아니라 해로운 것이다.

이것은 세속적인 가르침에도 불교에도 적용된다. 보살의 육바라밀 중 중요한 두 수행의 첫째는 보시이다. 이것이 복을 닦는 것이다. 사람들은 복 없이는 살 수 없고 부처님의 경우에는 더욱 그러하다. 우리는 부처님을 '완전한 지혜와 복덕을 가진 존경받는 분〔二足尊〕'이라 부른다. 그 분의 지혜와 복덕은 무상(無上)이다. 우리의 진성이 원래 무한한 지혜와 복을 가지므로 우리가 이들을 추구하는 것은 당연하다.

보시에는 세 가지 종류의 보시가 있다. 즉 재시(財施), 법시(法施), 무외시(無畏施)이다. 이들을 행하면 모든 사람들이 구하는 부, 지혜, 건강한 장수를 각각 얻게 된다. 좋은 원인을 심으면 틀림없이 좋은 결과를 수확한다.

두 번째 중요한 수행은 인욕바라밀이고 이것이 복을 유지하게 해준다. 만약 보시를 행하여 복을 얻었으나, 이 두 번째 바라밀을 행하지 않으면 복을 잃게 될 것이다. 금강경에 "모든 것이 인욕으로 얻어진다(一切法得成於忍)."고 했다. 세속적이든 불교적이든 자신이 성취한 바를 지키기 위하여 인욕을 해야 한다.

가끔 경에서 공덕의 숲을 태우는 불에 관해 읽는다. 무엇이 불인가? 분노와 증오가 그것이다. 화를 낼 때 공덕도 함께 잃는다. 만약 당신이 얼마나 많은 공덕을 가지고 있는가를 알고 싶다면 당신이 화를 낸 마지막 시간을 생각해 보라. 화 낸 마음이 공덕의 숲을 태운다.

만약 정토수행자가 그 일생의 마지막 순간에 화를 내면 모든 것을 잃게 된다. 이렇기 때문에 부처님이 죽은 사람의 몸을 죽은 후 8시간 안에 만지지 말라고 가르치셨다. 비록 그 사람이 마지막 숨을 거두었지만 혼은 아직 몸을 떠나지 않았다. 죽은 사람의 몸을 만지면 큰 고통과 화가 일어날 수 있다. 만약 이 결정적인 순간에 그들이 화를 내면 모든 공덕을 잃어버린다. 따라서 공덕은 지극히 쌓기 어렵다. 왜냐하면 어느 때든 잃어버릴 수 있기 때문이다.

무엇이 공덕인가? 그것은 청정심이고 정(定)이고 혜(慧)이다. 생각해 보라. 만약 화를 내면 어떻게 정과 혜를 유지할 수 있겠는가? 불가능하다. 복이라 하면 부와 지성이다. 끊임없이 '아미타불'을 염불하여 일심불란이 되면 공덕과 덕을 쌓을 수 있다. 그러나 단 한번 화를 내면 모든 것을 잃어버린다. 더 이상 끊임없는 염불도 없고 일심불란은 더더욱 없다. 따라서 공덕을 잃지 않도록 경계해야 한다.

깨달음을 향하는 수행의 길에서 업의 빚쟁이들이 가끔 문제를 일으키려고 한다. 왜냐하면 그들은 엄청난 보복심을 갖고 있기 때문이다. 그들은 우리가 곧 수행에 성공할 것을 알고 있고, 또한 우리가 일단 성취하면 더 이상 보복할 기회를 가질 수 없음을 알고 있다. 따라서 그들은 우리의 진보를 막으려고 모든 짓을 할 것이다. 그리고 그들이 이렇게 하는 방법은 우리의 공덕의 숲을 태우도록 하는 것이다. 그러나 만약 우리가 공덕을 파괴하지 않으려고 결심한다면 어떤 외부적 힘도 그렇게 할 수 없다.

사람들은 불쾌한 상황에 처해있을 때나 개인적인 문제를 가졌을 때 불행해지고 화를 내게 된다. 이렇게 되면 공덕은 불타버린다. 무엇이, 또는 누가 그렇게 불행하게 하며 화나게 만들었는가? 아마 거슬리는 상황, 적, 그리고 문제를 일으키는 사람들일 것이다. 이것이 '말하는 사람은 그러한 의도가 없었지만 듣는 사람은 그렇게 생각했다'의 한 예가 될 것이다. 말하는 사람은 당황하게 할 의도가 없었지만, 듣는 사람은 의도적으로 말했다고 해석하고 비참하게 느꼈을 것이다. 그러면 듣는 사람은 화를 터뜨리거나 약간 자제해서 마음속에 화를 지닐지 모른다. 그러나 어느 쪽이든 우리의 공덕은 날아가 버린다.

모든 공덕이 왜 단지 조금 화내는데 다 파괴되어버리는가? 청정심을 잃어버렸기 때문이다. 따라서 모든 가르침과 성취는 인욕과 깊은 선정에 기초를 두고 있다. 이들은 육도를 초월하려는 수행에서뿐만 아니라 또한 세속적인 일에서도 열쇠가 된다. '중상모략에 화내지 않는 것'은 깊은 선정이고 지혜의 발현이다. 중상모략 때문에 화를 내는 것은 업장이 나타난 것이다. 우리는 중상모략을 당했을 때 지혜를 보이거나 아니면 업장을 만들거나를 선택할 수 있다.

이러한 상황을 만나는 것이 좋은 것인가? 수행자에게는 그렇다. 누군가 끊임없이 괴롭히는 사람이 있고 일들이 자신의 뜻대로 되지 않는 것은 좋은 훈련이다. 이러한 역경이 없이 어떻게 선정을 이룰 수 있겠는가? 불리한 상황과 인연들은 스스로를 단련하고 인욕바라밀을 수행할 수 있는 바로 적절한 기회를 제공한다. 이러한 기회들에 충분히 감사할 수 없을 것인데 어찌 불평하고 화를 낼 수 있을 것인가?

옛날에 자제를 배우도록 돕는 방법은 그에게 인욕바라밀을 수행하도록 가르치는 것이었다. 법기(法器)의 잠재력이 있다고 믿어지는 사람은 시험되곤 했다. 그들은 매번 괴로움을 당했고 싫어하는 것처럼 불쾌하게 취급되었다. 이것은 그들이 인내하고 괴로움을 견딜 수 있는가를 알아보기 위함이었다. 그들이 견딜 수 없거나 참지 못하고 떠나면 그뿐이다. 견딜 수 없거나 참을 수 없다면 성취 또한 할 수 없다. 비록 모든 다른 방면에서 뛰어나다 해도 참고 인내할 수 없다면 성취는 제한될 것이다.

선림보훈(禪林寶訓)에서 특별한 제자를 심히 학대한 노스님에 관한 이야기를 읽는다. 그는 매번 그 제자를 끊임없이 비난하고 욕설을 퍼부었다.

어느 날 제자가 발을 씻고 있을 때 노스님은 더러운 물을 제자의 온몸에 뿌렸다. 그러나 제자는 여전히 노스님을 떠나려 하지 않았다. 후에 노스님은 정말로 화를 내어 제자를 쫓아내고 되돌아오는 것을 허락하지 않았다. 제자에게는 다른 길이 없었다. 스승 곁에 더 이상 머물 수 없자 떨어진 사원 복도에 머물렀다. 노스님이 설법을 할 때 제자는 창 밖에 몸을 숨기고 이를 들었다.

　1년 후 노스님이 새 주지를 선택할 때가 되었다. 아무도 누구를 선택할지 몰랐다. 노스님은 곁에 있는 사람들에게 제자를 불러오도록 하였다. 제자에게 법을 전하고 지위를 인계하기 위해서였다. 그때가 되어서야 모든 사람은 여러 해에 걸쳐 노스님이 실제로 그의 후계자를 훈련시키고 있었다는 것을 깨달았다.

　만약 불쾌한 일을 당할 때마다 포기해 버리고 참고 고통을 감수하려고 하지 않는다면, 다른 방면에서 아무리 뛰어나도 아무 것도 이룰 수 없다. 성공하느냐 실패하느냐의 열쇠는 인내에 있다. 만약 어떠한 고통도 견디어낼 수 있다면, 깊은 선정을 성취하여 참 지혜를 찾아내고 더 이상 외부적 상황에 영향 받지 않을 것이다.

　때로는 뛰어난 자질을 가진 새로운 사람들이 도량에 머무는 것을 본다. 그러나 얼마 지나지 않아 그들은 떠나버린다. 남아있는 사람들은 상관없다고 생각하며 웃을 뿐이다. 만약 사람들이 인내가 없다면 그들은 성취할 수 없다. 단견(短見)을 가진 사람들은 그렇게 재능 있는 사람들을 잃어버리는 것을 안타깝게 생각할 것이다. 그러나 결국 그것은 그렇지 않다. 진실로 재능 있는 사람은 깊은 선정과 지혜를 성취하며, 이러한 사람만이 우리와 함께 부처님의 지혜를 전하고 불교가 이 세상에 남도록 할 수 있기 때문이다. 인내하지 않고는 깊은 선정을 얻을 수 없고, 깊은 선정 없이 지혜를 얻을 수 없을 것이다.

　지혜가 있어야 깨달음의 길에서 좋은 스승들이 있는 참 도량을 알아낼 것이다. 그러면 아무리 학대해도 참고 모든 것을 배울 때까지 떠나지 않을 것이다. 이것이 진정으로 가르침을 배우는 길이다. 만약 하찮은 불쾌한 상황도 참지 못하고 뛰쳐나오면 그 사람은 쓸모없어지고, 붙잡는 것 또한 무의미해질 것이다.

책의 이 구절은 매우 중요하다. 왜냐하면 중상과 다툼을 끝내는 훌륭한 방법을 제공하기 때문이다. 간단히 중상하는 이들을 무시해버린다. 아무리 나쁜 일도 사라질 것이다. 중상을 받았을 때 다투거나 따지지 말라. 그렇지 않으면 스스로를 더욱 묶게 될 것이다. 따라서 화를 내면 아무런 이익도 없고 오히려 해로움만 있다고 말한다.

직장에서 상사는 쉽게 화를 내는 사람에게 어떠한 중요한 일도 주지 않고 승진도 시키지 않는다. 보통 상사가 부하를 평가할 때, 다른 사람들과 교섭하는 것을 보고 유망한 피고용인으로 훈련시킬 가치가 있는가를 판단한다. 부하 직원이 쉽게 화를 내는 것을 보면, 좋은 후보가 아님을 알게 될 것이다. 왜냐하면 화는 오직 어려움만 불러오기 때문이다.

이 밖에 고칠 수 있는 다른 허물과 죄들도 있다. 허물을 고쳐야 할 필요성의 배후에 있는 원리를 이해한다면, 저절로 실수를 되풀이 하지 않을 것이다.

이것들이 변할 수 있는 능력의 바탕에 깔린 주된 원리들이다. 대승불교도들은 이 방법을 사용한다. 왜냐하면 이것이 성취를 이루는 데 더 빠르기 때문이다. 소승불교도들은 행위를 통하여 변하려 하는데 이것은 잎과 가지를 하나씩 따 내면서 나무를 없애는 것과 같다. 이 방법으로 허물을 고치는 것은 어렵다. 왜냐하면 모든 허물을 하나씩 고쳐야 하는데 매우 고통스럽고 시간이 많이 걸리기 때문이다. 행위보다 이치를 통하여 변하는 것이 훨씬 현명하다. 왜냐하면 마음이 모든 것이 생기는 뿌리이기 때문이다.

3. 가슴과 마음으로부터 고치기

'가슴으로부터 고치기'가 무엇을 의미하는가? 비록 우리에게 몇 천 가지 다른 허물들이 있다 하여도 이들은 모두 가슴, 마음으로부터 생긴다.

선업도 악업도 전 우주와 마찬가지로 마음으로부터 만들어진다. 부처님은 화엄경에서 말씀하셨다. "법계의 본성이 마음으로부터 일어난다. 본성이 본체이고 본체가 마음이다(應觀法界性 一切唯心造)." 대승보살들이 어떻게 지옥계에 들어가 그 곳의 존재들을 제도하는가? 이 깨달은 분들은 모든 것이 마음으로부터 생기는 원리를 이해하고 그에 따라 행동한다. 지장경에서 지옥의 문을 뚫기 위해서는 모든 것이 마음으로부터 생긴다는 것을 알아야 한다고 배운다. 무엇이 지옥인가? 마음이 만든 것이다. 이것을 이해하고 나면 실제로 지옥에 문이 없어 자유롭게 들어가고 나올 수 있음을 알게 될 것이다.

마음의 변화부터 시작하고 선행을 함으로써 허물들을 고칠 수 있다. 만약 마음으로 수행한다면 필요한 사람에게 동전 하나를 거저 주는 선행도 무한한 공덕이 될 것이다. 왜냐하면 이 행동은 진성에 있는 큰 자비로부터 나왔으므로 그 넓은 마음에 한계가 없기 때문이다. 그 복은 무한하다. 왜냐하면 그 선행이 마음으로부터 나와 진성과 합치하기 때문이다. 그러나 그 선행이 단지 행동으로부터 나온다면 그것은 진성으로부터 나오지 않았으므로 작은 공덕이 된다.

그러면 어떻게 마음으로부터 스스로 허물을 고치는 것인가? 허물 고치기를 원하고 선행을 하고 악행을 삼가면서 진실하게 수행해야 한다. 마음으로부터 고칠 때 해야 할 일과 해서는 안 될 일은 따로 없다. 이치에 의하여 스스로 개심하고 원리를 실행하는 것은 조건적이다. 그러나 마음으로부터 허물을 고칠 때 그것은 무조건적이고, 청정하고, 진실하다. 그래서 친절한 생각을 조금만 해도 진성과 부합할 것이다. 모든 것이 마음으로부터 생기는 것을 알면, 마음으로부터 시작하여 자신의 허물들을 고쳐야 한다.

만약 내 마음의 생각들이 고요하면, 행동들이 일어나지 않을 것이고 허물들을 면할 수 있다.

이것이 최상의 원리이다. 마음의 청정은 과거 무량겁 동안 쌓인 죄업을 없앤다. 그렇다면 어떻게 마음의 청정, 생각의 고요함을 얻을 수 있을까? 깊은 선정에 있는 부동심을 통하여 그렇게 할 수 있다. 이것이 소위 염불법의 '일심불란' 이라고 말한다. 일단 이 경지에 이르면 모든 죄업은 없어질 것이다. 그러나 새로운 망념이 생기면 죄업이 다시 나타날 것이다.

예를 들면 TV를 끄면 더 이상 그림은 없고 빈 스크린만 있다. 다시 TV를 켜면 그림이 다시 나타난다. 중생들의 마음속에 저장되어 있는 업의 현상도 이와 같다. 마음이 깊은 선정 속에서 고요하면 어떤 업의 현상도 나타나지 않을 것이다. 마음이 망념들을 내면 업장들이 다시 나타날 것이다. 이것을 이해하면 단 하나의 망념도 내지 않은 경지인 청정심을 닦을 것이다. 혜능 대사께서 말씀했듯이 "청정심은 본래 아무 것도 가지지 않고 먼지를 모으지 않는다(本來無一物 何處惹塵埃)."고 했다. 업장들은 망심 속에 있고 진심 속에는 없다. 진심은 항상 청정하다.

우리는 지금 어떤 종류의 마음을 쓰고 있는가? 망심이지 진심이 아니다. 진심에는 어떠한 장애도 없다. 망심을 갖고 우리가 육안으로 무언가 보려고 할 때 명확히 볼 수 없다. 그것은 마치 일그러진 안경을 통하여 보는 것과 같다. 즉 미혹의 층을 통하여 외부 환경을 보는 것이다. 이러한 미혹이 팔식(八識)들과 51심소(心所)들이다. 우리는 이 식들과 심소들을 통하여 외부 환경과 관계한다. 따라서 환경이 육진(六塵)의 환경으로 변해버렸다. 만약 외부 환경을 볼 때 이들 식과 심소들을 사용하지 않는다면, 육진의 환경이 아니라 진성의 환경을 보게 된다.

큰 문제는 우리가 이 일그러진 안경 즉 8식들과 51심소들을 벗어날 수 없다는 것이다. 우리의 수행 목표는 이것들을 놓아버리고 식들을 지혜로 전환시키는 것〔轉識成智〕을 가르치는 것이다. 지혜는 진성의 기능이다. 의식은 망심 즉 8식과 51심소들의 기능이다.

아라한, 벽지불과 소승불교의 보살들은 아직도 이러한 식들과 심소들을 사용하고 있다. 그들은 아직도 부처님이 되기 위해 그들의 진성을 밝혀야 한다. 그들은 행동과 원리를 이해하기 때문에 참회하는 방법을 안다. 그러나 그들은 아직 마음으로부터 가슴으로부터 변하지 않는다. 왜냐하면 그들은 그들의 마음이 어디에 있는지 모르기 때문이다.

능엄경에 보면 능엄회상이 시작될 때 석가모니 부처님께서 매우 총명한 아난다 존자에게 그의 마음이 어디에 있는지 물었다. 아난다는 그것을 찾을 수가 없었다. 왜냐하면 그는 마음이 무엇인지 또는 어디에 있는지 몰랐기 때문이다. 만약 우리의 진심이 무엇인지도 모른다면 어떻게 마음으로부터 참회할 수 있을 것인가?

자신의 본성을 밝히기 시작한 대승보살들은 마음으로부터 참회를 느끼도록 수행한다. 화엄경 특히 선재동자의 53선지식 순방을 공부하면 더 잘 이해할 수 있다. 선재동자는 어떻게 수행했는가? 이 선지식들은 초주(初住)부터 최상의 등각(等覺)에 이르는 완전한 가르침(圓敎)의 보살들을 대표한다. 그들은 인생의 모든 영역에서 젊은이로 또 늙은이로 그리고 남자로 또 여자로 나타난다.

53선지식들은 어떻게 수행하는가? 불교의 진정한 수행은 원리, 사례, 실제적 응용으로 이루어져 있다. 비록 화엄경을 모두 공부할 수 없어도, 비할 데 없는 40권의 보현보살행원품(普賢菩薩行願品)은 매우 중요하다. 이 가장 뛰어난 대승불교의 가르침을 우리의 일상생활에 들여올 수 있도록 응용하는 방법을 알 필요가 있다. 이것은 진실한 수행을 위한 우수한 경전으로 전파할 가치가 있다.

이 원리를 따라 옛날의 유덕한 사람들은 보리심을 내고 끊임없이 '아미타불'을 염불하는 방법을 가르쳤다. 일심으로 '아미타불'을 밤낮으로 부르면 모든 망념이 '아미타불' 한 생각 속으로 사라질 것이다. '아미타불'은 선인가 악인가? 둘 다 아니다. 그것은 선과 악의 이중성과는 아무 관계가 없다. 왜냐하면 그것은 진성과 합치하기 때문이다.

선과 악의 이중성은 오로지 의식적인 마음 안에 존재하고, 참 마음 속에는 없다. 오랜 동안 수행하여 끊임없이 '아미타불'을 염불하면, 자연히 깨달음을 얻을 것이다. 8만4천 방법 중 이 방법이 최상이다.

만약 우리의 노력이 부족해서 최상의 완전한 깨달음을 얻을 수 없어도 정토에 가서 아미타 부처님을 만날 수만 있으면 된다. 그러면 우리의 진성을 드러내게 될 것이기 때문이다. 이 편리하고 적절한 방법은 다른 어떤 가르침에서도 찾아 볼 수 없다. 다른 가르침에서는 우리가 깨달음을 얻지 못하면 우리는 성취한 것으로 간주되지 않을 것이다.

염불수행을 할 때 진성을 볼 수 있는 것이 반드시 필요하지는 않다. 아미타부처님을 볼 수만 있다면 성취할 수 있을 것이다. 진실로 그 명호를 일심으로 부를 수만 있다면 모든 죄업들은 없어질 것이다. '아미타불'이 어떻게 죄업을 가질 수가 있겠는가? 그것은 참되고 완전한 선이다. 선하고 악한 그런 선이 아니다. 왜냐하면 그러한 선은 상대적이기 때문이다. 진정한 선은 이중성이 없고 절대적으로 위대한 선이다.

수행자들은 명예, 성, 재물에 관한 욕망들이나 화를 잘 내는 허물들을 하나씩 근절하려고 애쓸 필요가 없다.

이것은 단지 몇 예들을 보여준다. 사람들은 수많은 허물들이 있으나 그것들을 하나씩 찾을 필요가 없다. 계를 지키는 것을 전문으로 하는 수행자들은 매일 잘못된 것들과 그들이 저지르는 많은 실수들에 대하여 반성하기를 그치지 않는다. 그들은 주의 깊게 되돌아보고 하나씩 고쳐나간다. 매일 그들의 행동을 반성할 뿐만 아니라 공덕과 허물들을 기록하여 지닌다.

기록을 간직하는 이 방법은 어떤 사람들에게는 좋은 결과를 가져올지 모른다. 사람들은 수많은 생을 거쳐 오면서 쌓아온 습관들과 연관된 각기 다른 성격을 가지고 있다. 대승불교 수행자들은 이렇게 수행하기를 좋아하지 않는다. 반면에 소승불교 수행자들은 이 방법을 매우 좋아하고 그로부터 혜택을 입을 수 있다. 사람이 다르면 성격도 달라서 각기 다른 원리와 방법들이 이용된다.

대승불교를 수행하는 중국과 북아시아의 많은 수행자들은 이치를 생각하여 깨인 마음으로 악행을 삼가고 선행을 닦는다. 그러나 태국이나 스리랑카 같은 남아시아에서는 대부분의 수행자들이 소승불교도들이다. 그들도 마찬가지로 악행을 삼가고 선행을 닦지만 그들은 행위를 통하여 변한다.

우리가 필요로 하는 모든 것은 선행을 닦기 위한 진실한 가슴이다. 가슴이 유덕하고 친절하면 마음은 자연히 나쁜 생각을 갖지 않을 것이다.

이것은 수승하고 간단하고 분명한 방법이다. 그러나 만약 참 지혜를 갖지 않는다면 아직 이 경지에 이를 수 없다. 왜냐하면 의심 때문이다. 자신이 저지른 모든 죄를 없애는 것이 어떻게 가능할까 의심한다. 의심하고 믿지 않으므로 수용할 수 없다. 누가 아미타 부처님께 마음을 집중하고 정토왕생을 구하라고 권유하면, 너무 많은 죄를 지어서 아마 정토에 갈 수 없으리라고 의심한다. 어떤 사람들은 그들의 죄가 너무 많고 무겁다고 생각하고, 심지어 법당에 있는 부처님에게 감히 예불하려고도 하지 않는다. 부처님을 보기가 괴로운 것이다. 이렇게 생각한다면 행동을 통하여 참회하고 허물을 고치는 편이 더 좋을 것이다. 왜냐하면 허물을 하나씩 발견해 고친다면 최소한 마음이 더 안정될 것이기 때문이다.

정토법을 수용할 수 있는 사람들은 큰 선근, 큰 복덕과 큰 인연을 가진 것이다. 이미 최상승 선근의 성품을 갖지 않았다면, 염불법을 수용하는 것이 불가능하였을 것이다. 이 법을 수용하고 진실하게 수행할 수 있는 사람들은 부처님 명호를 부르는 공덕에 의해 무한한 생에 걸쳐 쌓인 죄를 없앨 수 있다. 정토는 최상의 유덕한 사람들이 모이는 장소이다. 일단 그 곳에 왕생하면 이 회중의 일원이 되고, 보현보살, 문수보살, 관세음보살, 대세지보살과 같은 유덕한 분들과 같아질 것이다.

황로(黃老) 선생이 그의 관무량수경 주해(觀無量壽經註解)에서 말했듯이, 정토법은 최상의 선근을 가진 중생들을 위한 것이다. 누가 최상의 선근을 가지고 있는가? 정토왕생을 믿고 발원하고 아미타 부처님을 염불할 수 있는 사람들이 최상의 선근을 가졌다. 혜능 대사는 오직 최상의 선근을 가진 사람들만 가르쳤다. 그러나 그의 제자들은 크게 성공했지만 그들이 성취한 수준을 유지할 수 없었다. 최상의 선근을 가진 정토수행자들은 결코 퇴전하지 않는다. 왜냐하면 그들은 삼불퇴(三不退)를 완전하게 성취했기 때문이다. 혜능 대사의 제자들도 삼불퇴를 성취했으나 완전하게 성취하지는 못했다.

정토법은 무상(無上)이다. 우리가 이 법을 만난 것은 믿을 수 없을 정도의 행운이다. 그러나 이것은 우연이 아니다. 무량겁 동안 쌓아 온 선근, 행운과 좋은 인연이 무르익었기 때문이다.

하나의 진실한 마음으로 선행을 닦는다는 것은 첫 생각이 절대적으로 올바르고 유덕한 것임을 의미한다. 뒤따르는 망념이 없다. '아미타불'을 부르는 것은 일심으로 끊임없이 '아미타불'을 염불하는 것이고, 전심으로 정토왕생을 구하는 것이다. 개심하고 업장을 줄이는 지극히 묘한 방법은 망념을 갖지 않는 것이다. 이것은 올바른 생각[正念]조차 갖지 말라는 것은 아니다. 올바른 생각이 없으면, 무명(無明)에 떨어진다. 망념이란 분별하는 생각과 집착이다. 보통사람이 망념이 없는 경지에 이르기는 쉽지 않다. 그러나 누구나 염불법 수행을 통하여 이 경지에 이를 수 있다.

올바른 생각이 일어남은 무엇을 의미하는가? 그것은 '아미타불' 이다. 가장 진실하고 가장 올바른 생각이다. 우리 인생에서 오직 하나의 중요한 문제는 항상 올바른 생각을 갖는 것이다. 삿되거나 틀린 생각에 매달리지 않고 밤낮으로 항상 간단없이 '아미타불' 을 염불하는 것이다. 이렇게 수행을 지속할 수 있다면 석 달 안에 놀라운 결과를 얻게 될 것이다. 항상 '아미타불' 염불을 지속할 수 있다면, 이 한 생각으로 틀림없이 분별하는 망념을 줄일 수 있다.

중생이 어떠한 망념도 갖지 않는다는 것은 불가능하다. '아미타불' 생각이 가장 많기만 하면 된다. 예컨대 60퍼센트는 '아미타불' 생각 그리고 40퍼센트는 망념이라면 두려울 것이 없다. 끊임없이 '아미타불' 을 염불하지 않으면, 마음은 망념으로 채워질 것이다. 만약 석 달 동안 이 수행을 계속하여 '아미타불' 생각을 늘리고 망념을 줄여나가면 편안해지고 정신이 자유로워질 것이다. 마음은 더욱 고요해지고 가르침을 수행하는 데서 오는 기쁨은 늘고 업장이 줄었음을 보여 줄 것이다. 수행하기 이전 과거에는 마음이 번뇌와 걱정들로 가득 찼었고 미래가 어두워 보였다. 그러나 지금은 인생이 재미있고 미래가 밝아짐에 따라 스스로 행복하고 자신 있고 현명해질 수 있다.

염불을 반년 동안 지속하면 더욱 더 좋은 결과를 얻을 수 있고 다음에는 자신감과 결심이 증대할 것이다. 정토왕생을 진실로 원하는 사람은 누구나 3년간 끊임없이 '아미타불' 을 염불하면 그것을 성취할 수 있음을 알게 될 것이다. 많은 사람들이 이것을 성취하였다. 3년 안에 죽을 것을 두려워하여 이 방법을 수행할 수 없다고 말하는 사람들이 있다. 그들에게 무슨 말을 할 수 있겠는가? 솔직하게 말해서 많은 사람들이 지레 포기하고 이 방법을 수행하지 않는다.

왜냐하면 그들은 아직도 육도 환생에서 벗어날 생각이 없고 이 세상에 집착하기 때문이다. 이 사람들은 안목이 짧다. 그들은 정토의 행복과 즐거움이 무상(無常)이라는 것을, 인간과 천상의 세계 그리고 모든 다른 불토(佛土)라도 이와 비교할 수 없다는 것을 모르고 있다. 그들은 이렇게 좋은 세계에 가기를 원하지 않고, 여기에 남아 계속해서 고통 받는 것을 더 좋아한다. 그런데 내가 더 이상 무엇을 말할 수 있겠는가?

진정한 열망과 심원한 통찰력을 가진 사람은 정토왕생을 전심으로 추구하여 아미타 부처님을 만나는 것이 인생에서 완벽하고 완전한 성취라는 것을 알아야 한다. 사람들은 물질적이든 정신적이든 세상일에 대한 집착을 놓아버리고 분별하는 마음을 없애야 한다. 걱정하거나 탐내야 할 가치가 있는 것은 아무 것도 없다. 일상생활에서 인연에 따르고 연줄을 대려고 하지 않는다. 얼마나 행복하고 자유로울 것인가.

이것은 세속적인 사람들이 생각할 수 없는 것이다. 번뇌를 깨달음으로 바꾸고 마음대로 죽고 사는 것, 즉 명(命)이 다 되어서 죽는 것이 아니고 자신이 원할 때 떠나는 것이다. 만약 이 세상에 몇 년간 더 머물러야 할 필요를 느낀다면 그렇게 해서 해가 될 것이 없다. 그러나 머물러야 할 유일한 이유는 여기에 같이 있는 인연들이 함께 정토로 가도록 격려하기 위해서이다. 이승에서 보내는 시간은 다른 사람들을 돕기 위해서다. 단지 자신을 위해서라면 오히려 서방정토로 먼저 떠날 것이다. 여기에 머무는 목적은 모든 중생들을 돕고 정토법을 전파하기 위해서이다.

어떠한 의심이나 잡념 없이 그리고 간단없이 일심으로 부처님 명호를 부를 수 있다면 틀림없이 3년 이내에 성공할 수 있다. 오직 '아미타불'을 부르는 것에만 의지하고 다른 어떤 것도 몰랐던 체한(諦閑) 대사의 제자를 생각해 보자. 대사는 출가한 제자에게 수계(受戒)를 요구하지 않았다. 왜냐하면 대사는 제자가 나이가 많기 때문에 오랜 수련기간의 어려움을 감당할 수 없을 것을 걱정했기 때문이다. 또한 제자는 교육을 받지 않아 무식했으므로 경전 강의에 참가할 필요도 없었다. 제자는 다른 사람들과 함께 절에서 일하며 살지도 않았다. 만약 다른 사람들에게 조롱받아 화를 낸다면 모든 것이 매우 힘들었을 것이다.

따라서 제자를 시골 어느 버려진 절에 홀로 살도록 보냈다. 3년 동안 그는 '아미타불'을 밤낮으로 불렀다. 그는 미리 죽을 때를 알았다. 그가 어떻게 이를 성취하였는가? 요범 선생이 그의 아들에게 말했듯이 "마음이 유덕하고 친절하면 자연히 어떠한 삿된 생각도 없을 것이다(一心爲善 正念現前)." 이것이 진실하게 부처님의 명호를 불러서 이룬 성취이다.

체한 대사의 제자는 불교를 다른 사람들에게 가르칠 능력이 없기 때문에, 성취를 이룬 후 남지 않고 곧바로 정토에 왕생했다. 무식하고 불교에 대한 지식도 없었으나 성취하여 정토에 왕생한 것이다. 그는 어떤 병도 앓지 않았고 고통도 없었고 미리 죽을 때를 알았었다. 그는 선 채로 죽었고 체한 대사가 후사(後事)를 치러 주길 기다리며 사흘 동안 그대로 있었다. 놀라운 일이다. 그는 정토수행자들의 모범이다.

내가 모든 사람들에게 주는 방법은 일심으로 '아미타불'을 부르는 것이다. 사람은 이 세상에 머무는 동안 가족을 부양하기 위해 돈벌이를 해야 한다. 그러나 일이 끝난 후 일에 대한 생각을 놓아버리고 염불할 수 있다. 일할 때는 일에 집중하라. 일단 끝나면 부처님 명호를 부르기 시작한다. 심지어 일할 때에도 생각할 필요가 없으면, 조용히 명호를 부르거나 또는 일하는 동안 카세트를 틀고 '아미타불' 염불을 듣는다. 생각이 필요하면 일에 집중하기 위하여 일시적으로 염불을 제쳐놓을 수 있다. 다시 생각이 필요하지 않게 되면 명호를 부르거나 또는 일하면서 부처님 명호를 들을 수 있다. 부처님 명호를 부르는 것이 생활의 주된 일이다. 그 밖의 어떤 것도 중요하지 않고 상관할 가치가 없다. 이것이 잘못들을 참회하고 마음으로부터 허물을 고치는 길이다. 공부가 깊은 수행자는 뿌리로부터 기본으로부터 이렇게 할 것이다.

"마귀는 낮에 나타나지 않는다."[24] 이것이 요체이고 변화하는 데 열쇠가 된다. 모든 실수가 마음에서 비롯하므로 마음으로부터 변해야 한다. 이것은 독이 있는 나무를 없애는 것과 같다. 그것을 끝장내려면 뿌리째 뽑아 다시 자랄 수 없게 해야 한다. 왜 쓸데없이 잎들을 하나씩 따내고 가지를 하나씩 잘라야 하겠는가?

행동을 통하여 변하는 것은 큰 가지와 작은 가지를 하나씩 자르거나 잎을 하나씩 따내는 것에 비유할 수 있다. 마음으로부터 변하는 것은 나무뿌리를 뽑아내는 것과 같다. 따라서 자신을 변화시키는 기본적인 방법을 알 필요가 있다. 만약 모든 사람이 우익(藕益) 대사의 가르침을 기억하고 받들고 마음으로부터 변할 수 있다면, 과거 무량겁 동안 쌓인 죄가 용

---

24) 달리 말해서 착한 생각이 일어나 나쁜 생각을 대치한다.

서될 것이다. '아미타불'은 모든 악행을 고칠 수 있다. 진실하게 '아미타불'을 부름으로써, 세속적이든 불교적이든 모든 유덕한 가르침들을 완벽하게 수행한다. 하나를 닦는 것이 모든 것을 닦는 것이다. 하나를 바꾸는 것이 모든 것을 바꾸는 것이다. 진실로 불가사의하다. 많은 사람들은 오히려 회의적이고 의심을 갖고 있다. 그들은 이 방법이 그다지 믿음직하지 않거나 한층 더 좋은 방법이 있으리라 생각한다. 나는 이 말을 들으면 웃으며 합장하고 '아미타불'을 부르고 그들에 의해 동요하지 않는다.

허물을 고치는 최선의 방법은 마음을 닦는 것이다. 왜냐하면 즉시 청정해지기 때문이다.

허물을 고쳐 변하는 최상의 방법은 마음으로부터이다. 만약 모든 것을 놓아버리고 3개월이나 6개월 동안 끊임없이 '아미타불'을 부를 수 있다면 마음은 청정해지고 효과가 나타날 것이다. 나는 불교경전을 강의하기 위하여 공부하는 사람들에게 항상 단지 한 경전만 배우라고 격려한다. 한 경전을 매일 독송하면 3개월에서 5개월 사이에 마음의 청정을 얻을 수 있다. 만약 많은 경전을 동시에 공부하면 같은 기간에 마음의 청정을 얻을 수 없다. 따라서 배움은 소용이 없게 된다. 비결이 전문화에 있음을 아는 사람이 적다.

진정한 수행자는 시간이 지남에 따라 더욱 마음이 청정해지고 번뇌가 적어짐을 느끼게 될 것이다. 얼굴이 건강하게 밝아지면서 무명(無明)이 엷어지고 지혜를 얻게 될 것이다. 이것들이 진정한 수행의 효과들이다. 연지(蓮池) 대사가 말한 바, '다른 사람들이 모든 불교 대경전에서 깨닫도록 놔 둬라."를 기억할 필요가 있다. 도서관의 모든 책들은 믿지 못하는 사람들을 위한 것이다. 그들이 믿지 못하므로 그렇게 많은 책들을 제공한다. 만약 그들이 그렇게 많은 길을 여행하고 싶다면 그렇게 하도록 놔 두자. 그들은 겉모습과 오직 지엽적인 것들을 좇아 변한다. 믿음이 있는 사람은 다른 길, 전문화의 지름길을 택할 것이다. 우리는 마음으로부터 변한다. 왜냐하면 악행이 마음에서 비롯하기 때문이다. 여기에서 둘 사이의 견해와 지혜의 차이를 알 수 있다.

내 마음이 청정하면 삿된 생각이 떠오르자마자 곧 알아채고 중단할 수 있다. 부도덕한 생각은 내가 그것을 알아차리는 순간 사라질 것이다.

이것은 마음으로부터 변하는 것에 관한 이야기이다. 망념은 번뇌이자 업장들이다. 마음이 청정하면 망념이 일어나자마자 알아차리고 그것을 '아미타불'로 바꿀 것이다. 육근이 외부 세계를 만나 그것이 유쾌하든 불유쾌하든, 착하든 악하든 망념이 일어나면 즉시 그것을 제2의 생각 '아미타불'이나 '나무 아미타불'로 대치한다. 비록 첫 생각이 망념이라 해도 두 번째 생각은 '아미타불'이다. 이것이 깨달음이다. 이 깨달음은 즉각적이어서 망념이 자랄 여지가 없어야 한다. 이것이 효과적으로 지혜를 드러내는 방법이다. 만약 6개월에서 12개월 동안 이렇게 지속할 수 있다면 지혜를 얻을 것이다. 눈은 밝아지고 육근들은 영민해질 것이다. 아울러 마주치는 모든 것들을 완전히 이해할 수 있을 것이다. 그러나 어떤 사람들은 사물을 분석하기 위하여 광범위하게 공부하더라도 올바른 결론에 이르지 못할지도 모른다. 참된 가르침을 전파하고 싶은 마음이 있으면 정성, 마음의 청정, 자비심을 마음에 품는 것이 열쇠가 된다. 참고문헌을 찾거나 강의법을 배울 필요가 없다. 분별하는 제6식을 사용하려고 하지 않는다. 왜냐하면 부처님의 참뜻을 잘못 해석할지 모르기 때문이다. 만약 경전 속의 의미를 깊이 연구한다고 하면 모든 부처님들이 부당하다고 항의하실 것이다. 따라서 경전의 의미를 분석하려 하지 말고 마음을 정화하고 지혜를 드러내기 위해 단지 정직하게 읽기만 하면 된다.

만일 누가 우리에게 경전 속의 의미를 묻는다면 우리는 그들에게 그 의미가 무한하다고 말할 수 있다. 의도적으로 그 의미를 찾지 않으므로 무한한 의미들이 드러난다. 이것이 우리 진성 속에 있는 지혜의 나타남이다. 우리가 이러한 방법으로 경을 강의한다면 강의의 흐름은 그것이 단순하건 심오하건, 짧건 길건 간에 자연히 완벽하게 진행될 것이다.

강의가 끝난 후 사람들이 우리가 무엇을 말했는가 물어본다면 우리는 정말 알 수 없다. 왜냐? 의문이 없다면 의미도 없다. 의문이 있을 때 의미가 드러난다. 무한한 의미가 나타나는 것은 다른 사람들을 이롭게 하기 위함이다. 아무런 의미가 없음은 아미타불 외에는 어떤 생각도 일어나지 않아 우리가 청정한 마음을 닦을 수 있도록 우리를 이롭게 하기 위함이다.

경을 강의함은 우리 자신이 아니라 다른 사람을 이롭게 하도록 가르침을 전달하는 것이다. 따라서 강의한 사람이 방금 강의한 것을 기억할 필요가 없다. 아무것도 모를 때 마음은 청정해질 것이다.

다른 사람들을 이롭게 하기 위하여 가르침을 강의할 때 황념조(黃念祖) 선생의 무량수경 주해와 세 편의 아미타경 주해를 택할 수 있다. 연지(蓮池) 대사의 주해는 대단히 완벽하다. 우익(藕益) 대사는 그것을 넓고 심오하다고 칭찬했다. 아미타경에 관한 이 주해를 읽는 것은 대장경을 읽는 것과 같다. 연지 대사의 주해는 세속과 불교의 가르침들을 참조하여 그 내용이 매우 풍부하다.

원영(圓瑛) 법사[25]와 보정(寶淨) 법사[26]도 우익 대사의 아미타경요해에 관한 주해들을 썼다. 이 책들은 정토종을 전파하는 데 충분한 참고자료가 될 것이다. 일단 이 주해들을 철저히 이해한다면 정토경전들뿐만 아니라 다른 불교 종파들의 가르침들까지도 철저하게 이해하게 될 것이다.

반면에 많은 종파들을 공부한다면 마음이 산란해져 지혜는 드러나지 않을 것이다. 이 네 가지 주해만으로도 자비심을 일으켜 정토법을 전파하려는 사람에게 충분하다. 더이상 참고자료를 볼 필요가 없다. 강의할 자료가 충분하지 않다고 두려워할 필요가 없다. 자료가 짧고 간결할수록 강의하는 데 더 적은 시간이 걸릴 것이다. 왜 긴 시간 말하려고 애쓰는가? 짧은 시간 말하면 오직 요점만 이야기할 것이다. 요점이 더 세련될수록 더욱 훌륭해진다. 청중들은 귀중한 시간을 조금도 낭비하지 않으므로 매 순간이 귀중해질 것이다. 마치 커다란 전채(前菜) 접시를 만드는 것처럼 많은 참고 자료로 이야기를 엮어나가면 청중들은 어떠한 특별한 맛도 음미하지 못할 것이다. 이것은 자신과 다른 사람들의 시간과 에너지를 낭비하는 것이다.

만약 마음을 바꿈으로써 허물들을 고치는 데 성공할 수 없다면 변해야 하는 이유를 알고 이해하는 수준에서 시도할 것이다. 만약 여기에서도 성공할 수 없다면 행동을 바꿈으로써 허물을 고치려고 시도할 것이다. 최상

---

25) 중국 근대의 선사로서 평생 동안 능엄경을 연구한 후 정토법을 추천했다.
26) 중국 근대의 천토종 스님이다.

의 길은 마음을 닦고 변해야 하는 필요성의 배후에 있는 이유를 이해하는 것이다. 만약 마음으로부터 허물을 고치는 최상의 길을 무시하고 행동을 통하여 허물을 고치는 열등한 방법에 제한한다면 그것은 어리석은 일이다.

만약 최상의 방법을 이용하여 성취할 수 없다면 덜 효과적인 방법, 즉 왜 변하는 것이 최선인가를 이해하려고 하는 것을 택할 수밖에 없다. 문제가 생기면 왜 그것이 일어났는가를 곰곰이 생각한다. 일단 정황이 명확해지고 그 이유가 결정되면 마음은 본능적으로 조용해지고 망념은 줄어들고 분노는 사라질 것이다. 그러나 만약 초심자로서 이치에 대한 감각이 적고 이해를 통하여 성공할 수 없다면 할 수 있는 것이 무엇이겠는가? 행동을 통하여 더욱 기초적인 허물을 고치는 형식을 이용할 수 있고, 이리하여 모든 행동을 점검하여 허물들을 찾아 그들을 하나씩 고쳐나감으로써 억지로 생각이 사라지도록 할 수 있다. 만약 이렇게 할 수 없다면 더 한층 큰 죄업을 만들어 더욱 큰 고통을 당하는 자신을 보게 될 것이다. 초기 수행자들에게 엄격히 계를 지키도록 요구하는 까닭은 그들이 이치를 이해할 수 없기 때문이다. 계를 지키는 정신은 더 이상 악행을 범하지 않는 것에 있다.

허물을 고치는 최선의 길은 마음을 닦고 변해야 할 필요를 이해하는 것이다. 또 다른 길은 다시 악행을 범하지 않도록 강요하는 것이다. 마음의 청정을 얻고 이치를 이해할 때 선행을 지켜나갈 수 있다. 이것이 변하는 최선의 길이다. 우리의 수행에 따라 시작하는 사람들의 모범이 되면서 마음의 청정을 얻는다. 우리가 이렇게 할 수 있을 때까지 허물을 고치는 데 세 가지 모든 방법들을 쓰지 않으면 안 될지도 모른다.

어떤 사람들은 계를 지킬 때 융통성이 없어진다. 그들은 행동과 수행의 형식에 집착하므로 진보할 수 없다. 실제로 계는 매우 융통성이 있다. 계를 지킬 때 그 이면의 이치를 이해해야 하지만 그보다 한층 더 중요하게 망념, 분별이나 집착이 없는 청정심을 얻으려고 노력할 필요가 있다. 계를 지키는 목적은 깊은 선정을 얻기 위해서다. 만약 계를 지키는 형식에 지나치게 집착하면 깊은 선정을 얻기가 어려울 것이다. 왜냐하면 분별하고 매일 계를 지키는 형식의 겉모습에 집착하기 때문이다. 우리는 오직 분별과 집착을 끊음으로써 깊은 선정을 얻을 수 있다. 그러나 이 선정은 아직 하나의 수단이고 방법이므로 그것을 얻는 데 집착해서는 안 된다. 집착해서는 지혜가 드러나지 않기 때문이다.

  소승불교 수행자들은 선정을 얻는 데 집착한다. 부처님은 능엄경에서 아라한의 마음 상태에 관하여 말씀했다. 아라한은 선정의 아홉 번째 경지를 얻었고 공열반을 좋아한다. 집착 때문에 그들은 평온하고 고요한 상태를 놓아버릴 수 없다. 그들은 분별하면서 모든 오염물들을 제거하는 데 집착하고 있다. 예를 들면, 소승불교 수행자들이 번뇌를 끊으려고 할 때 실제로 모든 변화는 행동으로 이루어진다. 때로 그들은 행동과 동시에 이치를 통하여 변하려고 시도한다.

  그러나 그것은 마음으로부터 변화 가 아니다. 경은 행동의 변화를 통하여 번뇌를 끊으려고 노력하는 것이 '40리의 포효하는 폭포수를 끊는 것'처럼 어렵다고 가르친다. 이것은 나무를 한 번에 한 잎씩 떼어가며 없애려고 하는 것처럼 어려운 것이고, 왜 변화가 마음으로부터 일어나야 하는가를 보여주는 좋은 예이다. 그러면 우리는 어떻게 나아가야 하는가? 현명한 사람들은 곧장 나무뿌리를 뽑아낸다. 그러면 잎들은 자연히 시들고 떨어진다. 왜 번거롭게 잎과 가지들을 하나씩 따내고 자르는가?

허물을 고친 공덕
• • •

비록 변하려고 발원해도 진정으로 허물을 고치기 위해서는 도움이 필요하다. 일상 행동을 관찰하는 진정한 친구로부터 끊임없는 주의가 필요하다. 착하고 악한 생각들에 관하여는 하늘과 땅의 귀신들에게 증인이 되어달라고 요청할 수 있다. 또한 밤낮으로 부지런하게 그리고 진실하게 참회할 필요가 있다. 만약 일 주일이나 이 주일, 한 달에서 두 달간 정직하게 참회할 수 있다면 틀림없이 좋은 결과를 얻을 수 있다.

부끄러워하는 마음, 두려워하는 마음, 그리고 용감하고 결의에 찬 마음을 가질 필요가 있다. 왜냐하면 이것들이 허물을 고치기 위한 내적이고 직접적인 인연이 되기 때문이다. 그리고 깨달음의 길을 걸어가는 데에는 우리에게 생각하게 하고, 밖에서 가시적인 보조 요인으로서 우리를 도와주는 좋은 영적인 친구와 같은 촉매적 요인도 필요로 한다. 만약 허물을 고치려고 노력하는 유덕하고 진지한 생각을 가지고 있다면 모든 부처님과 보살들이 기뻐할 것이고 모든 자비로운 신들이 칭찬하고 존경하면서 은밀히 도와줄 것이다.

하나의 유덕한 생각이 불가사의한 결과를 가져올 수 있음은 분명하다. 따라서 상황이 맞을 때 행동을 통하여 변할 필요가 있다. 밤낮으로 부지런히 그리고 진지하게 참회할 필요가 있다. 만약 그러하지 않는다면 무심코 죄업을 지을 것이다. 따라서 우리는 태만할 수 없다.

이것을 이루기 위해서는 수행 장소에서 하루 24시간 염불하는 것이 최선이다. 옛 조사나 대사들의 도량에서는 염불이 밤낮으로 지속되었다. 낮에는 누구나 참여하였고 밤에는 네 사람이 한 반이 되어 교대로 수행하였다. 비록 현재 사는 곳에서 그러한 수행 장소를 가질 수 없을지 몰라도 카세트테이프나 염불기(念佛器)를 가질 수 있다.

그러면 마치 큰 회중에 참여한 것처럼 그것을 따라 염불할 수 있다. 음량은 다른 사람들에게 방해가 될 정도로 너무 커도 또 분명히 들을 수 없을 정도로 너무 작아도 안 된다. 또한 잘 때도 그것을 들을 수 있다. 때로는 꿈꾸면서도 들어 꿈속에서도 염불할 수 있다. 이것은 마치 '잠자면서 북 치는 소리나 천둥이 우르릉하는 하는 소리'를 듣는 것과 비슷하다. 만약 꿈속에서도 염불 소리를 들을 수 있다면 훌륭하다. 그것은 마치 7일 안거에 들어 간 것과 같을 것이다.

요범 선생은 일 주일 동안 진지하게 참회하는 것에 관하여 이야기했다. 일 주일 동안 매일 부처님 명호를 제한된 시간만 부르는 안거에 참여하는 것이, 뜻이 맞는 친구들과 조용한 곳에 모여 일 주일 간 계속해서 부처님 명호를 부르는 것보다 효과가 적을 수 있다. 일 주일의 안거는 쉬지 않고 밤낮으로 지속해야 한다. 또한 첫 안거에 참여할 때는 7일을 모두 참여하지 않는 것이 최선이다. 왜냐하면 대부분의 사람들이 전 일정을 맞추기 어렵기 때문이다. 하루 밤과 낮 온 24시간 동안을 시도할 수 있다. 이것이 효과적이라고 몇 번 느낀 후 이틀 동안 밤낮으로 해볼 수 있고 그 후로 사흘간 밤낮으로 이렇게 이어갈 수 있다. 이렇게 더 이어갈 수 있다.

이리하여 진실로 수행하기 위하여 우리는 일 주일에 한 번 3일간 밤낮으로 염불할 수 있다. 만약 이렇게 할 수 없으면 더 짧은 기간 시도한다. 이것으로부터 생기는 공덕은 효과적이고 수승하다. 요범사훈은 어떻게 운명을 창조할 수 있는지 가르쳐 준다. 진실하게 구하면 응답이 따라온다. 만약 수행하는 데 좋은 환경이 되는 도량을 진실하게 구하면 구하는 것을 얻게 될 것이다. 만약 이러한 방식의 수행을 한 달에서 석 달 동안 지속하도록 노력할 수 있다면 원하는 결과를 보게 될 것이다.

참회의 이익이 무엇인가? 참회를 하면 매우 편안함을 느낄 수 있고, 마음이 가볍고 관대해짐을 느낄 수 있다. 어리석은 사람이 갑자기 현명해질지 모른다. 어떤 사람은 어지럽고 혼란스러운 환경에서도 명석하고 편안한 마음을 유지할 수 있다. 또한 모든 것을 이해할 수 있거나, 또는 적을 만났을 때 행복하게 머물면서 증오를 없앨 수 있다고 느낄 것이다.

원했던 결과를 얻은 많은 예들이 있다. 비록 과거에 우울했거나 불행했어도, 명랑해질 수 있다. 비록 많은 걱정거리가 있어도 이해하고 나면 그것들이 마음에서 걷혀질 수 있고 그 대신 해방되어 자유로워질 수 있다. 비록 혼란스러워도 영리해지고 더 이상 어리석지 않을 수 있다. 어지럽거나 흥분할 상황에 처했을 때에나, 다양하고 해결하기 어려운 문제들을 만났을 때에도, 그리고 그 문제들이 비록 다른 사람들을 압도할지라도 쉽게 그것들을 해결할 수 있다. 동료 수행자 몇 사람들로부터 이러한 예들을 보아왔다. 어떤 사람들은 다른 사람들이 지극히 해결하기 어렵다고 생각한 문제들을 그들이 맡아 별다른 어려움 없이 해결할 수 있었다.

우 선생은 그의 주해에서 "이것이 행운, 공덕 그리고 지혜의 표시이다."라고 말했다. 예를 들면 예전에 자신을 원망했던 적들이 지금은 우호적이다. 이것은 수행 공덕이 다른 사람들에게 영향을 주어 그들을 남모르게 바꾸어 놓을 수 있었기 때문이다. 친절한 마음을 가진 사람은 적이 없고 행운과 공덕, 지혜의 용모를 지닌다고 했다.

어느 날 검은 것들을 뽑아내거나 또는 옛 성인이나 유덕한 사람들이 자신을 격려하고 호위하는 꿈을 꿀 수 있다. 하늘을 날아다니거나 아름다운 빛깔의 깃발이나 화려하게 장식한 덮개를 꿈꿀지도 모른다. 이러한 현상들은 허물을 고치는 데 성공하여 과거의 죄업이 없어지는 징조들이다.

'검은 것들'이란 오염물이나 업장들이다. 과거에는 악몽이나 어지러운 꿈들을 꾸었을지 모르나 더 이상 꾸지 않는다. 비록 꿈을 꾸더라도 대낮처럼 분명하다. 이것은 분명히 매우 좋은 일이다. 또한 자신에게 도움을 주는 옛 성인들이나 유덕한 사람들을 꿈에서 볼지도 모른다. 불자로서 우리들은 경전을 가르치고 수행을 지도하는 부처님이나 보살들을 꿈꿀 것이다. 또한 하늘을 날고 아름다운 빛깔의 깃발이나 덮개들을 꿈꿀지 모른다. 이것들이 우리가 향상하려는 노력이 성공하고 있다는 징조들이다. 낮이나 꿈속에서의 이 모든 반응들은 우리의 업장들이 점차로 줄어들고 없어지면서 행운과 행복이 점차 나타나는 징조들이다.

그러나 이러한 현상들을 보는 것이 완성의 징후로 생각해서는 안 된다. 그 대신 자신을 더욱 향상하려고 결심하고 허물을 고치기 위하여 한층 더 열심히 노력해야 한다.

자신이 진전했다고 자랑스러워해서는 안 된다. 만약 오만해지면 업장이 줄어들고 없어지는 것과 마찬가지로 다시 한번 퇴전하게 될 것이다. 항상 오만해지는 것을 경계하고, 더욱 자신을 향상하려는 결의를 다지고, 개과하기 위하여 더욱 열심히 노력해야 한다. 만약 자신이 성취한 것에 만족하면 더 이상의 향상은 불가능하다. 끊임없이 열심히 노력하고 결코 향상하는 것을 중단해서는 안 된다. 비록 정토에 태어난다 해도, 지속적으로 향상해야 한다. 그런데 어떻게 만족할 수 있겠는가? 깊은 자신감을 갖고 지속적으로 자신의 덕과 수행의 향상을 추구해야 한다.

한 예가 거백옥(蘧伯玉)이다. 그는 20세에 이미 자신의 허물들을 의식하여 분석하고 철저히 고치려고 노력하였다. 21세에 그는 아직도 그 모든 허물들을 완전히 고치지 못했다고 느꼈다. 22세 때에 그는 21세가 아무런 실질적 향상 없이 낭비되었다고 느꼈다. 이리하여 매년 그는 허물들을 고쳐나갔다. 그가 50세에 이르렀을 때 이전 49년들이 비행으로 가득 차 있음을 느꼈다. 우리 선조들이 허물들을 고치는 데 이처럼 각별히 유의하였다.

중국의 춘추전국 시대에 위국(衛國)의 고급 관리인 거백옥(蘧伯玉)은 단 20세가 되었을 때 깨달았다. 그는 자신의 허물들을 알고 고치려고 맹세하였다. 21세에 그는 아직도 향상할 필요가 있음을 느꼈다. 이것이 앞에 말한 구절의 다른 실증이다. "우리는 이러한 현상들을 보는 것을 완성의 징후로 생각해서는 안 된다. 그 대신 자신을 더욱 향상시키려고 결심하고 허물을 고치기 위하여 한층 더 열심히 노력해야 한다." 거백옥은 이것을 성취하였다. 매년 매달 매일 그는 반성하고 허물을 고쳤다. 그는 사람들이 얼마나 부지런해야 하는가를 보여주었다. 허물을 고치려는 그의 결의와 인내는 우리가 본받아야 할 자질임을 부각시켰다.

우리는 모두 호저(豪猪)의 등뼈처럼 수많은 허물들을 가지고 있는 보통 사람들에 불과하다. 가끔 뒤돌아 볼 때 자신의 허물조차 보지 못한다. 왜냐하면 부주의하고 자신의 행동에 대하여 반성할 줄 모르기 때문이다. 그것은 마치 백내장이 눈에서 자라는 것과 같다.

요범 선생은 그 아들에게 옛 사람들의 행동을 생각하고, 자신의 행동을 점검하도록 가르쳤다. 우리들은 수많은 결점들을 가진 보통사람들이다. 오늘, 어제, 작년 또는 그 이전을 돌이켜보아 어떤 큰 실수나 크게 나쁜 짓을 한 적이 없는 것처럼 생각된다면 이러한 생각은 부주의에 기인한 것이다. 그것은 마치 백내장이 허물을 못 보도록 가리는 것과 같다. 이 결과, 허물을 키우고 영원히 보통사람으로 남는 원인이 된다.

이것이 연지(蓮池) 대사가 초심자에게 공과격(功過格)을 사용하여 자신의 모든 생각과 행동을 살피도록 가르친 이유이다. 오직 자신의 많은 과실들을 발견할 때만 정말 두려워할 것이다. 일차적으로 마음으로부터 변하고, 이차적으로 이치를 통한 변화로 강화하는 방법을 동시에 수행하여 허물을 고쳐야 한다.

이 모든 것이 너무 많은 죄를 쌓아온 징후들이다. 마음은 혼란스럽고 중압감을 느끼고 힘이 없을 것이다. 또한 건망증이 매우 심해지고 심지어 아무 일이 없어도 걱정들이 가득 할 것이다.

우리는 불교를 수행함으로써 이익을 얻을 것이다. 다른 사람과 아울러 자신의 크고 작은 업장들이 발견될 것이다. 너무 많은 죄를 지으면 마음이 무거워짐을 느끼고 일이나 공부에서 건망증이 매우 심해지고 기운을 북돋을 수 없다. 만약 젊은 사람들이 뜻밖에 나이든 사람처럼 건망증이 심하다면 그것은 업장 때문이다. 진실한 수행자들은 나이가 80세나 90세가 되어도 기억력이 아직도 좋음을 느낄 것이다.

필요 없는 걱정들도 역시 업장들의 징후이다. 과거는 과거인데 그것을 곱씹어서 무엇 하겠는가? 내일은 아직 오지 않았는데 그것에 관하여 생각하는 것도 망상을 갖는 것이다. 어떤 사람들은 과거와 미래에 대하여 매우 걱정하고 의심을 잘한다. 하루 종일 그렇게 하는 이들도 많다. 이것은 침소봉대(針小棒大)하는 것으로 업장 때문이다.

유덕한 사람을 만나면 당황하여 위축감을 느끼거나 또 올바른 이론을 들으면 불쾌해진다. 다른 사람들에게 친절하여도 적의를 만나게 된다. 모든 것이 거꾸로 된 악몽들을 꾸거나 횡설수설하거나 비정상적으로 행동할지 모른다. 이것들이 모두 불행의 조짐들이다.

자신이 진실하다면 진정으로 선량한 사람들을 만날 때 당황하거나 양심의 가책을 받거나 열의가 없거나 풀이 죽지 않는다. 그러나 진실하지 않다면 부처님이나 공자의 가르침들 또는 모하메드나 예수나 다른 도덕적 가르침들을 듣고 불쾌해질 것이다. 청(淸)나라 초기에 궁정의 모든 사람들이 무량수경을 독송했으나 황태후(皇太后)가 그것을 듣고 불쾌하게 여겨 독송이 폐지되었다. 아마 그녀의 업장이 두터워 10악행과 그 결과로 인계(人界)와 천계(天界)에서 받는 고통에 관하여 들을 때 그녀를 불안하게 만들었을 것이다.

다른 사람들을 친절하게 대할 때라도 적의를 만날지 모른다. 예를 들면 다른 사람에게 선물을 주어도 그들이 감사하기는커녕 오히려 그것 때문에 자신에게 원한을 가질지 모른다. 다른 불운의 징조는 혼란스러운 악몽을 꾸고 말과 행동이 비정상이 되는 것이다. 그러한 꿈으로 말이 부조리해지고 뒤죽박죽이 되고 정신병적으로 되는데, 이것은 우리가 중대한 업장을 만나게 될 것임을 의미한다. 이것들이 모두 중대한 죄의 징조이다.

만약 이러한 징후 중의 하나라도 갖는다면 즉시 모든 허물들을 고치기 위하여 의지력을 강화해야 한다. 늦추지 말고 새로 시작하는 것이 필요하다.

이러한 징후들이 나타났을 때에 진지하게 참회하고 나쁜 습관들을 버려야 한다. 더 이상 꾸물대거나 부주의할 시간이 없다. 만약 변하지 않으면 미래는 없다. 따라서 이러한 징후들을 하나라도 발견하면 즉시 허물들을 고쳐야 한다. 삿된 길에서 길을 잃고 금생을 낭비해서는 안 된다. 오직 진정으로 나쁜 습관과 허물들에서 벗어날 때, 우리는 가르침을 받아 선행을 닦고 공덕을 쌓을 수 있을 것이다.

다른 사람에게 가르침을 전할 때 허물이 적고 마음이 청정하고 허물을 고칠 용기와 지혜를 가진 사람을 선택하는 것이 중요하다. 이러한 자질이 없이는 누구를 가르쳐도 소용없다. 예를 들면 어떤 사람이 덕도 없고 좋은 의도도 없는 사람을 가르칠 수도 있는데, 이런 사람이 지식이 생기고 능력이 늘어나면 오히려 범죄를 저지를지 모른다. 이 경우 사람을 잘못 고른 것이다. 만약 그 사람이 이러한 지식을 얻지 않았다면 다른 사람들을 해치고 죄업을 지을 위험은 더 적었을 것이다.

따라서 스승은 가르치기 전에 그 사람이 지식과 능력을 물려받을 만한 자격이 있는가를 판단할 필요가 있다. 만약 그렇지 않다면 가르침을 주어서는 안 된다. 또한 적합한 사람이 있는데 가르치지 않으려고 한다면, 이 또한 올바른 법기를 몰라보고 낭비해 버린 셈이 될 것이다. 따라서 적합한 사람이면 가르치고, 적합하지 않으면 가르치지 않아야 하는 것이다.

그러면 어떻게 공덕을 쌓을 것인가? 첫째로 위대한 가르침을 받을 수 있는 능력과 조건을 갖추기 위하여 허물들을 고친다. 그러나 그것들을 받기 전에 법기(法器)가 될 자격을 갖추기 위하여 더 많은 선행들을 할 필요가 있다. 그러면 위대한 가르침들을 수용할 수 있다.

3교훈

선행을
쌓는 방법

요범사훈을 읽고 모든 일이 이유가 있기 때문에
일어나고 보통사람에게는 "한 모금 마시고 한 번 깨무는
모든 것이 운명지어졌다."는 것을 깨닫게 된다.
살아오면서 불교와 유교의 원리들이 확인된 일들을 많이 보아 왔다.
만약 이것을 믿지 않고, 허물을 고치고 선행을 닦는 일을 하지 않는다면
우리 일생에서 변수들이 없고 오직 상수만 있을 것이다.
오직 선행을 쌓고 허물을 고치는 방법을
진정으로 이해할 때 일생을 바꿀 수 있을 것이다.

선행을 쌓는 집안은 번영한다
● ● ●

●● 유덕한 열 사람들의 이야기

역경(易經)에 "선행을 하는 집안은 수많은 세대에 지속할 수 있는 행운을 쌓을 것이다(積善之家 必有餘慶)."라는 구절이 있다. 한 예가 안(顏) 씨 집안이다. 딸을 공자의 아버지가 될 사람에게 시집보낼 때, 그 집안에 대하여 알아보았다. 그들이 선행을 하고 공덕을 쌓음을 알고서, 안 씨 집안은 딸을 번영하고 훌륭한 자손들을 가질 집안에 출가시킨다고 자신할 수 있었다.

역경은 이 교훈에서 원리를 소개한다. 선행을 쌓는 집안은 남겨 줄 번영을 갖게 된다. 만약 우리가 모든 행운을 즐길 수 없다면, 자손들이 수많은 대에 걸쳐 향유할 몫을 남기게 될 것이다.

과거에는 부모와 중매인이 두 사람이 결혼하는 것을 결정하였다. 오늘날의 자유연애를 전통적인 방식과 비교한다면 후자에게 이로운 점이 있다. 학문과 도덕이 있는 부모들이 그들의 자녀에게 가장 유망한 배우자를 골랐다. 불리한 점은 교육받지 못한 부모들이 더 좋은 것을 몰라 가끔 그들의 딸들을 많은 돈을 받고 팔아버린 것이다. 이 자녀들은 부모들의 희망에 따라 결혼했고, 그들의 나머지 인생을 불행하게 보냈다. 이래서 이 제도는 이점과 결점들이 있다.

여기서 말한 안 씨 집안은 공자의 외가이다. 그들은 숙(叔) 씨 집안이 여러 세대에 걸쳐 공덕을 쌓고 선행을 해왔음을 알았다. 이것이 부모와 중매인에 의하여 맺어진 좋은 결혼의 한 예이다.

옛날에는 권력을 가진 사람들은 황제로부터 촌장에 이르기까지 3가지 지침들을 충실히 따랐다. 즉 지도자로서 부모로서 스승으로서 행동하는 것이다. 첫째로 통치 구역의 지도자로서 행동하는 것이 필요했다. 둘째로 부모로서 행동하는 것은 그가 책임지고 있는 모든 사람들을 마치 그의 가족처럼 보호하고 보살피는 것을 의미했다. 셋째로 스승으로서 행동하는 것은 모두를 위하여 가르치고 모범으로서 봉사하는 것을 의미했다. 이 세 가지 책임들이 지배자의 어깨 위에 놓여 있었다. 만약 그가 이들을 완수하면 그는 무한한 선행을 수행한 셈이 된다. 불행하게도 오늘날 이 세 가지 지침들이 더 이상 지켜지지 않는다.

다른 하나의 예를 들면 공자는 순(舜)의 효성을 다음과 같이 칭찬하였다, "그의 커다란 효성과 진실로써 순은 그의 조상까지 깊이 감동시켜 공물(供物)을 받게 하였다.[27] **그가 쌓은 공덕과 선행은 여러 세대 지속할 것이다." 이 원리가 많은 예에서 확인되었다.**

순의 위대한 효성은 능가할 사람이 없다. 그는 오직 자신의 허물들만 보았고 다른 사람들의 허물들을 보지 않았다. 불자들에게 그는 좋은 수행자의 모범이 된다. 육조단경에서 참다운 수행자들은 다른 사람들의 허

---

27) 조상들이 현재 어디에 있든, 만약 우리가 진실로 효성스러우면 그 선행은 조상들에게 영예와 다른 존재들의 존경을 불러온다. 조상들이 비록 삼악도의 한 곳에서 산다 해도 그 혜택을 입는다. 따라서 조상들에게 공물을 만들어 바치면, 그들은 우리가 한 것을 받는다.

물들을 보지 않음을 배웠다. 순은 바로 이것을 성취하였다. 역사는 그가 쌓은 공덕이 그 자손들의 번영을 보장했음을 보여주었다. 그리고 그 자손들이 그를 따라 조상공경을 지속해나가며 계속하여 선행과 공덕을 쌓아 나갔다. 순 씨 집안의 참된 행동을 점차 중국의 가족들이 실천하게 되자, 다른 사람들의 조상들조차도 혜택을 보았다.

다음은 선행을 함에 따라 어떻게 공덕이 얻어질 수 있는가에 대한 몇 가지의 덧붙인 예이다.[28] 복건성(福建省) 건녕(建寧)에 양영(楊榮)이라는 사람이 궁정에서 황제를 가르치는 직위를 가졌다. 양영의 선조들은 사람들이 강을 건너는 일을 돕는 사공이었다.

어느 해 폭풍우가 오래 지속하여 격렬한 홍수가 사람, 동물, 집 그리고 가재도구들을 휩쓸어 갔다. 다른 뱃사공들은 이 상황을 이용하여 떠다니는 가재도구들을 주워 모았다. 오직 양영의 조부와 증조부가 가재도구들을 무시하고 물에 빠진 사람들을 구했다. 뱃사공들은 웃으며 두 사람을 아주 어리석다고 생각하였다. 후에 양영의 아버지가 태어났을 때 양 씨 집안은 점차 부자가 되었다.[29]

어느 날 도교의 승려로 나타난 한 천신이 양 씨 집안 사람들에게 그 선조들이 쌓은 음덕으로 자손들이 부귀를 누릴 것이라고 말해 주었다. 천

---

28) 요범 선생이 든 예들은 단지 몇 세대 떨어진 것들로 그 당시 모든 사람들에게 알려져 있었다. 그는 선행을 쌓는 것이 좋은 보상을 불러오므로, 사람들에게 선행을 하도록 격려하기 위하여 이 예들을 이용하였다.
29) 그 가족은 많은 돈을 벌 수가 없었다. 복건성에서는 뱃삯을 정하지 않는 것이 관습이었다. 학생들은 지불할 필요도 없었다. 승객이 돈이 없어도 태워서 강을 건네 주었다. 배 한쪽에 작은 그릇을 놓아 돈이 있는 승객들이 원하는 만큼 집어넣었다.

신은 조상의 묘를 쓸 특별한 장소를 가르쳐주었다. 그들은 천신이 가르친 바를 따랐다. 오늘날 그 곳은 백토분(白兎墳)이라 불리운다.

풍수(風水)는 땅의 자연 에너지를 최대한 이용하도록 건물이나 가구 등을 세우는 예로부터의 과학이다. 그러나 좋거나 나쁜 조언을 받는 것은 우리의 행운, 공덕 그리고 조건에 크게 의존한다. 만약 유식한 풍수가 우리에게 조언을 하였다면 그것은 단지 우리가 받도록 운명지어진 것을 더 빨리 받도록 해 줄 것이다. 만약 좋은 조언을 받을 자격이 없다면, 이익을 볼 수 없을 뿐만 아니라 오히려 해를 입을 것이다. 왜냐하면 그것을 누릴 행운을 갖지 못했기 때문이다. 따라서 좋은 일이 생길 때 너무 즐거워하지 마라. 먼저 그것을 가질 자격이 있는가를 생각하라.

요범사훈을 읽고 모든 일이 이유가 있기 때문에 일어나고 보통사람에게는 "한 모금 마시고 한 번 깨무는 모든 것이 운명지어졌다."는 것을 깨닫게 된다. 살아오면서 불교와 유교의 원리들이 확인된 일들을 많이 보아 왔다. 만약 이것을 믿지 않고, 허물을 고치고 선행을 닦는 일을 하지 않는다면 우리 일생에서 변수들이 없고 오직 상수만 있을 것이다. 오직 선행을 쌓고 허물을 고치는 방법을 진정으로 이해할 때 일생을 바꿀 수 있을 것이다.

곧 양영이 태어났다. 그는 단 20세에 과거에 급제했고 후에 황제가 스승의 직위를 주었다. 황제는 똑같은 황실의 명예를 그의 조부와 증조부에게 주기까지 했다. 오늘날에도 아직 그의 유덕하고 훌륭한 자손들이 번영하고 있다.

남자는 20세에 성인이 되므로 이 구절은 그렇게 젊은 사람이 최고의 과거시험 즉 진사(進士)에 합격하는 것이 얼마나 유별난 일인가를 밝히고 있다. 이것은 오늘날의 박사학위를 받는 것과 같다. 그의 직위도 마찬가지로 매우 높아 국책고문(國策顧問)과 비슷하다. 황제의 고문으로 그는 분명히 매우 권위 있는 신분이었다. 후에 그는 황제 스승의 직위를 얻었다.

양영의 업적 때문에 황제는 또한 같은 영예를 양영의 죽은 조부와 증조부에게도 수여하였다. 이것은 한 개인이 황제의 관리가 될 때 그 선조들을 영예롭게 하고 존경하는 전통적인 방법이다.

오늘날에도 정부가 사람들을 그들이 이룩한 업적으로 추천하면 훌륭한 행동들을 포상한다. 그러나 솔직히 과거에 사용한 방법들이 더 깊은 교육적 의미를 가지므로 더욱 효과적이었다. 선조들도 간접적으로 국가에 기여하였으므로 황제는 똑같은 영예를 그 개인과 함께 그 전 3대에 부여한 것이다.

오래 전에 죽은 사람을 영예롭게 하는 어떠한 이유도 이해할 수 없을지 모른다. 그러나 우리의 업적은 거의 틀림없이 조상들이 쌓은 공덕과 선행들에 기초를 두고 있다. 우리는 그들로부터 비롯한 행운으로 보상받은 것이다. 이것을 깨달을 때 선행을 하지 않을 이유가 어디에 있겠는가?

만약 황제가 선조들이 6도에 있었을 때 그들을 영예롭게 하면 그들이 어디에 있든 여전히 그 영예를 받게 된다. 만일 그들이 아귀계에 있다면 모든 아귀 왕들이 그들을 존경할 것이다. 크게 유덕한 사람들로서 그들은 하늘과 땅의 귀신들에게 존경받을 것이다.

이 보상 체계는 귀중한 교육이 되었다. 왜냐하면 그것이 사람들이 선행을 해야 하는 훌륭한 동기가 되었기 때문이다. 따라서 이 교육에서 비롯한 참 공덕은 불가사의하다. 양영의 자손들도 관직을 가졌었고 요범 선생의 시대까지도 번영하였고 특출했었다. 이것은 선조들의 세대에서 선행을 쌓아 튼튼한 기반을 만들었고 후손들의 세대에도 덕을 닦은 결과이다.

절강성(浙江省) 은현(鄞縣) 출신의 양자징(楊自懲)이 다른 예이다. 그는 현 법정에서 일했고 친절하고 공정하고 정직했다. 어느 때 현감이 한 죄수를 피가 낭자하게 매질했다. 자징은 무릎을 꿇고 현감에게 중단할 것을 간청하였다. 격노한 현감이 말했다. "네가 간청하는 것은 좋으나 그가 법을 어겼는데 내가 어찌 화를 안 낼 수 있겠느냐."

자징은 정부의 지도자가 올바른 길을 따르지 않으면 백성들이 자기 길을 잃는다고 대답하였다. 이것을 깨달을 때, 우리는 사건을 해결함에 있어 기쁨이 아닌 슬픔을 느껴야 한다. 이와 같은 사건은 더 많은 이해를 필요로 한다. 자징의 탄원에 감동하여 현감은 매질을 중단시켰다.

양자징 선생은 관대하고 공정했으나 현 법정에서의 지위는 낮았다. 죄인이 사실대로 말하기를 거부하고 말대꾸까지 하자 현감은 격노하여 매우 중한 죄로 그를 때렸다. 자징이 이것을 보았을 때, 자비로운 마음으로 현감에게 중단하도록 간청하였다.

이것은 커다란 용기를 필요로 했다. 왜냐하면 그가 말한 것은 정부를 직접 비난한 것이기 때문이었다. 상관이 동의하지 않고 그의 무례함을 질책하였다면, 자징은 심각한 어려움에 처했을 것이다. 그러나 상관이 유덕하고 현명하다면, 화를 내지 않고 부하가 자신이 합리적으로 일처리를 할 수 있도록 주의를 환기시켜준 것에 대해 오히려 고맙게 생각할 것이다.

자징이 정부의 지도자들이라 말했을 때 이는 성(省), 시(市), 현(縣)의 장(長)들을 말한 것이다. 그는 정부가 백성들을 올바르게 교육하지 않았다는 의미로 그들이 '올바른 길'을 따르지 않았다고 말한 것이다. 무엇이 올바른 길인가? 그것은 통치자가 지도자, 부모 그리고 스승으로서의 세 가지 지침을 따르는 데 있다. 지역 행정부를 담당한 관리가 이러한 지침들을 충족시키지 못했을 때, 백성들을 올바르게 돌보지 못한 것이고 그래서 그들이 법을 어긴 것이다. 그래서 자징은 지도자들이 올바른 길을 따르지 않았을 때 백성들이 따라야 할 지침도 조언해 줄 사람도 없어 길을 잃어버린다고 말한 것이다. 만약 집행부가 올바르게 행동하면 백성들은 따라야 할 기준을 갖게 되는 것이다.

한(漢)나라 때 공자와 맹자의 가르침들이 수백 명 학자들(諸子百家)의 가르침들을 대치하였다. 유교는 이리하여 교육제도의 기본이 되었다. 그 전 춘추전국시대에는 너무 많은 철학들이 있어 백성들이 어떤 것이 적절한지 알기 어려웠다. 수백 명의 학자들이 쓴 모든 책들은 그 나름대로 분명한 관점이 있었다. 모두 도리에 맞는 것처럼 보였다. 그러나 백성들은 어떤 것을 선택할지 당혹스러웠다. 그 가르침이 다른 문화적 배경을 가진 사람들에게도 광범위하게 수용되어야 함을 유념하면서 하나의 가르침을 모델로 선택하는 것이 중요하게 되었다. 일단 이 모델이 선택되면 다른 학자들의 가르침들은 참고자료로 사용된다. 이러한 과정을 거쳐서 교육의 목적들이 확립되었다.

이 도덕적 기준들의 체계는 중국인 교육의 기본이 되었고, 한나라 때부터 20세기 초까지 지속되었다. 공자와 맹자는 바른 길인 5개의 인간관계(五倫)와 10개의 도덕적 책임(十義)을 가르쳤다. 5개의 인간관계는 사람들 사이의 관계와 사람들이 다해야 할 책임들을 강조한다. 이것들은 남편과 아내, 부모와 자녀, 형제, 친구 그리고 정치적 지도자와 백성들의 관계를 포함한다.

첫째는 결혼한 부부 간의 기본적 관계이다. 부부가 조화롭게 살기 위해서는 남편은 남편으로서의 책임을 다해야 하고 아내도 그래야 한다. 이것이 모든 번영하는 가족들의 기초이다.[30] 다음에 가족인데 부모는 위에, 자녀들은 아래, 그리고 형제들은 주위에 있다. 각기 다른 역할은 본래의 도덕적 원리이지 다른 사람에 의하여 만들어지거나 주어진 것이 아닌 고유의 책임을 지닌다.

가족 너머에 사회와 국가가 있다. 정상에 국가의 지도자가 있고 지도자 아래 정부 관리들이 있다. 친구들은 자신과 같은 수준에 있다. 이 5개의 관계들을 확장하여 모든 사람들을 포함하면 모두가 형제이자 누이임을 알 수 있다. 따라서 5개의 관계들은 나라를 하나의 큰 가족으로 통합하는 바른 길이 된다.

옛 성인이나 유덕한 사람들에게 정부 관리들은 위대한 사람들로 여겨졌고 그렇게 불리어졌다. 그들은 백성들을 교육하고, 도덕적 지침들을 세워 백성들을 올바른 생각과 행동을 하도록 양육하고 지도할 책임을 가졌었다. 백성들이 이 지침들을 따르는 한 악행이 있을 수 없었다. 이 지

---

30) 중국 문화에서 번영하는 가족은 유덕하고 성공하는 많은 남자 자손들을 가진 가족이다. 많은 자손들이 중요하다. 왜냐하면 사람들이 있어야 선행을 하여 그 조상들에게 영예를 가져 올 수 있기 때문이다.

침들에 추가하여 그들은 충성, 효도, 인애, 믿음, 정직 같은 올바른 도덕적 원리들을 가르쳐야 했었다.

유교에서 교육의 기본적인 목표는 물질적 욕망을 끊고(格物), 깨달음을 얻고(致知), 뜻을 정성스럽게 하고(誠意), 마음을 바르게 하고(正心), 자기 단련을 개발하고(修身), 조화로운 가정을 갖고(齊家), 나라를 다스리고(治國), 세계평화를 조장하는 것(平天下)이다. 오늘날 학교에서는 이러한 원리나 인간성을 강조하지 않고 기술만을 강조한다. 생각이나 행동이 지침을 갖지 않은 것이 이상한 일이 아니다. 다른 사람들의 비행들을 볼 때 자신을 엄하게 바라보고 정부 관리처럼 의무를 다 했는가를 보아야 한다는 가르침을 받지 못했다.

일단 범죄 행위의 배후 동기를 알게 되면 사건을 해결했다고 만족하기보다 오히려 범인에 대하여 동정심을 느껴야 한다. 왜냐하면 자신도 아직 책임을 다하지 못하고 있기 때문이다. 그리고 비록 즐거움을 느낄 수 없다 해도 분명히 화를 내서는 안 된다. 이 이야기의 시절에 현감과 같은 정부 관리는 교육을 잘 받았고 과거시험에 합격했었다. 따라서 자징이 죄수 대신 용감하게 말했을 때 현감은 즉시 그의 실수를 깨닫고 화를 그쳤다. 이 예를 보면 자징이 상당한 지혜와 덕과 통찰력을 가졌음을 알 수 있다. 그가 많은 선행을 할 수 있었으므로 법정에서 공덕을 쌓았음은 당연하다.

비록 자징의 가족은 가난했으나 모든 뇌물을 거절했다.[31] 만약 죄수가 음식이 부족하면 비록 자신이 굶을지라도 집에서 음식을 가져가 죄수들에게 주었다.

어느 날 새로 들어온 죄수들을 먹여야 할 때가 되었는데 자징에게 식량이 부족했다. 가진 것을 죄수들에게 주어버리면 가족들이 굶주릴 것이고, 그 식량을 가족 몫으로 하면 죄수들은 먹을 것이 없을 것이다. 이것은 두려운 딜레마였다. 자징은 죄수들이 그 가족보다 음식을 더 필요로 한다고 느꼈다. 그것을 처와 상의하자, 죄수들이 어디에서 왔는지 물었다. 자징은 그들이 항주(抗州)에서 왔다고 대답했다.

자징은 비록 현 정부에서 매우 낮은 직위를 가졌지만 그에게 오는 모든 뇌물들을 거절했다. 때로 죄수의 친척들이 더 가벼운 형량이나 우대의 대가로 뇌물을 주려고 했었다. 그러나 이 모든 청탁을 거절했고, 그러한 유혹이 있는 환경에서 정직하게 지내기 어려웠지만 항상 공정하게 처신했다.

그 당시 죄수들에게는 적은 분량의 음식이 제공되었다. 그들은 쇠고랑을 차고 하루에 50~60km씩 걸어서 며칠을 길 위에서 보냈을 것이다. 자징은 매우 동정심이 많았다. 그러나 만약 그들에게 그가 가진 적은 분량의 쌀을 주어버리면, 그의 가족이 굶을 것이다. 그가 그 쌀을 가족에게 주면 죄수들은 아무 것도 먹을 것이 없을 것이다. 이 사정을 그의 아내와 상의한 후 그들은 쌀죽을 만들어 죄수들과 나누기로 했다.

---

31) 그 당시 정부의 하급 관리들은 작은 봉급을 받아 은퇴하게 되면 대부분 거의 가난한 상태에 있었다. 만약 어떤 관리가 많은 돈을 가지고 은퇴한다면 그는 재직 시 뇌물을 받았거나 착복했을 가능성이 매우 크다. 그렇지 않고서는 그 돈이 어디에서 왔겠는가? 선비들은 사업하는 법을 배우지 않았다. 만약 어떤 사람이 고급 관리가 되어 국가에 크게 기여하면 농장이나 주택으로 포상을 받을 수 있었다.

후에 자징은 두 아들을 가졌다. 큰아들 수진(守陣)과 둘째아들 수지(守址)는 각기 정부의 중요한 지위에 올랐다. 자징의 맏손자는 법무부의 차관이 되었고, 둘째손자는 사천성(四川省)의 고위 관리가 되었다. 그들도 또한 존귀하게 되었다. 오늘날 그들의 자손인 양초정(楊楚亭)도 역시 관리이고 유덕한 행동으로 잘 알려져 있다.

두 아들은 그들의 부모가 쌓은 복을 받았다. 그들이 속한 부(部)는 정부의 6개 행정부의 하나였다. 오늘날의 예를 들면 대만엔 12개가 넘는 부들이 있다. 따라서 옛날의 직위는 오늘날의 직위보다 더 높고 더 큰 책임이 따른다. 이 이야기는 자징 부부가 쌓은 선행이 그 자손들에게 혜택을 주었음을 보여준다.

다른 하나의 이야기는 명나라 영종(英宗) 황제의 정통(正統) 시기[32]에 일어났다. 등무칠(鄧茂七)이 복건성(福建省)에서 반란을 일으켰고 많은 선비들이 반란군에 합류했다. 황제는 은현(鄞縣)의 감찰관인 장해(張楷)에게 그들을 진압하라고 하였다. 그는 반란군들을 속여 그 대장을 체포했다.
그 후 감찰관 장해는 성의 동부에 남은 반란군들을 토벌하기 위해서 사(謝) 장군을 파견했다. 사 장군은 반란군의 명단을 입수하고 흰색 기를 명단에 없는 사람들에게 나누어 준 후, 황군(皇軍)이 마을에 들어왔을 때 그 기를 문에 걸라고 비밀히 지령했다. 그는 병사들에게 무고한 사람들을 해치지 않도록 지시했고, 이 하나의 훌륭한 생각으로써 수만 명의 사람들

---

32) 1436~1449

을 죽음으로부터 구해냈다.

사 장군의 아들 천(遷)은 과거에 장원 급제했고 나중에 황제의 고문이 되었다. 손자 비(丕)는 과거에 3등으로 급제했다.

500여 년 전에 발생한 이 이야기에서 반도들은 실제로 반란을 준비한 혁명군이었다. 책의 이 부분은 불필요한 살생을 막음으로써 얻은 효과에 관한 이야기이다. 중국 역사를 되돌아보면 유명한 장군들의 자손으로서 행운을 가진 사람이 매우 적었음을 알게 된다. 왜냐하면 그들은 너무 많은 적을 만들었고 너무 많은 사람들을 죽였기 때문이다. 아마도 행운을 가진 자손들을 둔 장군들은 10명 미만이고 그 중 하나가 사 장군이었다.

인과의 법칙에 관한 또 하나의 중요한 예가 당나라 때 살았던 곽자의(郭子儀) 장군이다. 그가 쌓은 선행과 공덕으로 그의 자손들이 번영했다. 송나라 때 태조황제[33] 통치하에 두 장군이 있었는데 조한(曹翰)과 조빈(曹彬)이었다.

조한의 자손들은 매우 복이 적어서 3대도 지속하지 않았다. 딸들은 창녀가 되었고 가족의 많은 사람들이 궁핍해졌다. 반면에 조빈 장군은 매우 자애로워 무고한 사람들을 죽이지 않았다. 그의 자손들은 모두 번영했다.

만약 어떤 장군이 그의 병사들이 백성들을 해치지 못하도록 통제하지 않으면 모든 비난은 그의 것이 된다. 사 장군은 현명하게 군사들이 백성과 반란군 지지자들을 구분하는 법을 가르쳤다. 이렇게 하여 그는 무

---

33) 조광윤(趙匡胤)

고한 백성들을 죽이는 실수를 범하지 않았다. 그의 자손들이 누린 공명과 부귀는 인과의 좋은 예이다.

다른 하나의 예가 복건성(福建省) 보전현(蒲田縣)의 임(林) 씨 집안이다. 그들의 조상 중 매우 관대한 할머니가 있었다. 그녀는 매일 쌀로 주먹밥을 만들어 가난한 사람들에게 원하는 만큼 나누어 주었다. 한 천신이 도교 승려로 변신하여 3년 동안 매일 와서 6개 또는 7개의 주먹밥을 요구하였다. 그녀가 항상 관대하게 대해주자, 그는 그녀의 깊은 진실성을 확신하였다.

이것이 조상들이 자손들을 위하여 행운을 쌓은 다른 하나의 예이다. 그녀는 모든 사람들을 평등하게 대했고 원하는 사람이면 누구에게나 주먹밥을 주었다. 가끔씩 착하기는 쉬우나 매일 그렇게 하는 것은 매우 어렵다. 천신은 그녀가 지칠 줄 모르고 선행을 하고 진실로 가난한 사람들을 돕고자 하는 것을 알았다. 진실하면 공덕이 쌓이고 보시하면 선행이 쌓인다.

그는 그녀에게 말했다. "나는 당신의 주먹밥을 3년간 먹었으나 감사의 표시로 아무 것도 하지 못했소. 지금에서야 감사의 표시를 할 수 있을 것 같소. 당신 집 뒤 땅에 당신의 좋은 묘 자리가 있소. 당신이 죽어 그 곳에 묻히면 벼슬을 하는 자손들의 수가 참깨 1근의 씨앗들과 같을 것이오." 그녀의 자식은 그가 권한 대로 따랐다.

도교인은 풍수를 알았기에 그녀의 무덤으로 좋은 자리를 추천하였다. 만약 그의 조언을 따른다면 상상할 수 없을 정도로 많은 자손들이 벼슬을 할 것이다. 참깨 한 근에 얼마나 많은 씨앗이 있을지 상상해보라.

그 후 첫 세대에서 9명이 과거에 급제했고 대를 이어서 이와 같이 계속되었다. 복건(福建)에서 과거에 합격한 사람들의 명단에는 항상 임(林)씨가 있었다고 말해졌다.

그 할머니가 쌓은 선행 때문에 그녀는 많은 자손들을 가졌을 뿐만 아니라, 그들이 모두 번영했고 그 성에서 가장 큰 집안이 되었다. 이는 가난한 사람들에게 진정으로 음식을 보시한 원인으로부터 얻어진 결과이다.

다른 하나의 예가 황실 사관(史官)인 풍탁암(馮琢菴)의 아버지인 풍 선생이다. 오래 전 어느 해 겨울에 풍 선생은 학교로 가는 길에서 눈 위에 누워 있는 한 사람을 보았다. 그 사람이 겨우 숨을 쉬고 있는 것을 보고, 그는 곧 외투를 벗어 그 사람을 감싸 집으로 데려와 소생시켰다.
그날 밤 그는 한 천신의 꿈을 꾸었는데 천신이 그에게 말했다. "지극한 정성으로 당신은 죽어가는 한 사람을 구했다. 이것은 큰 공덕이다. 나는 송(宋)나라의 유명한 장군인 한기(韓琦)를 당신의 아들로서 태어나게 하겠다."
그 후 풍탁암이 태어났고 기라 이름 지었다.

비참한 처지에 놓인 사람을 볼 때, 진실하게 그 사람의 생명을 구하려고 노력하는 것은 커다란 선행이다. 한기(韓琦)는 송나라의 유명한 장군이었다. 그는 황제에게 크게 칭찬받고 존경받았다. 한기 장군이 존경받았으므로 천신이 그를 풍가에 다시 태어나도록 했다. 풍탁암의 아버지가 한 사람의 생명을 구했으므로 좋은 아들로 보상받은 것이다. 이는 환생의 훌륭한 예이다.

또 태주(台州)에 장관인 응(應) 선생이 살았었다. 그는 젊을 때 멀리 떨어진 산 속에서 공부했다. 밤에 가끔 그는 귀신들의 소리를 들었으나 결코 그들을 두려워하지 않았다. 어느 날 저녁 그는 한 귀신이 다른 귀신에게 즐겁게 말하는 소리를 들었다. "마을에 남편이 오래 전에 집을 떠나 아직 돌아오지 않은 여자가 있다. 그녀의 시부모들이 아들이 죽은 것으로 알고, 그녀가 개가할 때 받을 폐물을 탐내어 그녀를 개가하도록 강요하고 있다. 내일 저녁 그녀는 자살을 하려고 하는데 그러면 내 자리를 차지할 것이다. 그러면 나는 다시 태어날 것이다.

옛날에 선비들은 가끔 절에서 살았었다. 왜냐하면 오직 거기에서만 여분의 방과 보통 장경루(藏經樓)라고 부르는 도서관이 있었기 때문이다. 공공 도서관이 없을 때 절의 도서관에 보통 사서(四書) 오경(五經)과 그리고 아마도 주(周)나라 후기부터의 수많은 학파 사상가들의 저술들이 있었다. 대부분의 학자들이 보통 산이나 숲에 위치한 이러한 절들에 머물기를 더 좋아했다. 왜냐하면 공부하기에 좋은 조용하고 신선한 환경을 제공했기 때문이다.

귀신들은 비단 존재할 뿐만 아니라 사람들 속에서 산다. 그들은 보통

인적이 드문 곳이나 사람의 기력이 떨어질 때 나타난다. 응 선생의 마음이 청정하고 정직했으므로 그는 그들을 별로 주의하지도 않았고 또 두려워하지도 않았다. 어느 날 그는 한 귀신이 다른 귀신에게 어떤 젊은 부인이 자살할 것이라고 말하는 것을 엿듣게 되었다. 자살한 사람은 누구나 그가 다시 태어날 수 있기 전에 교체인(交替人)을 찾아야 한다. 만약 교체할 사람을 찾지 못하면 귀신은 큰 고통을 당하게 된다.

귀신이 자유로워지기 위해서는 교체인이 같은 장소에서 같은 방법으로 자살하는 것이 필요하다. 같은 것이 차 사고에도 적용된다. 비록 죽은 사람은 자살하지 않았고 사고의 희생자이지만 그 또한 교체인을 찾아야 한다.

이 예는 목매어 죽은 한 귀신에 관한 것이다. 그 귀신은 남편이 사업차 떠난 여행에서 기한이 넘어 오랫동안 돌아오지 않은 한 젊은 부인의 죽음을 미리 알고 있었다. 자식의 행방을 모르는 부모는 며느리에게 재혼하라고 강요하고 있었다. 그녀는 원치 않아 그 다음 날, 귀신이 죽은 장소에서 자살하려고 계획했다. 그녀가 귀신의 교체인이 될 것이므로, 귀신이 자유로워질 기회는 곧 이루어질 것이다.

이것을 듣고 응 선생은 그가 소유한 땅을 약간 팔았다. 그는 그 값으로 은(銀) 네 냥을 받았다. 그리고 그는 그녀 남편의 편지를 위조하여 은과 함께 그녀의 집으로 보냈다. 부모는 편지가 아들의 필적이 아님을 알았으나 은을 살펴보고, "이 편지는 가짜일지 모르나 은은 가짜가 아니다. 아마 우리 아들이 살아있을 것이다."라고 말했다. 그리하여 며느리에게 재혼하도록 강요하지 않았다. 얼마 후 남편이 집에 돌아와 그 부부는 다시 함께 살게 되었다.

　옹 선생은 파멸할 뻔했던 한 가정을 구했다. 이것은 커다란 공덕행이다. 그는 땅을 팔아 돈을 보냈을 때, 공덕을 쌓는다는 생각을 하지 않았다. 단지 동정심으로 그 부인을 돕고, 그녀의 생명을 구하고, 그 가정을 보존하고 싶어 행동한 것이었다. 그는 자신이 한 일을 더 이상 생각하지 않고 절로 돌아와 공부를 계속하였다.

　다음에 옹 선생은 그 귀신이 말하는 것을 들었다. "원래 나는 여기를 떠나 다시 태어나기로 되어있었다. 그러나 옹 선생이 내 기회를 망가뜨렸다." 다른 귀신이 물었다. "왜 그에게 복수하지 않는가?" 처음 귀신이 대답했다. "할 수 없다. 천신들이 그의 선행을 알아보았고 그는 앞으로 존귀한 신분을 갖게 될 것이다. 내가 어떻게 그를 해칠 수 있겠는가?"

　천신들이 이미 옹 선생의 선행을 알아보았으므로 귀신들은 아무것도 할 수 없었다. 이로부터 만약 귀신들이 사람을 해칠 수 있다면, 그것을 받을 만한 어떤 일을 했기 때문임을 알 수 있다. 만약 어떠한 나쁜 짓도 하지 않았다면 귀신들도 사람을 해칠 수 없다.
　옛 중국 속담에 "사람이 귀신을 두려워할 가능성은 30%이고 귀신이 사람을 두려워 할 가능성은 70%이다."라는 말이 있다. 따라서 사람이 귀신을 두려워하는 것은 어리석은 일이다. 왜냐하면 귀신이 사람을 훨씬 더 두려워하기 때문이다. 단지 어떤 나쁜 짓을 했을 때만 귀신을 두려워해야 한다. 왜냐하면 오직 그때에만 귀신이 사람을 해칠 수 있기 때문이다. 만약 자신의 양심이 깨끗하다면 나쁜 귀신들도 그 어떤 짓도 할 수 없다.

    옹 선생의 선행을 보고 천신들은 이미 옹 선생이 장관으로서 정부의 존귀한 직위를 갖도록 계획하였다. 후에 그는 정말로 장관의 직책을 가졌다. 귀신들의 말을 엿듣고 그는 미리 장래의 일을 알게 되었다.

    이것을 듣고 옹 선생은 더욱 열심히 선행을 닦고 공덕을 쌓았다. 흉년이 들면 그는 곳간에서 곡식을 끌어내 필요한 사람들에게 주었다. 그는 항상 위급한 친척들을 도왔다. 일이 뜻대로 되지 않으면, 항상 다른 사람을 탓하기보다 안으로 자신을 반성하였다. 그리하여 그는 항상 조용히 상황에 순응하였다. 오늘날까지도 그의 자손들은 출중하다.

    만약 사람들이 무례하거나 이용하려 하면, 옹 선생은 항상 자신의 행동에 잘못이 있는가를 점검하였다. 인내심이 있고 모든 일을 극복해 나갈 수 있었으므로, 결코 다투거나 원망하지 않았다. 그는 장관이 되었을 뿐만 아니라 그의 유덕한 자손들도 성공하고 번영하였다. 이 모든 것이 그가 한 가족이 함께 살 수 있도록 보존한 결과이다.

    또 다른 사람인 서봉죽(徐鳳竹)은 강소성(江蘇省)에서 살았다. 그의 부유한 아버지는 흉년이 들 때마다, 다른 부유한 사람들도 따라하기를 바라면서 맨 먼저 논의 소작료를 면해주었다.[34] 그는 또한 곳간에서 곡식을 꺼내

---

34) 그 당시 부자들은 그들이 소유한 많은 땅을 농부들에게 빌려주었다. 흉년이 들면 농부들이 소작료를 지불해야 했으므로 먹고 살 수가 없었다.

굶주린 사람들에게 나누어 주었다.

어느 날 저녁 서봉죽의 아버지는 귀신들이 그의 집 밖에서 말하는 소리를 들었다, "서 씨 집안의 시골 선비가 성(省) 과거에 급제할 것이다." 이러한 일이 며칠 계속되었고, 정말로 그 해 아들 봉죽이 과거에 급제하였다. 그 일이 있은 후 봉죽의 아버지는 더욱 열심히 선행을 쌓았다.

그는 도로와 다리의 보수를 위하여 돈을 지출하였으며 스님과 가난한 사람들에게도 음식을 제공하였다. 남을 돕기 위하여 할 수 있는 모든 일을 다 했다. 그 후 어느 때 또다시 귀신들의 말을 들었다. 귀신들은 말했다. "서 씨 집안의 성 선비가 정부의 높은 직위를 갖게 될 것이다." 결국 봉죽은 양절성(兩浙省)의 지사가 되었다.

때로 귀신들을 분명히 볼 수도 있고 들을 수도 있다. 서 씨 집 밖에서 귀신들이 집안사람 하나가 성의 과거 시험에 합격하리라고 노래했다. 후에 그 아들 봉죽이 그러했다. 행운은 선행에 대한 보답이다. 이것을 이해하는 사람은 선행을 쌓으려고 더 한층 애쓸 것이다. 귀신들은 또한 봉죽이 성에서 높은 직위를 가질 것이라고 노래했다. 그는 결국 최고 법원의 재판관이 되었고 그 후에 양절성(兩浙省)의 지사가 되었다. 이것이 진심으로 남을 돕는 일의 결과였다.

또 하나의 다른 예가 절강성의 가흥(嘉興)에 살았던 도강희(屠康僖)이다. 도 선생은 법정에서 일했고 밤에 감방에서 죄수들과 이야기하곤 했다. 그는 자신의 이름을 내세우려고 하지 않고, 법무장관에게 어떤 죄수가 왜 무죄인지를 알리는 비밀보고서를 쓰곤 했다. 그러면 장관은 죄수를 심문해 그 사건을 풀어주곤 했다. 도 선생의 노력으로 10명 이상의 무고한 사람들이 석방되었고, 이들 모두 법무장관의 현명한 심판을 칭송하면서 매우 고마워했다.

사건을 심리할 때 아무리 주의한다 해도 항상 잘못된 평결을 할 가능성이 있다. 그 실수가 의도적이 아니라 할지라도 악행이다. 이로부터 좋은 변호사나 판사가 되는 것이 얼마나 어려운 일임을 알 수 있다.

도 선생이 한 일은 정말로 희귀한 것이었다. 밤에 죄수들과 함께 보내며 각 사건에 대하여 모든 것을 알아내곤 했다. 죄수들이 법정에서 심문받을 때 그들은 때로 매우 겁에 질려 그들 자신을 적절히 변호할 수 없었다.[35] 죄수와 함께 머물며 각 사건 배후의 진상을 알아냈을 때, 그는 자신의 공으로 삼지 않았다. 그 대신 그 사건의 자세한 사항을 적어 법무장관에게 주어, 그 공이 상관에게 돌아가도록 해 그를 매우 기쁘게 했다. 왜냐하면 새벽에 그가 그 사건을 심리할 때 이미 진상을 알았었기 때문이다. 자세히 심문한 후 12명이 넘는 무고한 사람들을 석방하였다. 이것이 서울의 화제가 되었고 많은 사람들이 장관을 칭송하였다.

도 선생이 장관에게 보고한 후 곧 말했다. "만약 이곳에 무고한 사람들이 수감되어 있다면 온 나라에 더 많은 사람들이 틀림없이 있을 것입니다. 매 5년마다 조사관을 감옥들에 보내 무고한 사람들을 찾아야 한다고

---

35) 심문은 새벽에 시작되었다. 어두운 법원의 분위기는 마치 지옥의 염라대왕 앞에 붙들려 재판을 받는 것과 같아 매우 무서웠다. 도 선생은 오늘의 대법원과 비슷한 사법부에서 일했다. 그의 지위는 대략 과장급으로 높지 않았다.

생각합니다.[36] 무고한 사람들이 감옥에 수감되지 않도록 선고가 취소될 수 있을 것입니다." 도 선생의 상관인 장관은 이 일을 황제에게 보고하였고 황제는 도 선생의 제안을 수용하였다. 도 선생은 이어 무고함을 밝혀 형량이 줄어드는 사람들을 조사하는 일을 담당할 특별 조사관의 한 사람으로 뽑혔다.

어느 날 저녁 도 선생은 한 천신이 그에게 와서 말하는 꿈을 꾸었다. "원래 당신은 이승에 자식을 가질 자격이 없었다. 그러나 무고한 사람들의 형량을 감해주는 이 행동은 하늘의 뜻에 합치한다. 당신에게 세 아들이 주어질 것이고 모두 높은 지위에 오를 것이다."

그 후 그의 아내는 세 아들을 낳았고 모두 출중했다.

요범 선생과 마찬가지로 도 선생도 아들을 가질 운명이 아니었다. 요범 선생은 아들 하나를 구해 하나를 받았다. 도 선생은 선행을 쌓아 세 아들을 받았다.

선행을 하여 좋은 결과를 얻은 또 다른 예가 가흥(嘉興)에 살았던 포빙(包憑)이다. 빙은 안휘성(安徽省) 지양(池陽) 시장의 일곱 아들의 막내였다. 그는 절강성(浙江省) 평호(平湖)의 원(袁) 씨 집안으로 장가갔고, 내 아버지의 좋은 친구였다. 포빙은 유식하고 재주 있었으나 항상 과거시험에 실패하였다. 그는 불교와 도교를 배우면서 소일하고 있었다.

---

36) 황제가 서울에 살았으므로 서울은 가장 잘 통치되고 다른 지역의 모범이 되었다. 도 선생은 만약 서울에 부당하게 선고된 죄수들이 있다면, 지방에는 그러한 사람들이 훨씬 많으리라 생각했다.

어느 때 묘호(茅湖)로 여행 가서 어떤 마을에 들어가 보수가 절실한 한 사찰을 보았다. 관세음보살상이 낡은 지붕에서 새어나온 빗물에 젖어있었다. 빙은 그가 가진 모든 돈을 주지에게 주면서 절을 보수하라고 하였다. 주지가 대답하였다. "큰 공사이므로 이 돈으로 충분하지 않을 것 같습니다." 포빙은 그가 가진 모든 값비싼 옷을 꺼내 주지에게 주었다. 그의 하인이 가장 좋은 옷은 남기라고 설득하려고 했다. 그러나 그는 거절하며 말했다. "나는 괜찮다. 관세음보살상이 손상되지 않는다면 나는 벌거벗고 가도 괜찮다."

과거시험에 실패한 빙은 정부 관직에 오르는 희망을 포기했다. 다행히 아버지가 지방 정부의 수반이었으므로 가정 형편은 좋았다. 일단 보수가 필요한 절을 보자 즉시 도와주려 생각했다. 그는 가진 돈 전부인 은 10량을 꺼내 주지에게 주었다. 이것은 순수한 정성이 깃든 행위였다. 그것으로 부족하다는 말을 듣자 직물 네 필과 상자에서 옷을 꺼내 은과 바꾸도록 주지에게 주었다.

주지는 눈물에 젖어 말했다, "돈과 옷을 보시하는 것은 어렵지 않으나 당신의 깊은 정성은 정말 드문 일입니다." 그 절이 보수된 후 빙은 아버지에게 청해 그 절을 방문하여 사흘 밤을 함께 보냈다. 그 절의 수호신인 가람(伽藍)이 꿈에 나타나 고마워하며 말했다. "당신이 이러한 공덕을 쌓았으므로 많은 세대의 자손들이 정부 관직을 갖게 될 것이다." 그의 아들과 손자가 모두 높은 과거시험에 합격하여 정부 관리로 임명되었다.

다른 예와 마찬가지로 그가 받은 행운은 또한 그 자손들에게도 이어졌다.

절강성의 가선현(嘉善縣)의 지립(支立)이 또 다른 예이다. 그의 아버지는 성 법원의 서기였다. 어느 때 지립의 아버지가 무고한 사람이 사형의 형벌을 받았음을 알고 그 사람의 생명을 구해주려고 노력했다. 죄수가 이것을 듣고 아내에게 말했다. "나를 위하여 말해준 이 사람에게 큰 빚을 졌으나 감사의 뜻을 보여줄 방법이 없소. 그 사람을 집에 초대하여 당신을 바칠 수 있겠소? 아마 이러면 그가 기뻐하여 내가 살아날 가능성이 커질 것이요."

지립의 아버지는 죄수가 무고함을 알고 그를 동정하여 상관에게 수감자의 목숨을 살려주도록 간청했다. 만약 그가 죄수를 구할 수가 있다면 그는 또한 그 가족을 구할 것이다.

남편의 청을 듣고 그의 아내가 울었으나 도와줄 그 외의 방법이 없었다. 다음 날 서기가 방문했을 때, 그녀는 술을 대접하고 남편의 소원을 말했다. 서기는 거절했으나 그 죄수를 위하여 할 수 있는 모든 일을 계속하였다. 마침내 그 죄수가 석방되자 처와 함께 서기를 찾아갔다. 그가 말했다. "오늘날 당신과 같이 유덕한 사람은 정말로 드문데 내가 어떻게 감사를 드릴 수 있을까요? 당신이 아들이 없으므로 내 딸을 당신에게 시집보내는 것을 허락하여 주세요. 이것이 내가 당신에게 보답할 수 있는 유일한 길이니 제발 받아 주세요."

지립의 아버지는 죄수가 그 아내를 바치는 제의를 거절했다. 왜냐하면 그는 아무런 보답도 바라지 않았기 때문이다. 그는 그것을 직무의 한 부분으로 생각하고 도덕과 정의감에서 행동했다. 결혼했지만 여러 해 동안 자식이 없었다. 그래서 그 죄수는 그의 딸이 그 서기의 자식을 낳아 가문을 이어가기를 바라면서, 둘째 아내로 주려는 제의를 한 것이고 이것은 그 당시에 수용되는 관습이었다.

서기는 제안을 받아들였고 그 후 곧 그녀는 그에게 아들 지립을 낳아 주었다. 지립은 겨우 20세가 되었을 때 최고의 과거시험에 합격하였고 나중에 중요한 정부 관직에 임명되었다. 그의 아들 고(高), 손자 록(祿), 증손자 대륜(大綸) 모두 과거에 급제하였고 마찬가지로 황제의 임명을 받았다.

이 열 가지 예들은 각기 다른 사람들이 닦은 행위를 말해준다. 비록 그들의 행동은 달랐지만 그들의 의도는 선행을 하는 것으로 같았다.

지립의 관직은 오늘날 제일 서기와 비슷한 것으로 중요한 직위였다. 이것은 무고한 생명을 구한 것에 대한 보상이었다. 이 교훈에서 요범 선생은 행운이 선행을 쌓은 결과이지 우연이 아님을 보여주는 열 가지 예를 제공하였다. 이 사건들은 요범 선생이 살았던 시기와 가까운 이야기다. 어떤 것들은 그가 개인적으로 알았고 다른 것들은 그의 가족과 연관된 것으로 그 모두가 원인과 결과에 관한 것이다. 즉 선은 행운을 가져오고 악은 불행을 가져온다.

선(善)의 이해
• • •

1. 선의 분별

만약 우리가 선을 주의 깊게 생각한다면 많은 종류의 선, 즉 참된 선과 거짓 선, 정직한 선과 굽은 선, 숨겨진 선과 드러난 선, 겉보기 선과 실제의 선, 올바른 선과 그릇된 선, 가득한 선과 반쪽의 선, 큰 선과 작은 선, 어려운 선과 쉬운 선들이 있음을 깨닫게 될 것이다.

이 다른 유형들은 각기 이해해야 할 고유한 까닭들이 있다. 만약 옳고 그름을 분간하지 못하고 선행을 하려고 하면, 선보다 더 많은 해를 끼치는 결과로 끝나 모든 노력이 헛수고가 될 것이다.

선행을 닦음에 있어서 참된 성의는 그 대가로 아무 것도 바라지 않고 행하는 것이고, 이는 선행에 있어서 가장 중대한 요소이다. 조건이 붙은 선행은 악행이고 선이 아니다.

예를 들면 어떤 사람들 특히 불교도들은 불교가 우리에게 망념과 집착을 깨뜨려 없애라고 가르치는 것을 이해하지 못한다. 그들이 불보살들에게 경배하기 위하여 절에 갈 때 그들은 무언가를 구하기 위하여 그러한다. 만약 그들이 아무 것도 원하지 않으면 그들은 가지 않는다. 그들은 불보살 앞에서 향을 사르고 도움과 인도를 빈다. 만약 불보살들이 그들이 원하는 것을 바로 줄 수 있다면, 그들은 특별한 공물로써 그 호의에 보답할 것이다. 이것은 거래를 하려고 하는 것이다. 그들은 진실하지 않을 뿐만 아니라 불보살들이 뇌물을 받을 것으로 생각한다. 이것은 분명히 중대한 무례이다.

지립의 아버지는 유덕했다. 죄수가 그의 아내를 보상으로 제공하겠다는 것은 비도덕적이었으나, 지립의 아버지는 노여워하지 않고 계속해서 죄수를 도와주었다. 따라서 그런 행운을 받는 것은 당연하다.

앞의 열 가지 이야기들은 선행의 예들이다. 이제 그들이 보여주는 개념들을 고찰할 것이다. 우리들은 선을 쌓는 원리와 올바른 방법들을 알 필요가 있다.

무엇이 '참된 선'이고 '거짓 선'인가? 원(元) 나라 때 한 무리의 선비들이 중봉(中峰) 대사[37]를 방문했다. 한 사람이 물었다. "우리는 불교에서 '선과 악의 업보는 그림자처럼 형상을 찾아 어디든지 따라간다' 라고 들었습니다. 그런데 왜 어떤 사람이 선행을 해도 그와 그 자손들이 번영하지 않습니까? 반면에 다른 사람들은 부도덕하게 처신해도 그들의 가족과 자손들은 아주 잘 됩니다. 원인과 결과에 어떤 일이 일어난 것입니까? 부처님의 가르침에 기준이 없는 것인가요?"

대사를 방문한 몇 선비들이 '불교와 도교는 같이 인과의 법칙이 진리이고 그것을 피할 수 없다고 가르쳤다'고 말했다. 그러나 선량한 사람들의 자손들이 때로 고난에 처하고 반면에 부도덕한 사람들의 자손들이 때로 번영하는 사실은 인과의 법칙에 반하는 것처럼 보였다.

---

[37] 원(元)나라의 고승으로 삼시계념(三時繫念)을 편집했다.

중봉 대사는 대답했다. "보통 사람들은 세속적인 견해로 눈멀어 있으며, 마음의 때들을 제거하지 못했으므로 분명히 볼 수 없습니다. 따라서 그들은 참된 선을 악행으로 보고 악행을 선으로 오해합니다. 이 일이 오늘날 자주 일어납니다."

보통사람들은 모든 것을 평범하게 본다. 그들의 마음은 세속적인 감정들로 청정하지 못하며 그들은 아직도 많은 망념과 집착으로 괴로움을 당하고 있다. 진리를 분간하는 혜안(慧眼)이 없으므로 그들은 종종 선과 악을 혼동한다. 비록 많은 사람들이 이러하지만 대사는 단지 그러한 사람들이 있다고 예의바르게 말했다.

"뿐만 아니라 이 사람들은 자기들이 이해하지 못함을 탓하지 않고 그들의 불행을 하늘의 탓으로 합니다." 선비들은 어떻게 선과 악이 서로 다르게 오해될 수 있는가를 물었다.

그러자 대사는 그들 각자에게 무엇이 선이고 악인지 그들의 생각을 말하라고 요구했다. 한 선비가 다른 사람에게 고함지르고 때리는 것은 악이고, 남을 존경하고 공손하게 대우하는 것은 선이라고 말했다. 선사는 대답했다. "반드시 그런 것은 아니오." 다른 선비가 "욕심이 많고 다른 사람의 돈을 빼앗는 것은 악이고, 관대하고 바르게 처신하는 것은 선이오."라고 말했다. 중봉 대사는 다시 대답했다. "반드시 그런 것은 아니오." 남은 선비들이 무엇이 선과 악인지 그들의 견해를 말했다. 그러나 중봉 대사는 항상 결론지었다. "반드시 그런 것은 아니오."

대사는 그들의 기준들은 믿을 수 없다고 말했고 그들의 대답에 동의하지 않았다. 이렇게 대사의 기준이 그들의 것과 달랐으므로 모두 그에게 그의 기준들을 설명해주기를 요청했다.

2. 선의 정의

중봉 대사가 말했다. "남을 이롭게 하는 것이 선이고, 자기를 이롭게 하는 것이 악이오. 만약 남을 위하는 것이라면 다른 사람들에게 고함지르든 때리든 상관없이 그것은 그래도 선이오. 그러나 만약 의도가 자신의 이익을 위한 것이라면 아무리 공경스럽고 예절바르게 보여도 그것은 악이오."

이것이 불교도의 선과 악의 기준을 말해준다. 비록 다소의 육체적 처벌이 있다 해도 남을 이롭게 하기 위한 의도로 한 것은 어떤 것도 선이다. 반면에 자신을 이롭게 할 의도로 한 것은 어떤 것도 악으로 간주한다. 의도가 더럽혀졌을지 모르므로 다른 사람들에게 얼마나 예절바른가는 문제가 안 된다. 예를 들면 자신을 위해 무엇인가를 얻으려고 남들의 비위를 맞추거나 아첨하기 위하여 예절바를 수도 있는 것이다.

대사는 계속했다. "오직 다른 사람들만을 이롭게 하기 위하여 행하는 선은 공익(公益)으로 간주되며 참된 선이오. 선행을 하면서 오직 자신만 생각하면 그것은 사익(私益)으로 간주되고 거짓 선이오."

모든 생명을 이롭게 하기 위하여 선행을 하는 것, 이것이야말로 선에 대한 참된 기준이다. 만약 선행을 하면서 아직도 자신의 복지나 보상을 생각하고 있다면, 그 행위는 더 이상 진실하거나 순수하지 않고 더럽혀진 것이다. '참된 선' 또는 '거짓 선'에 추가하여 '가득한 선' 또는 '반쪽의 선'이 있다. '가득한 선'과 '반쪽의 선'을 이해하기 위하여, '가득한 선' 또는 '순수한 선'과 '반쪽의 선' 또는 '혼합된 선'을 구분할 수 있어야 한다.

모든 부처님, 보살, 성인과 유덕한 사람들은 자신들을 생각하지 않고 다른 사람들을 생각한다. 이것이 참되고 가득한 선이다. 이것의 좋은 예가 범중엄(范仲淹)이다. 참되고 완벽한 선의 좋은 예를 들면 자신을 생각하지 않았으므로 훌륭한 모범이 되었다. 그는 다른 사람들을 위한 행운을 만들어 국가와 사회의 모든 사람들을 이롭게 하기를 원했다.

그의 전기를 읽으면 자손들도 역시 선행을 닦고 쌓았음을 알 수 있다. 범 선생과 다섯 아들 중 둘이 재상(宰相)이 되었다. 황제는 다른 아들 하나를 큰 학자로 임명하였다. 범 선생이 죽었을 때 자식들이 관을 살 충분한 돈도 없었다. 그의 모든 돈이 어디로 갔는가? 그는 다른 사람들에게 주어버렸다. 이것이 인광(印光) 대사가 범 선생이 오직 공자 다음가는 유덕한 행동을 했다고 칭송한 이유이다. 그의 자손들은 1900년대 초기까지 800년간 번영했다. 이것이 많은 공덕과 선행을 쌓은 결과이다.

오늘날 사람들은 인색하게 선행을 한다. 단지 가능한 노력의 일부만 하면서 스스로를 착한 사람이라고 생각한다. 그뿐만 아니라 조그만 선행의 대가로 커다란 이익을 기대한다. 많은 사람들이 절에 가서 향을 사르고 공물을 올린다. 왜냐하면 그들은 이것이 최대의 이익을 가져오리라 믿기 때문이다. 1달러를 바치면서 백만 달러의 보상을 바란다. 그래서 향을 사르고 부처님께 예배하면서 그 대가로 행운을 얻을 것이라 생각한다. 만약 오늘 1달러를 바치면 아마 내일 복권에서 천 달러를 벌지 모른다는 생각이 부처님과 보살들을 격하시킨다.

겉보기에 진실한 이 사람들과 그 가족, 심지어 그 자손들까지 불운을 당하는 것을 볼 때 그 이유를 알게 될 것이다. 그들은 고의적으로 부처님이나 보살들을 악으로 보지 않지만 잠재의식적으로 뇌물을 받는 존재들로 본다. 이것은 분명히 중대한 실수이다. 때로 어떤 사람이 유력한 사람으로부터 무언가를 원할 때 뇌물을 바친다. 이것이 원하는 것을 받으리라는 희망으로 부처님께 돈을 바치는 것과 같다. 뇌물을 받는 사람은 비윤리적이다. 만약 부처님께서 뇌물을 받는다면, 그분 또한 비윤리적이지 않겠는가?

중봉 대사는 또 설명하였다. "선이 마음속에서 일어나면 그것이 참된 선이오. 그러나 단지 남들이 그렇게 하기 때문에 무언가 좋은 일을 하면 그것은 거짓이오. 아무런 대가도 기대하지 않고 선행을 하면 참된 선이오. 그러나 남을 이롭게 하는 것이 아닌 다른 어떤 목적으로 선행을 하면 거짓이오. 참된 선행을 하고자 하는 사람은 이 모든 차이를 고려해야 하오."

마음속에서 일어나는 선은 참된 진실에서 비롯하며 진정한 선이다. 무엇이 진정한 선이고 거짓 선인가? 마음속을 들여다보고 진정으로 선행을 하는지 알아봐야 한다. '거짓 선'은 진실성이 없이 단지 남을 따라하면서 그 대가를 바라는 것이다. '진정한 선'은 그 대가로 아무 것도 바라지 않는 것이다.

선비들은 탐욕과 과도한 소유가 나쁘다고 말했다. 그러나 중봉 대사 "반드시 그런 것은 아니오."라고 말했다. 선행을 하기 위하여, 대중을 이롭게 하기 위하여 돈과 재산을 사용하는 것은 선이지 악이 아닌 것으로 간주된다.

오늘날 우리가 사람들에게 선행을 하도록 권하면 그들이 그렇게 하지 않으려고 할지 모른다. 그러나 만약 다소의 속임수를 써서라도 그들로 하여금 선행을 하도록 한다면 순순히 그렇게 하고자 할 것이다. 문제가 어디에 있는가? 그것은 우리 안에 있다. 우리가 정말로 보살들과 똑같은 의도를 갖고 있는가? 만약 우리 자신의 향락을 위하여 다른 사람들을 속여 돈을 끌어낸다면 그것은 나쁘다.

만약 사물을 피상적으로 보면 선과 악을 분간하기 어렵다. 그것은 모두 마음에 달려 있다. 커다란 선과 공덕의 쌓임은 진실한 마음에서 비롯한다. 위대한 보살은 자신이 보살이라는 사실이나 사소한 일들을 생각하지 않는다. 그들은 오직 모든 중생들을 이롭게 하는 것만 생각하고 따라서 그들의 견해는 보통 사람들과 크게 다르다.

무엇이 '정직한 선' 이고 '굽은 선' 인가? 오늘날 사람들은 종종 지극히 보수적이고 좋은 사람을 선량하고 친절한 사람으로 간주한다.

'정직하다' 는 유덕하고 품위 있고 공정함을 의미한다. '굽었다' 는 부정직함을 의미한다. 남에게 공손하고 순종하는 사람인 '예스 맨(Yes Man)' 을 볼 때 그 사람을 좋은 사람으로 생각할지 모른다. 많은 사람들이 그들은 무엇이든 시키는 대로 하려고 하므로 그들을 고용한다. 사람들은 이러한 유형의 사람들을 선량하다고 생각하고 종종 주위에 그들을 두기를 좋아한다. 그러나 그는 단지 모든 명령에 복종하고 공손한 태도로 모든 요구에 시중드는 종복에 불과하다.

그러나 옛 성인과 유덕한 사람들은 꿈이 있고 품위 있는 사람들을 더 좋아하였다. 모든 사람들이 순종하고 행동을 조심하는 것처럼 보이는 사람들을 좋아할지 모르지만, 성인들은 종종 그들을 '덕의 도둑'이라고 말했다. 이로부터 보통사람들의 선과 악에 대한 견해가 성인과 유덕한 사람들과 크게 다름을 볼 수 있다.

비록 대부분의 사람들이 순종하고 조심하는 것처럼 보이는 사람들을 더 좋아하고 선량하다고 생각하지만, 위대한 성인과 유덕한 사람들은 비록 고집 세고 거만하고 때로는 다소 무례해도 능력 있는 사람들을 더 좋아했다. 왜냐하면 이러한 사람들에겐 특수한 기능이 있고 비록 생각이 다를지 몰라도 큰 업적을 이룰 수 있기 때문이다. 때로는 순종하는 사람들은 주도권을 행사하지 않으므로 주어진 일을 완수하지도 못한다. 따라서 성인들과 유덕한 사람들은 사소한 일에 얽매이지 않는 용기 있고 야심 찬 사람들을 더 좋아했다.

성인들이 공손한 사람들을 종종 '덕의 도둑'이라고 부른 것은 그들이 진리를 몰라 옳고 그른 것을 분간할 수 없기 때문이다. 덕은 올바른 관습과 도덕성을 말한다. 옳고 그름을 분간할 수 없는 사람들은 법을 어긴 도둑처럼 도덕적 전통을 깨뜨린 것이다.

이 때문에 우리의 판단이 틀릴 수 있다. 하늘과 땅의 귀신들은 보통 사람들과는 달리 모두 성인들과 같은 견지에서 선과 악을 본다.

우리가 언제나 참된 선과 거짓 선을 구분할 수 있는 것은 아니다. 그런데 왜 하늘과 땅의 귀신들은 성인과 유덕한 사람들과 같은 기준을 갖는가? 그들이 모두 같은 견해와 의도를 갖고 있기 때문이다.

따라서 공덕을 쌓고자 원하면 탐욕에 굴복하거나 주변의 일들에 좌우되어서는 안 된다. 삿된 생각들이 떠오르면 즉시 그것을 알아채고 그들을 정화해야 한다.

정직한 선은 공경하는 것이고 모든 다른 사람들을 진정으로 도우려는 생각에서 나온다. 굽은 선은 진실성이 없이 행동하는 것이고 원하는 것을 얻기 위하여, 남에게 아첨하려는 생각에서 나온다. 남을 사랑하는 것은 정직한 것이고, 남을 미워하고 질투하는 것은 굽은 것이다. 이러한 모든 것들이 조심스럽게 분별되어야 한다.

우리는 모든 악을 피하고 모든 선을 포용해야 한다. 먼저 자신부터 시작한다. 자신을 세속적 현상에 휘둘리도록 놔둘 수는 없다. 다른 말로 오욕(五欲)과 육진(六塵)에 집착해서는 안 된다. 왜냐하면 그것들에 집착하는 한, 결코 이기심을 근절하지 못하기 때문이다. 자신의 이익에 관한 이 생각들이 모든 죄업의 뿌리이다. 나쁜 의도에서 행해진 모든 선행들은 악이 될 것이다. 이것이 중봉 대사가 선비들이 선으로 구분한 것에 동의하지 않은 이유이다. 왜냐하면 이기적인 의도로 행해진 선행은 청정하지 못하고 거짓되기 때문이다. 따라서 이기심을 줄이기 위하여 세속적인 욕망들에 대한 집착을 줄여야 한다.

갖가지 욕망들이 더 이상 우리를 좌우할 수 없을 때까지 서서히 하나씩 줄여나가도록 노력해야 한다. 이렇게 함으로써 생각이 떠오르자마자 욕망을 알아차리고 즉시 그것을 억제할 수 있게 될 것이다. 또한 마음속의 삿되고 청정하지 않은 감정들을 근절해야 한다. 무량수경은 "지혜로 가득 찬 청정하고 밝은 마음을 얻기 위하여, 마음을 정화하고 과거의 잘못된 길들을 고쳐야 한다."라고 설명한다.

정직한 선은 진정으로 남을 도우려고 애쓰는 데서 생긴다. 그것은 오직 모든 중생을 이롭게 하려는 하나의 진실한 생각을 취한다. 실상을 이해하고, 미혹을 깨뜨리고, 깨달음을 얻기 위하여 남을 돕는다. 사람들이 이렇게 하자마자 자연히 악을 제거하고 선을 수행하는 방법을 배우게 될 것이다. 불교에서 최상의 공덕은 사람들을 인생과 우주의 진리를 배우도록 도와, 그들이 10법계 중에서 왕생할 곳을 자유롭게 선택할 수 있도록 하는 것이다.

부처님들은 우리의 선택에 간섭하거나 우리의 마음을 바꾸도록 애쓰지도 않고, 또 부처님이 되는 것이 모든 중생들의 최선의 목표라고 주장하지도 않는다. 그분들은 결국 우리가 부처님이 되기를 바라지만 그렇게 하도록 강요하지는 않을 것이다. 만약 우리가 인간으로 환생하기를 더 좋아하면, 부처님들은 선량한 사람이 되는 원리를 가르치실 것이다. 우리가 삼악도에 태어나기를 원하면, 오로지 탐진치(貪瞋癡) 삼독(三毒) 속에 빠져 삼악도 속으로 매끄럽게 항해할 수 있을 것이다. 부처님들은 우리를 중단시키려고 애쓰지 않고 오직 미망을 뚫고 깨달음을 얻는 방법을 가르칠 뿐이다. 이것이 정직한 선이고 최상의 이익이다.

굽은 선은 원하는 것, 예를 들면 명예와 부를 얻기 위하여 남에게 아첨하는 생각에서 일어난다. 분명히 이것은 잘못된 것이고 그러한 동기에서 행한 어떠한 선행들도 굽었고 부정직하다. 우리는 다른 사람들과 상황에 관계할 때 조심하고 공경해야 한다. 진실성이 없이 행동하는 것은 과실이다. 과실을 고치기 위해서는 우선 그것을 인지해야 한다.

무엇이 '숨겨진 선'이고 '드러난 선'인가? 아무도 선행을 모를 때 숨겨진 선이고, 모든 사람들이 알 때 드러난 선이다.

옛 성인들과 유덕한 사람들은 드러난 선보다 숨겨진 선을 행하라고 가르치셨다. 어떤 일을 하고 그것으로 칭송되면 그 칭송이 행운이다. 예를 들면 상을 받는 것은 행운이다.

선을 쌓는 최상의 방법은 선행이 알려지지 않도록 하는 것이다. 그 대가로 아무 것도 구하지 않으면서 단지 쌓아가기를 계속하라. 일단 사람들이 자신의 선행을 알게 되어 보상을 하게 된다면, 그와 연관된 행운은 줄어들기 시작한다. 만약 모든 선행에 대하여 즉시 보상을 받게 되면, 선은 쌓이지 않을 뿐만 아니라 모르는 사이에 허물을 쌓기 시작할지 모른다. 허물이 많이 쌓일수록 더 나쁜 일이 일어날 것이다.

숨겨진 선을 하는 사람들은 자연히 하늘에 알려지고 보상받을 것이다. 드러난 선을 행하는 사람들은 사람들에게 알려지고 명예를 즐길 것이다. 명예는 그 자체로서 행운이다. 그러나 하늘과 땅은 명예를 피한다. 커다란 명예를 뒷받침하는 공덕도 없이 가진 사람들은 결국 엄청난 재난을 만나게 될 것이다. 아무런 나쁜 일도 하지 않고 잘못되어 비난받는 사람들은 종종 갑자기 번영하고 성공하는 자손들을 갖게 될 것이다. 이로부터 우리는 숨겨진 선과 드러난 선을 이해하는 것이 얼마나 중요한지 알 수 있다.

만약 인기와 명예를 원하면, 그것들을 얻는 것이 행운으로 여겨질 수 있고 보상으로 보일 수 있다. 그러나 실제로 그것들은 좋은 대가라고 생각할 수 없다. 왜냐하면 그것들이 다른 사람, 하늘과 땅의 귀신들에게 질투를 불러 일으키기 때문이다. 자신이 하지도 않은 유덕한 행동에 대한 공을 취하는 것은 더욱 나쁘다. 왜냐하면 이것이 불가피하게 재난을 불러오기 때문이다.

반면에 나쁜 일도 하지 않았는데 다른 사람들에게 박해받고 비난받거나 욕을 먹으면, 그것은 실제로 선을 쌓는 것이다. 질투하는 사람들이 더 많이 중상할수록 더욱 좋다. 왜냐하면 그러한 중상과 장애는 자신의 죄업을 줄이게 될 것이다. 따라서 공덕을 쌓을 때, 아무도 모르게 조용히 하는 것이 최선이다. 칭찬이나 존경을 구할 필요가 없다. 모든 죄업이 없어지면, 아무도 모르게 쌓은 선은 더욱 강해지고 행운도 더욱 커질 것이다. 이것은 자손들이 갑자기 번영하는 결과로 나타날 것이다. 갑자기 명예를 얻는 사람들을 주의 깊게 관찰하면 그들의 선조들이 숨은 공덕을 많이 쌓았음을 알 수 있다. 일단 이것을 이해하게 되면 숨은 공덕의 가치를 인정하게 될 것이다.

무엇이 '겉보기 선'이고 '실제의 선'인가? 춘추시대에 노(魯)나라에서 하인이나 노예가 된 자기 나라 사람들을 풀어주기 위하여, 몸값을 지급하는 사람들을 포상하는 법을 만들었다. 그 당시 공자에게 자공(子貢)이라는 부유한 제자가 있었는데 사람들을 풀어주기 위하여 몸값을 지불하고도 그에 대한 포상을 받지 않았다.

이 예가 '겉보기 선'과 '실제의 선'을 분간하는 어려움을 말해준다. 왜냐하면 보통 사람들의 기준들이 성인과 유덕한 사람들과 다르기 때문이다.

왜 어떤 사람이 귀족의 가정에 하인이나 노예가 되는가? 그들은 법을 어겨 그 형을 살기 위해 이 가정에 보내진 것이다. 정부는 벌금을 지불하면 석방하는 법을 통과시켰다. 그리하여 부자들이 범인들이 개과천선하기를 바라면서 벌금을 지불하는 것을 장려하였다.

가득한 선과 반쪽 선
• • •

공자가 이것을 듣고 매우 언짢아하며 자공을 꾸짖었다. "너는 잘못했다. 성인과 유덕한 사람들이 어떤 일을 할 때, 그것은 도덕을 높이고 백성들에게 어떻게 처신해야 하는지를 가르치는 것이 되어야 한다. 그들은 자신의 이익이나 명예를 위해서 어떤 일도 하지 않는다. 노나라에는 가난한 사람들이 부자보다 많다. 네가 포상을 거절했으므로 다른 사람들이 포상금을 받는 것이 탐욕스러운 것이라 생각할 것이고, 이 일이 일어나면 아무도 백성들을 풀어주기 위해 몸값을 지불하지 않을 것이다."

공자는 자공이 이 문제를 보통사람이 아닌 유덕한 사람의 견지에서 보지 않았으므로 불쾌해했다. 유덕한 사람들의 가르침은 단지 어떤 개인이 아닌 모든 사람들의 이익을 위한 것이다. 개인의 견지에서 자공의 행위는 칭찬할 만하다. 그러나 그는 지역의 관습에 역행했고 정부의 계획을 파괴하였으니 잘못한 것이었다.

그 당시 노나라에는 가난한 사람들이 부자보다 훨씬 많았다. 그 포상 계획은 보통사람들을 자극하기 위한 것이었다. 자공이 포상을 거절하였을 때, 모든 사람들이 그를 칭송했다. 그러나 그는 해로운 예를 남겼다. 왜냐하면 비슷하게 선행을 한 사람들도 역시 포상을 거절할 가능성이 크기 때문이다. 그것을 받으면 다른 사람들이 그 행위가 순전히 포상을 목적으로 했다고 믿는 결과를 초래할 수 있을 것이다. 포상을 이렇게 거절한 것은 정부의 제도를 파괴할 것이다. 그 목적이 모든 사람들로 하여금 선행을 하도록 격려하는 것이었으므로, 자공은 그 자신이 아니라 대중을 이롭게 하기 위하여 포상금을 받았어야 했다. 이것은 성인과 유덕한 사람들이 보통사람들과 달리 사물을 어떻게 해석하는가를 보여준다.

공자의 다른 제자인 자로(子路)가 어느 때 강에 빠진 사람을 보고 구해 주었다. 후에 그 사람이 그에게 소 한 마리를 주어 사례했다. 공자는 자로가 그 선물을 받았다는 것을 듣고 즐거워하며 말했다, "앞으로 사람들은 물에 빠진 사람들을 열심히 구해 줄 것이다."

보통사람들의 눈에는 자공이 포상금을 거절한 것이 선이고 자로가 소를 받은 것이 선이 아니었다. 누가 공자가 자로를 칭찬하고 자공을 꾸짖으리라고 예상했겠는가? 이로부터 선행을 하는 사람들은 현재의 결과뿐만 아니라 미래의 결과도 함께 생각해야 함을 알 수 있다. 오직 자신의 이익과 손해를 생각해서는 안 될 뿐만 아니라 다른 사람들에게 끼칠 영향에 대하여도 생각해야 한다.

자로가 암소를 받았을 때 공자는 그를 칭찬하였다. 왜냐하면 다른 사람들이 한 사람의 생명을 구한 것이 보상을 가져옴을 알 때, 사람들이 더 용감하게 남을 돕는 동기가 될 수 있기 때문이다.

공자가 자공 대신에 자로를 칭찬하였을 때, 그의 견해는 보통사람과 크게 달랐다. 그러나 그는 그렇게 하는 마땅한 이유를 가졌다. 성인과 유덕한 사람들을 보면 그들의 시야가 보통사람보다 훨씬 넓음을 볼 수 있다. 짧은 안목으로서는 어떠한 행동이 가져올 장기적 효과를 깨달을 수 없다. 모든 문제를 사회와 국가 그리고 심지어 세계까지 이롭게 하고, 역사가 그 일을 어떻게 평가할 것인가 하는 측면과 함께 고려할 필요가 있다. 관련된 넓은 범위를 깨달을 때 사람들의 견해는 예전과 사뭇 달라질 것이고 공자가 옳았음을 이해하게 될 것이다. 따라서 선과 악은 항상 현재의 행위에서 결정될 수 있는 것은 아니다. 그러므로 현명하게 판단하기 위하여 장기적 결과가 긍정적일지 부정적일지 고려할 필요가 있다.

현재 하는 일이 선일지 모르나 시간이 지나면 해가 될지 모른다. 그래서 선처럼 보이는 것이 실제로 악일 수도 있다. 악처럼 보이는 것이 실제로 긍정적인 장기적 효과를 가져와 결국 선이 될지 모른다. 따라서 악행처럼 보이는 것이 실제로 선일 수도 있다.

예를 들면 겉보기에 책임감 있는 것이 실제로 무책임한 것일지 모르고, 겉보기에 적절한 것이 실제로 부적절한 것일지 모른다. 또한 겉보기에 신뢰할 만한 것이 실제로 신뢰할 수 없는 것일지 모르고, 겉보기에 친절한 것이 실제로 불친절한 것일지 모른다. 바르게 선택하기 위하여 주의 깊게 분별할 필요가 있다.

피상적으로 보는 어떤 것이 선으로 보일지 모르나 실제로는 그러하지 않다. 또는 그것이 어떤 특수한 사람에게나 어떤 특수한 시간엔 선일지도 모른다. 그러나 그것이 사회 전체에게는 선이 아니고 또는 미래의 세대에게는 선이 아닐지도 모른다. 이것이 불교에서 선과 악이 결코 현재의 행동에 의하여 결정되지 않는 이유이다. 역사를 통하여 줄곧 선이었던 것이 진정한 선이다. 왜냐하면 그 선이 많은 세대를 이롭게 하였기 때문이다. 지금은 선이지만 후세의 세대들에게 선이 아니거나 또는 사람들로 하여금 삼악도에 태어나도록 운명지우는 것은 진정한 선이 아니다.

제1차 세계대전 전에 세계의 지도자들이 겉보기에는 신뢰의 분위기에서 평화를 논의했다. 그러나 전쟁이 시작되자 몇 사람이 실제로 신뢰를 저버리고 행동했음이 명백해졌다.

고급기술이 대량 살상무기의 개발을 가능하게 하였다. 힘을 통하여 평화를 유지하려는 의도는 겉보기로는 책임감이다. 그러나 세계와 그 곳의 모든 생명들을 말살할 수 있는 수단을 가지고 있는 무서운 현실은 그러한 개발이 실제로 궁극적인 무책임일 수 있음을 잘 증명하며, 고급 기술이 전혀 진정한 선이 아닐 수 있음을 분명하게 해준다.

자로의 경우 보상을 받은 것이 그 당시에는 선이 아닌 것으로 보였을지 모른다. 그러나 장기적인 효과가 좋았으므로 그것은 선이었다. 이것이 겉보기 선과 실제의 선의 좋은 예이다. 무엇이 책임감이고 적절함인가? 무엇이 신뢰할 수 있음이고 친절함인가? 이들 각각에 겉보기와 실제의 선이 있다. 만약 이들을 구분할 수 없다면, 선행을 한다고 믿었지만 중대한 죄를 저질렀기 십상이다. 만약 행운을 쌓기 위해 수행하기를 원한다면, 먼저 지혜를 가져야 한다. 지혜 없이는 아무리 열심히 노력해도 행운을 얻을 수 없다.

무엇이 '올바른 선'이고 '그릇된 선'인가? 여문의(呂文懿)는 명나라의 재상이었다. 그가 늙자 많이 사랑받고 높이 존경받는 고향으로 은퇴하였다. 어느 때 술 취한 마을 사람 하나가 그의 집에 가서 큰소리를 지르며 그를 모욕하였다. 여 선생은 그의 하인에게 "이 사람이 취했으므로 다투지 말라."고 조용히 말하고, 문을 닫고 퍼붓는 모욕을 무시하였다.

1년 후 그 사람이 중대한 죄를 짓고 사형선고를 받았다. 이것을 듣고 여 선생이 후회하며 말했다. "만약 내가 그 날 그를 처벌하도록 관가에 데려 갔더라면, 작은 형벌이 이것을 예방했었을 것이다. 그런데 그때 나는 인자하려고 했지만 부주의하여, 그를 건방지고 잔인하도록 격려한 셈이 되었다. 지금 그는 사형에 처해졌다." 이것이 좋은 의도를 가졌지만 나쁜 일을 한 하나의 예이다.

여 선생은 유덕한 행동과 큰 공덕으로 실제로 모든 사람들의 존경을 받았다. 술 취한 어떤 기분 상한 사람이 집에 와서 욕설을 했지만 그는 그 일을 마음에 두지 않았다. 그는 인내하면서 하인에게 단지 다투지 말라고 말했다. 후에 여 선생은 그 주정뱅이가 사형선고를 받았다는 이야기를 들었다. 여 선생은 당시 그 상황을 잘못 처리했다고 후회하면서 그를 고발하여 감옥에 보냈더라면 일이 달라졌을지 모른다고 하였다.

좋은 의도를 가졌으나 나쁜 일이 된 예가 많다. 특히 모르는 사이에 그 자녀들을 망치는 오늘날의 젊은 부모들에게도 해당하는 것이다. 그리하여 자녀가 성장하면 부모를 존경하지도 않고 심지어는 법도 어길 수도 있다. 부모가 그들의 중대한 실수를 깨달았을 때는 너무 늦을지 모른다. 만약 자녀를 어릴 때 바르게 훈육하지 않으면, 성장했을 때 가르치기에는 너무 늦기 때문이다. 성장해서는 그들이 부모의 바람에 반발할 가능성이 매우 크다.

고대 중국에서는 '부모의 권리' 라는 제목의 죄〔親權處分〕가 선고될 수 있었다. 만약 부모가 판사에게 가서 자녀가 효도의 의무를 다하지 않음을 호소하고 사형에 처하기를 원하면, 판사는 재판도 하지 않고 부모의 뜻대로 하였다. 부모의 권리가 최상으로 고려되었다. 부모가 고발하여 특별한 처형을 원하면 방도가 없었기에 자녀가 부모를 두려워하였던 것이다.

부모의 권리는 1900년대 중반까지 존재했다. 이러한 법이 있었으므로 어떠한 자녀도 감히 효도의 의무를 무시할 수 없었다. 그들은 어떠한 변호도 용납되지 않았으므로 변호사를 요구할 수도 없었다.

또한 부적절한 의도로 행동했지만 선을 이룬 예가 있다. 어느 때 가혹한 기근이 있은 후 사람들이 대낮에도 음식을 훔치게끔 되었다. 한 부유한 가족이 이것을 당국에 보고했으나 아무 조치도 취하지 않았다. 가난한 사람들이 더욱 대담해지자 혼란이 임박해졌다. 그 가족은 자의로 법을 집행하여 도둑들을 잡아 처벌하였다. 이렇게 하여 평화가 회복되고 도둑질이 중단되었다. 만약 이렇게 하지 않았더라면 큰 혼란이 일어났을 것이다.

기근이 발생하면 가난한 사람들은 약탈을 하게 될지 모른다. 이 이야기에서 부자들이 약탈한 사람들을 고발했지만, 당국은 폭동이 일어날까 두려워서 이들을 무시하였다. 도둑들이 더욱 대담해지자 당국은 그들을 통제할 방법이 없었다. 그래서 부유한 사람들이 스스로 그 문제를 떠맡았고, 도둑을 처벌하여 평화가 회복되었다. 만약 이렇게 하지 않았더라면 질서가 완전히 무너졌을 것이다. 그 행동은 나빴고 이기적 의도로 행해졌다. 그러나 그 결과는 모든 사람을 이롭게 했다.

사람들은 선은 올바르고 죄는 그릇됨을 안다. 그러나 좋은 의도로 한 행위가 나쁜 결과를 초래한 경우들이 있다. 이것을 '올바름 속의 그릇됨' 이라고 부른다. 또한 그릇된 의도로 행한 행위가 좋은 결과를 가져온 경우들도 있다. 이것을 '그릇됨 속의 올바름' 이라고 부른다. 이것을 이해함으로써 이익을 볼 수 있다.

좋은 의도는 올바르고 나쁜 행위는 그릇된 것이다. 앞의 예에서 여 선생은 의도는 좋았지만 나쁜 행동을 했다. 이것이 '올바름 속의 그릇됨' 이다. 선과 악의 기준은 어떤 행동이 도덕과 사회 전체에 미치는 효과에 의하여 결정된다.

예를 들면 자경단원(自警團員)이 되어 자의로 어떤 사람을 처벌하는 것은 분명히 선으로 간주되지 않는다. 그러나 혼란한 상황에서 당국이 조치를 취하지 않아 사태가 통제 불능이 되고 있었다. 부유한 가정들은 스스로 법을 집행함으로써, 도둑들이 더 이상 혼란을 조장하고 올바른 생활을 파괴하는 것을 중단시켜 질서를 회복하였다. 이기적인 의도로 행해졌지만 좋은 결과를 낳았다. 이것이 '그릇됨 속의 올바름' 이다.

무엇이 '반쪽의 선' 이고 '가득한 선' 인가? 우리는 역경에서 읽는다. "유덕한 행위를 쌓지 않은 사람은 명예를 얻지 못할 것이고, 악행을 쌓지 않은 사람은 자멸하지 않을 것이다(善不積 不足以成名 惡不積 不足以滅身)." 그리고 서경(書經)에서 "상(商) 왕조의 마지막 황제인 주(紂)가 무서운 죄를 저질렀다."고 배웠다. 그 왕국은 그가 죽자 끝나버렸다.

이것이 옛 성인과 유덕한 사람들의 교훈이다. 이러한 교훈들은 후에 경(經)이라고 불리고 진리를 가르치기 때문에 공경받는다. 진리는 시간과 공간을 초월한다. 만약 선행을 닦지 않으면 명예를 얻을 수 없고, 죄를 짓지 않으면 자멸하지는 않을 것이다.

그것은 마치 그릇 속에 물건들을 모으는 것과 같다. 부지런하면 곧 가득 찰 것이고 게으르면 오직 반만 찰 것이다. 이것이 가득한 선과 반쪽 선의 한 예이다.

우리가 그릇을 선으로 채우려고 노력한다고 상상하자. 끈기 있으면 결국 성공할 것이지만, 끈기가 없다면 그릇은 가득 채워지지 않을 것이다. 이것이 선을 쌓는 일의 중요함을 보여준다. 그러나 가장 중요한 것은 악행을 쌓아서는 안 된다는 것이다. 그렇지 않으면 자신을 파멸시킬 것이다.

옛날에 어떤 여자가 절에 가서 보시하기를 원했다. 너무 가난하여 그녀는 가진 게 오직 두 푼뿐이었으나, 이를 아낌없이 스님에게 드렸다. 놀랍게도 주지스님이 몸소 와서 그녀가 과거의 죄를 참회하고 공덕을 회향하는 것을 도와주었다. 후에 그녀가 선택되어 황궁에 들어갔고 부와 권세를 갖게 되었다. 그녀는 화려하게 차려입고 보시하려고 그 절을 다시 찾았다. 이번에는 많은 돈을 가져왔다.

실망스럽게도 주지스님은 그녀가 공덕을 회향하는 것을 돕기 위해 다른 스님을 보냈다. 그녀는 이해할 수 없어 주지스님에게 물었다. "지난번에는 오직 두 푼 보시하였는데도 스님께서 몸소 제가 과거 죄를 참회하는 것을 도와주셨습니다. 오늘은 많은 돈을 가져왔는데 제가 공덕 회향하는 일을 도와주시지 않으셨습니다. 이유가 무엇입니까?"

주지스님이 대답하였다. "지난번엔 비록 당신이 조금 보시했지만 진실하고 정성스러운 마음이었소. 그래서 내가 직접 당신의 진실성에 보답해야 할 필요가 있었소. 그런데 오늘 당신의 보시는 훨씬 크지만 그 마음은 전만큼 진실하지 않소. 그래서 나의 제자가 당신을 위하여 회향하는 것으로 충분하오." 이는 은화 수천 금이 단지 '반쪽의 선'으로, 그리고 두 푼이 '가득한 선'으로 간주되는 예의 하나이다.

이것은 불교사에 나오는 실화이다. 한 여신도가 보시하고 싶었으나 오직 두 푼만 가졌다. 그녀의 진실성 때문에 주지스님이 몸소 그녀가 이 선행의 공덕을 회향하는 일을 도왔다. 그 후 그녀가 많은 돈을 가지고 다시 찾았지만 주지스님은 그녀를 직접 맞이하지 않았다. 당혹하여 그녀가 그 이유를 물었다.

이 주지스님은 매우 높은 도덕적 기준을 가졌다. 이것은 오늘날 우리가 종종 보는 것과 다르다. 우리는 많은 불자들이 부적절하게 처신함을 목격한다. 과거의 높은 도덕적 기준을 가진 사람들은 다른 사람들을 그들의 진실성으로 판단했다. 만약 사람이 진실하다면 보시 금액이 아무리 적어도 주지스님이 몸소 그 공덕을 회향하였다. 만약 시주가 진실하지 않으면 스님이 그렇게 할 의무가 없었다. 진실한 마음으로 하는 시주는 부처님께 공양 올려 행운을 키워, 단지 조금만 공양하여도 그 대가로 무한한 이익을 얻을 수 있다.

그러나 이 예에서 볼 수 있듯이 여자는 부와 권세를 얻었으나, 진실성은 새로운 삶의 방식으로 흐려졌다. 주지스님은 제자를 보내어 그녀를 깨우치려고 하였다. 이것이 최대의 친절이다. 주지스님은 그녀가 실수를 인정하고 자신의 행위를 고치기를 바라면서, 잘못이 어디에 있는지 보여 주려고 한 것이다.

그녀가 처음에 두 푼을 공양 올렸을 때 돌아온 행운은 가득하고 완전한 것이었다. 그러나 두 번째 왔을 때 그녀에게 돌아온 행운은 반쪽이었고 불완전했다. 행운을 쌓으려고 수행할 때 결정적인 요인은 돈의 액수나 선행의 횟수가 아닌 진실한 마음임을 깨닫는 것이 중요하다. 절대적인 진실로 임할 때, 가득하고 완전한 선을 이룰 것이다.

공덕을 회향할 때 참된 정성의 마음을 보이기 위하여 세 가지 일을 한다. 우리는 스스로 다짐한다. "오늘 나의 수행에서 다음을 행한다. 첫째 나는 내 공덕을 실제에 회향하고 나의 본래면목을 드러내기 위하여 마음을 맑히길 원한다. 둘째 나는 내 공덕을 깨달음에 회향하고 미망의 상태에서 깨어나서 우주의 진리를 이해하기 원한다. 셋째 나는 내 공덕을 모든 중생에게 회향한다. 나는 모든 중생이 미망을 깨뜨려 깨달음을 얻고 이기심과 고통을 없애고 행복하기를 바란다. 나는 모두 부처님이 되고 성불하면 다른 중생들도 성불하도록 돕기를 바란다. 나는 내 공덕을 나 자신이 아니라 모든 다른 사람들에게 회향한다."

만약 이것이 진실로 자신의 의도이면 이러한 생각으로 가득한 공덕을 얻을 수 있다. 그러나 만약 조금이라도 자신이나, 명예나 부를 위한 생각이 있다면 공덕을 얻을 수 없고 '반쪽 선'의 보답조차도 얻을 수 없다. 실제로 그 대신 아마 많은 죄업을 이루었을 것이다. 따라서 결코 사물을 피상적으로 보지 말고 심오한 실상의 진리를 보는 법을 배워야 한다.

다른 하나의 예가 당나라의 신선(神仙)인 한종리(漢鍾離)에 관한 것으로, 그는 제자 여동빈(呂洞賓)에게 쇠를 금으로 바꾸는 기술을 가르치고 있었다. 그들은 가난한 사람들을 돕기 위하여 그 기술을 사용하곤 했다. 동빈이 그의 스승에게 금이 언젠가 다시 쇠로 뒤바뀌는 가를 물었다. 종리가 말했다. "500년이 지나면 그것이 그 원래의 형태로 돌아갈 것이다." 동빈이 대답하였다. "그러면 저는 이 기술을 배우지 않으렵니다. 왜냐하면 그것이 500년이 지나면 금을 가진 사람에게 해가 되기 때문입니다."

종리는 동빈에게 쇠를 금으로 변화시키는 기술인 연금술을 가르치고자 했다. 그 변화가 영원하지 않음을 알고 동빈은 거절하였다. 왜냐하면 결국 그 변화가 사람들을 해칠 것이기 때문이다. 오늘날 대부분의 사람들은 지금 그들이 얻을 수 있는 것만 생각하고, 그것이 장래 다른 사람들에게 어떠한 영향을 줄 것인가는 생각하지 않는다. 이로부터 우리는 슬프게도 도덕적 기준들이 시간이 지나면서 어떻게 타락하는지를 볼 수 있다.

종리가 말했다. "신선이 되기 위해서는 3천의 공덕을 쌓아야 한다. 지금 네가 방금 말한 것은 진실로 착한 마음으로부터 나왔다. 너의 3천의 공덕은 완성되었다." 이 이야기가 '가득한 선'과 '반쪽 선'의 또 다른 하나의 예이다.

도교(道敎)에서 불사(不死)의 기술을 수행하기 위해서는 삼천의 덕행을 완수해야 한다고 말한다. 이 요구들은 불교보다는 관대하다. 우리 불자들은 올바르게 이해하고 수행하여 법기(法器)가 될 수 있기 전에 청정한 마음을 가져야 한다. 도교인들은 청정한 마음을 구하지 않는다. 그들은 모든 것을 평등하게 보고 이기적인 마음이 아닌 자비심을 구한다. 이 둘 중에서 청정한 마음이 더욱 닦기 어렵다.

이 하나의 착한 생각으로 동빈은 즉시 불사를 닦는 데 필요한 유덕한 행동들을 완수했다. 어떠한 중생도 해치지 않으려는 그의 염려는 실제로 3천의 착한 행동들을 능가하였다. 그리하여 단 하나의 생각이 그 요건을 충족하기에 충분하였다. 이것은 요범 선생이 농민에 대한 세금을 감면할 때 한 일과 비슷하다. 왜냐하면 그 하나의 착한 생각만으로 1만의 선행을 하겠다는 서원을 달성했기 때문이다. 이것이 마음으로부터 하는 수행의 이익이다.

한 가지 선행을 했을 때 한 일에 집착하지 않는 것이 최선이다. 이렇게 수행하면 모든 선행들이 완성과 성공에 이를 것이다. 그러나 만약 보상을 바라면서 선행을 한다면 전 일생을 통하여 아무리 열심히 수행해도 그 행위들은 여전히 반쪽의 선으로 간주될 것이다.

예를 들면 돈을 보시할 때, 청정한 보시를 수행할 수 있다. 청정한 보시는 보시하는 나와 주는 물건의 중요성, 또는 받는 사람을 생각하지 않는다. 단지 참된 정성과 존경으로 단순히 주어 버린다. 청정한 보시를 하면 한 말의 쌀이 무한한 행운을 가져올 수 있고, 한 푼을 주는 공덕이 수천 겁의 죄를 씻어낼 수 있다.

그러나 자신이 행한 선행을 생각하고 선행에 대한 보상을 기대한다면, 비록 일백만 냥을 보시하여도 가득한 행운을 가져오지 못할 것이다. 이것이 '완전한 선'과 '반쪽 선'을 설명하는 한 예이다.

만약 최선을 다해 노력하면 가득한 선을 얻을 것이나, 유보하는 마음을 갖거나 할 수 있는 모든 것을 다하지 않으면 오직 반쪽 선만 얻게 될 것이다. 따라서 우리가 공덕행을 쌓을 때 완전한 진실로 모든 것을 할 필요가 있다.

많은 사람들이 참된 실상을 모르므로 불교에 대한 의심을 갖는다. 이 의심은 오독(五毒)인 탐욕, 진에(瞋恚), 무지, 오만, 의심 중의 하나이다. 이 사람들은 가르침을 받은 대로 믿고 행동하는 것처럼 보인다. 그러나 그들은 선행을 하는 데 온 마음으로 그들 자신을 바칠 수 없다. 보시하면서 그들은 아직도 무엇을 유보하고 숨기기를 원한다. 그들은 가득한 선행을 하기 위한 이해와 지혜, 결의를 갖지 않고 있다. 그들은 오직 반쪽 선만 이룰 수 있다. 이것이 비록 많은 사람들이 선행을 하지만, 그 대가로 행운을 얻지 못하거나 즉각적인 결과를 보지 못하는 이유이다.

만약 행운을 위하여 수행하기를 진정으로 원한다면 불교를 완전히 이해하고 추호의 의심도 없이 믿어야 한다. 때로 다른 사람들이 어리석고 미신적이라고 말할 것이고, 자신도 그렇다고 믿으며 친절한 생각과 선행을 그만 둘지 모른다. 그런데 이러한 일이 일어날 때 이미 친절한 마음은 삿된 견해에 영향을 받은 것이다.

그러나 진실로 믿고 그에 따라 행동한다면 그 결과들은 쉽게 알아볼 수 있게 될 것이다. 결과들은 요범사훈에 기술된 것보다 훨씬 더 많을 것이고 불가사의해질 것이다. 이 책을 읽고 우리 안에 어떠한 것도 감내할 수 있는 용기가 있음을 믿어야 한다. 우리가 진실로 행동할 때 미미한 노력에 대하여 천 배나 되는 보답을 받게 될 것이다. 그러나 노력에 비해 지나치게 많은 보답을 바라면서 행동한다면 진실한 마음으로 행동하지 않는 것이다. 자신이 가진 모든 것을 준다고 해도 전체가 아니고 오직 반쪽만의 행운을 얻게 될 것이다. 또한 선행을 하면서도 한다는 그 생각이 있으므로 모든 갈망들을 없앨 수 없게 되고, 반쪽의 행운을 얻게 되는 것이다.

기꺼이 부(富)를 놓으면 부를 얻게 될 것이다. 가르침을 주면 지혜를 얻게 될 것이다. 두려움 없음을 주면 건강과 장수를 얻게 될 것이다. 원인과 결과의 법칙은 사실이고 하늘과 땅의 법칙처럼 자연스럽다. 만약 어떤 것에 대한 아무런 바람도 없이 선을 행한다면 이미 우리의 진성 속에 있는 모든 것이 틀림없이 드러나게 된다. 이것이 해탈이고 커다란 만족을 갖는 것이 아니겠는가?

무엇인가를 구하면서 선행을 해도 얻을 수는 있지만 그것은 불완전하다. 선행을 해서 얻은 모든 명예, 부, 건강, 장수는 제한된 것이기 때문에 결국 사라질 것이다. 더 이상 욕망을 갖지 않을 때, 마음은 청정해지고 행위는 진성의 반영이 될 것이다.

자신의 진성과 덕성이 드러나면 받을 것은 불가사의해질 것이다. 그리고 모든 것 중에서 가장 경이로운 것은 화장세계(華藏世界)인 정토에 갈 수 있는 것이다.[38] 오직 성덕(性德)만이 진성에 비슷하다. 그것은 생기지

---

[38] 모든 부처님 나라의 정토는 진성에서 나타난다. 그러나 단지 하나의 갈망만 가진다 해도, 이것은 더 이상 진성의 반영이 아니다.

도 않고 없어지지도 않는다. 이것이 해탈의 전부이다. 오직 커다란 공덕과 지혜를 가진 사람만이 기꺼이 모든 소유물을 놓아버리려고 한다. 왜냐하면 보통사람은 아무도 그렇게 하지 않으려고 하기 때문이다. 이것이 오직 부처님과 보살들만이 진정으로 큰 공덕을 닦는 이유이다. 아라한까지도 그러하지 못한다. 아라한들은 문제들로 방해받는 것을 바라지 않는다. 그리고 만약 누구를 도와주려고 하는데, 그들이 거절하고, 중상하고, 곤란하게 하면 화가 나서 그 일을 그만 둘 것이다. 그 선은 불완전하다.

그러나 보살들은 아주 다르다. 그들은 사람들의 나쁜 습관, 문제, 배신적인 방법들을 모두 알고 있다. 이러한 장애들에 괘념하지 않고 인내와 자비로써 모든 존재들을 돕는다. 따라서 보살들의 마음은 아라한이나 벽지불과 다르다. 보살이 참 마음을 사용함에 반하여 후자의 둘은 아직도 허망한 마음을 사용한다. 부귀가 이미 자신의 진성 속에 있으므로 구할 필요가 없음을 모르고 이들을 구한다. 불교를 수행하는 사람들은 그들의 진성과 그 안의 능력들을 드러내려고 한다.

따라서 불자로서 우리 목표의 하나는 실상(實相)에 돌아가서 이미 무한하고 다함이 없는 지혜와 능력을 포함한 모든 것을 가진 본래의 진성을 드러내는 것이다. 밖에서 찾을 필요가 없고 오직 안에서 찾으면 된다. 모든 사람이 이 진성을 가지고 있다. 사람들은 아직 그것을 깨닫지 못하고 있지만, 그것을 개발하는 방법을 가르치는 부처님께 의지할 수는 있다. 우리에게 향한 부처님의 자비는 그렇게 위대하다.

쌀 한 말을 줄 때에도 진실한 마음으로 그냥 주는 것이 무한한 행운을 가져오는 실상을 이해해야 한다. 왜냐하면 그것이 진성의 완전함을 달성하기 때문이다. 그리고 단돈 한 푼이라도 그냥 부처님, 불법, 승가에게 공양함으로써 생기는 공덕은 수천 겁의 죄를 없앨 수 있다.

능엄경에서 "말법 시대에는 삿된 스승의 수가 갠지스 강의 모래알처럼 많을 것이다."라고 한다. "그들은 불법을 가르치는 것처럼 보이지만, 그들의 행동은 마귀의 짓이다."라고 한다. 그러면 행운의 씨앗을 심고 덕행을 닦으려고 할 때 어디로 가야 하는가? 만약 우리가 가는 절이 삿된 견해를 가진 사람들이 운영하면 어찌할 것인가? 행운을 위한 씨앗을 심는 데 실패할 뿐만 아니라 그 대신 나쁜 일을 하는 것이 아닌가?

불교는 안에서 수행하는 것을 가르친다. 만약 마음이 순수하고 진실하다면 비록 나쁜 사람들이 운영하는 절에 간다 해도 부처님은 진실할 것이다. 그러나 마음이 처음부터 바르지 않다면 비록 올바른 절에서 수행한다 해도 삿된 사람들과 어울릴 것이다. 말법 시대에 불교를 수행할 좋은 곳이 없다고 하는 것이 아니라, 진정한 장소는 우리 마음속에 있다고 해야 하는 것이다.

유마힐경(維摩詰經)은 "정직한 마음이 도량이고(直心是道場), 청정한 마음이 도량이고(淸淨心是道場), 자비로운 마음이 도량이다(慈悲心是道場)."라고 말한다. 올바른 도량은 우리 마음속에 있다. 우리 마음이 깨달음의 길 위에 있을 때 어디에 있든 그 곳이 항상 도량이 될 것이다. 마음이 올바른 한 어디에 가도 그 곳에 바른 가르침이 있을 것이다. 이리하여 주위의 환경은 마음에 따라 변한다. 만약 이것을 이해하고 부지런히 수행한다면 행운이 사회와 국가를 감쌀 것이다. 망념과 선행에 대한 집착을 근절하지 않으면 비록 백만 냥을 보시하여도 우리의 공덕은 가득하지 않을 것이다.

큰 선과 작은 선
• • •

무엇이 '큰 선'이고 '작은 선'인가? 어느 때 중요한 관직에 있었던 위중달(偉仲達)이 죽어서 명부(冥府)의 재판장에 끌려 나갔다. 재판관이 가져오도록 명령한 기록들이 도착했을 때, 중달은 안뜰에 가득 찬 그의 악행 기록들과 단 한 두루마리의 선행 기록을 보고 놀랐다.

담당관이 그들의 무게를 재라고 명령했다. 놀랍게도 안뜰을 가득 채운 악행 기록들이 젓가락처럼 얇은 한 두루마리의 선행 기록보다 가벼웠다. 중달은 재판관에게 물었다. "저는 겨우 40밖에 안 됐는데 어떻게 그렇게 많은 죄를 지을 수가 있겠습니까?" 재판관이 대답했다. "네가 단 하나의 바르지 못한 생각을 낼 때 그것이 그때 그 곳에서의 나쁜 죄라고 간주된다. 죄라고 세기 위하여 행동으로 옮겨야 할 필요는 없다."

행운과 친절은 크고 작은 규모로 온다. 사람 모두가 일생을 통하여 좋고 나쁜 행동들을 했다. 이 모든 것들이 기록되어 귀신의 왕인 염라대왕(閻羅大王)에게 보존된다. 이것이 요범 선생이 마음속에 공경심과 두려움을 가지라고 가르친 이유이다.

중달의 기록들이 어느 쪽이 더 무거운가 보기 위하여 저울 위에 놓여졌을 때 얇은 선행의 두루마리 하나가 악행들의 많은 책들보다 더 무거웠다. 중달은 아마 많은 사소한 나쁜 짓들을 저질렀으나 중대한 죄는 없었을 것이다. 그러므로 하나의 큰 친절한 행위가 수많은 작은 죄들을 상쇄할 수 있다. 재판관이 그 결과를 보았을 때, 중달이 결국 착한 사람이 었으므로 매우 기뻐했다.

중달이 '어떻게 그렇게 많은 죄들을 지을 수 있었을까' 하고 묻자, 재판관은 비록 상응하는 행동으로 옮기지 않았어도 하나의 바르지 못한 생각은 죄로 기록된다고 설명했다. 그래서 비록 실제로 어떤 중대한 죄들을 저지르지 않았어도 그것에 관하여 생각했을지 모른다. 다행히 중달에게는 그의 모든 사소한 죄들을 능가하는 커다란 선행이 하나 있었다.

중달은 그래서 그 한 두루마리에 무엇이 기록되었는가 물었다. 재판관이 대답했다. "언젠가 황제가 대규모 돌다리를 세울 것을 계획했다. 그런데 네가 그 일이 수만 명의 사람들에게 가져올 어려움을 이유로 그 공사를 반대했다. 이것이 네가 반대한 상소문이다." 중달이 말했다. "제가 그 제안을 했으나 황제가 그것을 기각하고 공사를 진행했습니다. 제가 말한 것은 그 일에 아무 소용도 없었습니다. 어떻게 그것이 저의 모든 죄들을 상쇄할 정도로 그렇게 큰 무게를 가질 수 있을까요?"

재판관이 대답했다. "비록 황제가 너의 제의를 기각했지만 모든 사람을 위한 너의 친절한 한 생각은 매우 크다. 만약 황제가 너의 생각을 받아들였더라면 그 선행은 더욱 크게 되었을 것이다." 따라서 한 사람이 모든 사람들의 이익을 위하여 좋은 일을 하려고 결심하면 작은 행동이라도 커다란 공덕을 가져올 수 있다. 만약 한 사람이 오직 자기 자신의 이익만 생각한다면 비록 많은 선행을 한다 해도 그 공덕은 작을 것이다.

그 두루마리는 중달이 한 중요한 선행의 기록을 포함하고 있었다. 그는 다리를 세우는 공사가 돈을 낭비하고 어려움을 가져오리라 예상했다. 여기서 가장 중요한 것이 본래 의도임을 알 수 있다.

중달은 그 자신을 위해서가 아니라, 그러한 대규모 공사를 통해 고통받을 백성들을 염려한 것이었다. 왜냐하면 그들이 비록 노동으로 기여하지 않더라도 그 공사비용을 충당하기 위하여 무거운 세금을 내야 하기 때문이다. 만약 그 생각이 기각되지 않았더라면 모든 사람들이 이익을 보았을 것이다.

이로부터 단 한 생각의 배후에 있는 선의 크기를 알 수 있다. 비록 황제가 중달의 제안을 듣지 않았더라도, 이로 인해 그것이 참된 마음에서 진실하게 이루어졌고 가득하고 완벽한 선의 한 예라는 사실이 바뀌는 것은 아니었다. 물론 만약 황제가 그 제안을 수용하였더라면 그 행위의 의미는 더욱 커졌을 것이다.

크고 작은 선의 차이는 이 세상의 모든 중생들을 생각하느냐, 아니면 단지 자신과 가족들만 생각하느냐 하는 의도에 달려 있다. 독경하거나 염불한 후에 그 공덕을 회향할 때 이 점을 이해해야 할 필요가 있다. 보통 그 공덕을 어떤 특정한 사람이 여러 가지 이익을 얻도록 도와주기를 바라면서 그 사람에게 회향한다. 이것이 작은 선이고 얻는 이익도 마찬가지로 작을 것이다.

사실 공덕을 회향하는 사람이 실제로 어떤 이익을 받을지도 확신할 수 없다. 따라서 가족의 한 사람이 위험에 처했을 때와 같은 경우, 독경하거나 염불하고 그 공덕을 전 우주의 중생에게 회향해야 한다. 모든 중생들이 더 이상 고통 받지 않고 행복하고 건강하기를 기원해야 한다. 진실로 이렇게 생각할 때, 그 가족들도 혜택을 볼 것이다. 왜냐하면 마음이 진실로 널리 미치기 때문이다.[39]

사람들은 가끔 "나는 모든 공덕을 남에게 회향했으나, 나 자신은 아무 것도 얻지 못했다. 선행을 해서 무슨 소용이 있는가?"라고 말한다. 그런데 이것은 오직 좁은 마음에서만 일어날 수 있다. 만약 부처님께 절하고 기도하고도 아무런 감응도 느낄 수 없다면 그것은 마음이 이기적이기 때문이다. 완전히 자기 이익만 찾았지 공덕을 확대하여 전 우주를 에워싸야 하는 것을 모른다. 그 공덕을 모든 중생에게 회향하면 그것은 마치 등불을 전하는 것과 같다. 자신의 등불로써 다른 사람들의 등불을 밝혀 전 우주가 밝아지도록 하는 것이다. 이것은 손해 없이 모든 중생을 크게 이롭게 한다. 불교를 수행하는 사람들은 완전하고 원만한 참 불성을 드러내기 위하여 수행의 공덕을 전 우주의 모든 중생에게, 깨달음에, 실상에 회향해야 한다.

무엇이 '어려운 선'이고 '쉬운 선'인가? 예전의 선비들은 탐욕과 욕망을 극복하고자 하는 사람은 극복하기 가장 어려운 것부터 시작해야 한다고 말했다. 공자가 인(仁)을 닦는 것에 관하여 말했을 때, 그 역시 닦기 가장 어려운 것부터 시작하라고 말했다.

이 부분은 우리가 수많은 고통스러운 나쁜 습관과 욕망들을 가지고 있다면, 무엇이든 가장 심각한 것부터 시작해야 한다는 것을 알려주는

---

39) 예를 들면 지장경(地藏經)에서 바라문의 딸 광목(光目)이 그녀의 어머니를 위하여 발원한 것을 들 수 있다.

옛 성인과 유덕한 사람들의 가르침을 인용한다. 가장 심각한 허물들을 극복할 수 있다면, 비교적 사소한 다른 것들도 극복할 수 있을 것이다. 악을 제거하고 선을 수행하기를 원하면, 어디에서 시작할지 알아야 한다. 이것이 공자가 인의 수행을 가르칠 때, 가장 실행하기 어려운 것부터 시작해야 한다고 믿은 또 하나의 이유이다. 다음이 몇 예들이다.

예를 들면 나이든 강서(江西)의 서(徐) 선생은 2년간 번 것을 정부에 빚진 한 가난한 사람에게 주었다. 만약 그 사람이 감옥에 보내졌다면 그 가족이 흩어졌어야 했었다.

이것이 매우 좋은 예이다. 왜냐하면 서 선생은 하기 어려운 일을 했고, 포기하기 어려운 것을 포기했기 때문이다.

다른 하나의 예가 한단(邯鄲)의 장(張) 선생이다. 그는 10년 저축한 돈을 정부에 빚지고 있는 한 가난한 사람에게 주어 그가 감옥에 가지 않고 그의 아내와 살 수 있게 해주었다.
서 선생과 장 선생의 이러한 예들은 매우 드문 일이다. 왜냐하면 그들은 가장 주기 어려운 것을 주었기 때문이다. 다른 사람들이 희생하지 않으려는 것들을 기꺼이 했다.

사람들은 생존하기 위하여 돈과 물질에 의존한다. 따라서 돈을 주는 것은 매우 어려운 일이고, 특히 그것이 가지고 있는 전부일 경우 더욱 어렵다. 이것이 극복하기 가장 어려운 것부터 시작하는 것이다. 가장 실행하기 어려운 것부터 실행하는 것이야말로 욕망을 제어하는 데 도움이 된다.

다른 하나의 예가 강소성(江蘇省)의 근(靳) 선생이다. 그는 늙고 자식들도 없었다. 안타깝게 여긴 이웃이 그에게 젊은 딸을 시집보내 가계를 이을 자손을 갖도록 하겠다고 제의하였다. 근 선생은 이 제의를 거절하고 그녀를 집으로 보냈다. 이것이 스스로 극복하기 매우 어려운 일을 극복하는 또 하나의 예이다.

근 선생은 비록 자식을 깊이 원했지만, 자신의 목적을 달성하기 위하여 그 소녀의 장래와 행복을 망칠 수 없다고 생각했다. 이것이 자신의 욕망을 억제한 또다른 하나의 좋은 예이다.

따라서 하늘은 이 세 사람에게 특별한 행운을 내렸다. 돈과 권력을 가진 사람이 가난한 사람보다 공덕을 쌓기가 더 쉽다. 그러나 만약 어떤 사람이 기회가 왔을 때 선을 닦는 것을 거부하면 그것은 정말로 부끄러운 일이 될 것이다. 재산도 지위도 없는 사람들이 다른 사람들을 위하여 선행을 하는 것은 매우 어렵다. 그러나 만약 어떤 사람이 어려움에도 불구하고 남을 도울 수 있다면 그것은 더더욱 귀중한 것이다.

우리는 선행을 하고 공덕을 쌓을 모든 기회를 붙잡아야 한다. 한번 기회를 놓치면 좋은 일을 하고 싶을 때 다른 기회를 얻을 수 없을지 모른다. 부(富)는 영원히 지속하지 않는다. 운은 5년마다 바뀌고 생애에 가장 좋은 5년과 가장 나쁜 5년이 있을 것이다. 만약 좋은 해들이 늙을 때 온다면 이것이야말로 진정한 행운이 될 것이다. 그러나 만약 최악의 5년이 늙었을 때 온다면 그 어려움은 더욱 힘들 것이다. 왜냐하면 이미 육체적으로 쇠약해졌기 때문이다.

따라서 어릴 때 모든 사람에게 행운을 나누어 주도록 선행을 해야 한다. 왜냐하면 일단 그것을 나누면 운명에 의하여 가질 것이 이미 결정되었다 해도 미래에 이익을 보기 때문이다. 노년을 향유할 수 있도록 젊고 강할 때 모든 행운을 이기적으로 탕진하지 않는 것이 좋다. 마찬가지로 만약 먼저 어려움을 겪으면 노년에 이르렀을 때 감내해야 할 것이 남지 않을 것이다. 이것이 우리가 노년을 위하여 수행하고 행운을 쌓는 것을 배워야 하는 이유이다.

불자로서 수행하는 이유는 일생의 마지막 순간을 위하여 궁극적 행운을 쌓는 것임을 정확히 아는 것이 매우 중요하다. 무엇이 궁극적 행운인가? 그것은 생이 다 했을 때 병 없이 앉거나 또는 선 채로 이 세상을 떠날 수 있고 자신이 가는 곳을 정확히 알고 있는 것이다. 이것이야말로 최대의 행운이지만 대부분의 사람들은 이것을 모르고 있다. 수행자들은 끊임없이 그들의 행운을 남과 나누는 것을 생각해야 한다. 그러면 행운은 한층 더 커질 것이다.

권세가 있을 때 남을 돕고 공덕을 쌓기가 더 쉽다. 그러나 이 권세를 남에게 해롭게 사용해서는 안 된다. 만약 선행을 할 수단을 갖고도 하지 않는다면 훌륭한 기회를 던져버리는 것이다. 반면에 가난하고 수단도 없지만 그래도 남을 도우려고 노력하면, 그 일의 어려움이 그 행위를 더욱 값나게 할 것이다.

인연 따라 10가지 선행하기
• • •

기회가 생길 때마다 남을 돕는 길은 많다. 남을 돕는 방법은 다음의 중요한 10가지 종류로 요약될 수 있다.

1) 남과 함께 선을 행하라(與人爲善)
2) 사랑과 공경의 마음을 지녀라(愛敬存心)
3) 다른 사람의 아름다움을 이루도록 하라(成人之美)
4) 다른 사람에게 선행을 권하라(勸人爲善)
5) 위급한 사람을 구하라(救人危急)
6) 큰 이익을 위한 공공사업을 일으켜라(興建大利)
7) 재물을 보시하여 복을 지어라(捨財作福)
8) 바른 가르침을 보호하고 유지하라(正法護持)
9) 연장자를 존경하라(敬重尊長)
10) 모든 생명을 사랑하고 아껴라(愛惜物命)

다른 사람들의 유덕한 행동을 기뻐해야 한다. 질투하거나 어떤 방법으로도 그들을 방해해서는 안 된다. 그 대신 좋은 기회가 생길 때 그들을 돕기 위하여 가능한 모든 일을 해야 한다. 이룰 수 있는 여러 종류의 유덕한 행위가 있지만 열 가지 부문으로 요약하였다.

'남과 함께 선을 행하는 것'은 무엇을 의미하는가? 순(舜) 황제는 요

(堯) 시대에 살았다. 그가 황제가 되기 전 어느 날 순은 뇌택(雷澤) 호에서 몇몇 어부들을 보고 있었다. 그는 젊고 강한 어부들이 물이 깊어 고기가 많은 곳을 차지하고, 늙고 약한 사람들은 물이 빠르고 얕아 물고기가 드문 곳에 남는 것을 보았다.

순이 이것을 보고 나이든 어부들을 동정했다. 그는 낚시질에 동참했고 젊은 어부들이 좋은 장소를 차지하면 아무 말도 하지 않았다. 그러나 어떤 사람이 다른 사람에게 양보하면 가는 곳마다 그 사람을 칭찬하면서 겸허하고 예절바른 태도를 본받게 하였다. 그는 어부들이 좋은 곳을 남에게 양보하는 습관이 들 때까지 1년간 이렇게 하였다.

그 상황에 서글픔을 느낀 순은 참을성 있게 '허물을 숨기고 친절을 칭찬함' 으로써 그것을 바로잡을 방법을 생각해 냈다.

오늘날 사람들이 바르지 못한 행위를 강조하기 때문에 선행이 종종 무시되곤 한다. 어떤 사람이 다르게 처신하거나 법을 어기면 매스컴이 이를 널리 알린다. 이 일이 일어나면 좋은 사람보다 나쁜 사람들이 더 많아지게 마련이다. 왜냐하면 선행이 무시될 때 그것을 행할 동기가 적어지기 때문이다. 실제로 그것은 악행을 하도록 더 많이 부추기는 것이기도 하다.

사람들은 옛 성인이나 유덕한 사람들이 세운 모범을 따라야 한다. 그들은 다른 사람들의 허물을 말하지 않고, 스스로 깨달아 반성할 때까지 기다렸다. 이것이 사람들을 가르치는 올바른 방법이다. 누구나 비록 부와 권력에 의한 욕망에 압도될 수 있어도 양심을 가지고 있다. 타인들이 진리를 볼 수 있도록 은밀한 방법을 사용해 돕는다면 그들은 결국 되돌아온다. 이것이 순 황제가 어부들에게 한 일이다. 다음 구절에서 성인들과 유덕한 사람들이 왜 그렇게 행동한 이유를 알 수 있다.

순 황제처럼 현명하고 유능한 사람은 몇 마디로 다른 사람들을 쉽게 감화시킬 수 있었다. 그런데 왜 간단한 말로 감화시킬 수 있는데도, 스스로 좋은 본보기를 보여 다른 사람들을 변화시키려고 노력하였을까? 순 황제의 수고와 좋은 의도는 오랜 수행과 힘든 노력의 결과로 나타나는 전문가의 솜씨와 같다.

순은 다른 사람들을 감화하기 위하여 말을 사용하지 않았다. 그 대신 현명하게도 본보기를 세우는 것을 택했다. 비록 시간이 많이 걸릴지라도 그 효과는 훨씬 더 오래 지속되었다. 왜냐하면 행동이 말보다 더 크게 말하기 때문이다.

도덕이 땅에 떨어지고 사회가 붕괴하고 올바른 생각이 상실된 오늘날에는 행동의 좋은 기준을 찾는 것이 지극히 어렵다. 따라서 주위 사람들에게 허물이 있을 때 그들의 결함을 지적하는 데 힘을 사용해서는 안 된다. 다른 사람들이 불친절할 때 그들과 비교하려고 친절하려 들지 않는다. 다른 사람들의 능력이 떨어져도 일부러 그들을 능가하려 하지 않는다. 비록 지성적이고 유능해도 이것을 숨겨야 한다. 뽐내는 대신에 더욱 겸손히 처신할 필요가 있다. 다른 사람들이 실수할 때 너그럽게 생각하고 그것을 들춰내지 않는다. 자존심을 잃지 않고 허물을 고칠 수 있는 기회를 주는 것이다.

다른 사람들에게 없는 장점을 가졌다면, 한층 더 조심스럽게 능력을 감추고 다른 사람들의 허물을 수용해야 한다. 이 점을 기억하고 기능과 지성을 과시하지 않는 것이 진정으로 넓은 마음이고 관대함이다. 만약 항상 무언가 할 수 있다고 과시해야 한다면 성취하는 바가 적을 것이다. 큰 일을 할 능력이 있다면 대부분의 사람처럼 천박해서는 안 된다. 관대하고 다른 사람들의 허물을 말하지 않고, 그 대신 그들의 좋은 점을 칭찬함으로써 진정으로 계를 받들고 행운을 닦게 될 것이다.

우리가 다른 사람들이 위신을 지키도록 허용할 때 그들은 앞으로의 행동을 한층 더 조심하게 될 것이다. 다른 사람들에게서 장점이나 또는 작은 친절이라도 볼 때, 그들로부터 배울 수 있고 다른 사람들에게 그들을 칭찬할 수 있다.

다른 사람들이 절제를 배울 수 있도록 행동으로 모범을 세울 수 있다면 참 잘한 것이다. 다른 사람들이 행한 아주 사소한 선행이라도 이를 기뻐하고 그 사람을 더욱 칭찬해야 한다.

돌아가신 나의 스승 이병남 선생을 처음 만났을 때, 그분은 다른 사람의 허물을 말하지 말고 그것을 감추어 주는 것이 더 좋다고 가르치셨다. 나는 다른 사람들의 허물을 이야기하는 것이 좋지 않다는 것을 깨달았으므로 그 말을 이해했다. 그러나 또한 다른 사람들을 칭찬하지 말라고 가르치셨는데, 그 점이 나를 어리둥절하게 했다.

후에 "자네가 다른 사람을 칭찬할 때 자네가 끼치는 해는 그들의 허물을 비난할 때보다 훨씬 클 수 있다."라고 설명했다. 어찌 그럴 수 있을까? 그는 계속해서 말했다. "다른 사람들을 칭찬하는 방법을 아는 데는 큰 지혜가 요구된다. 무분별한 칭찬은 큰 해를 끼칠 수 있다. 만약 사람들이 조그만 능력을 보여주었는데도 과도하게 칭찬하면 자만해져 자신을 엄청난 인물로 생각할지 모른다. 이것은 그들의 진보를 가로막을 것이다. 그리고 진보하지 않는 것은 퇴보하는 것이다. 자, 자네는 좋은 일보다 나쁜 일을 더 많이 하지는 않았겠지?" 이 점을 생각한 후 나는 그 말씀을 이해했다.

그렇다면 어떤 사람들을 칭찬해야 하는가? 불교에서는 이익과 손해, 명예와 불명예, 칭찬과 비난, 즐거움과 고통 등 8가지 감정에 좌우되지 않을 수 있는 사람들을 칭찬한다. 그들이 감정에 좌우되지 않기 때문에 그들을 칭찬할 수 있다. 실제로 이런 사람들은 더 많이 칭찬받을수록 더욱 겸손해지고 향상하려고 노력한다.

그러므로 부주의하여 좋은 의도가 나쁜 행위가 되지 않도록, 칭찬하는 데 매우 조심해야 한다. 이제야 비로소 순 황제가 젊은 어부들의 허물과 나쁜 습관을 고치도록 돕기 위하여 1년 내내 얼마나 애썼는가를 알 수 있다.

매일의 생활에서 이기적인 의도로 말하고 행동하는 것을 삼가고, 그 대신 사회의 이익을 추구할 수 있다. 다른 사람들이 본받을 기준을 세우는 것을 도울 수 있다. 이것들이 위대한 사람, 즉 대중의 복지를 자신의 복지보다 더 중요하게 생각하는 사람의 특성들이다.

다른 사람들이 본받을 좋은 예를 세울 필요가 있다. 요범 선생이 말한 위대한 사람의 특성들은 무엇인가? 위대한 사람은 그 자신의 복지를 무시하고 오직 다른 사람들을 이롭게 할 생각만 한다. 이기적인 사람은 오직 그 자신의 이익만 생각한다. 팔대인각경(八大人覺經)에서 '위대한 존재'는 8종류의 큰 깨달음을 가진 보살을 말한다. 그 경은 그들의 행위와 수행을 이야기한다.

'사랑과 공경의 마음을 지니는 것'은 무엇을 의미하는가? 때로는 겉으로 봐서 어떤 사람이 존경할 만한 사람인가 아니면 사기꾼인가 구분하기 쉽지 않다. 왜냐하면 사기꾼들이 존경할 만한 사람처럼 가장하기 때문이다. 그 차이는 흑과 백처럼 분명하다. 맹자(孟子)가 말했듯이 존경할 만한 사람과 보통사람의 차이는 그들이 의도하는 바에 있다.

유생(儒生)들은 존경할 만한 사람, 성인, 유덕한 사람들에 관하여 말한다. 불교는 수많은 부처님과 보살들에 관하여 가르친다. 그들 모두와 보통사람들과의 차이는 각각이 의도하는 바에 있다. 단지 겉모습만 보고 구별하기는 매우 어렵기 때문에, 종종 유덕한 사람들을 오해하기도 했다.

예를 들면 옛날 절강성 천태산(天台山)에 한산(寒山), 습득(拾得), 풍간(豊干)이라는 이름의 세 스님이 있었다. 천태산지(天台山誌)에 보면, 모든 사람들이 세 스님의 이상한 행동을 보고 정신병을 앓고 있는 것으로 생각했다고 기록되어 있다. 아무도 그들과 어울리지 않았다. 이 점은 겉모습이 사람들을 얼마나 쉽게 속일 수 있는가를 보여준다.

풍간의 일은 쌀을 쳐 껍데기를 벗기는 것이었다. 이 일은 또한 혜능 대사가 황매에 있을 때 하던 일이기도 하다. 실제로 아미타 부처님의 화신인 풍간은 모든 사람들을 먹이기 위하여 쌀을 쳤다. 한산과 습득은 각기 문수보살과 보현보살의 화신이었다. 그들은 또한 부엌에서 불을 피우고 다른 여러 가지 잡일들을 했다. 그들은 맨발로 누더기 옷을 입고 다녔고 바보처럼 행동했다. 모든 사람들이 그들을 쓸모없다고 느꼈다. 보통 사람이 단지 외모로만 보아서 누가 진정으로 유덕한 사람인가를 판단하기 어렵다는 것을 알 수 있다. 풍간이 그들이 실제로 세 성인의 화신임을 누설하였다.

그때 지방 관리인 여(閭) 지사가 부임하는 곳으로 여행 중이었는데 그의 어머니가 병들었다. 여 지사는 의사 몇 사람이 그의 어머니를 치료하지 못하자 매우 걱정했다. 풍간이 근처를 지나가다 여 지사를 찾아, "당신 집안의 누군가 병들었습니다. 나는 그 사람을 치료할 수 있습니다."라고 말했다. 당연히 지사는 그 후 그에게 커다란 고마움을 느꼈다.

풍간이 스님이라 그는 어느 절에서 왔는가 물었다. 풍간이 "나는 천태산에서 삽니다."라고 대답했다. 여 지사는 "스님 절에 어떤 성인이나 유덕한 사람이 있습니까?" 하고 물었다. 풍간이 "문수보살과 보현보살이 거기 삽니다."라고 대답했다. 여 지사는 "내가 그들을 어떻게 알아내어 배울 수 있겠습니까?"라고 물었다. 풍간이 한 사람은 한산이고, 다른 사람은 습득이라고 말했다.

새 직위에 부임하고나서 며칠 후 여 지사는 두 대보살에게 경의를 표하기 위하여 천태산으로 갔다. 도착하자마자 그들이 부엌에서 일하며 이상하게 행동하는 것을 보았다. 그는 곧 무릎을 꿇고 경의를 표했다. 두 스님들은 그를 무시하는 것처럼 하다가 빠르게 돌아서 달아났다. 여 지사는 수행원을 시켜 그들 뒤를 좇아 어디로 가는지를 알아보도록 했다. 두 스님이 산기슭으로 달려가자 산이 열렸다. 두 스님이 들어가자 산이 다시 닫혔다. 그러나 그들이 산 속으로 사라지기 전에 "아미타 부처님이 너무 말을 많이 하신다."라고 말하는 것이 들렸다. 여 지사는 그때 풍간이 실제로 아미타 부처님인 줄 깨달았다. 두 보살들은 아미타 부처님이 끼어들어 그들의 신분을 노출시키지 말았어야 했다고 불평하고 있었다. 이래서 이 세 사람이 실제로 위대한 성인들이었음을 알 수 있었다.

그때 절에서 한 달에 두 번씩 계를 외우는〔誦戒〕중요한 행사가 있었다. 한산과 습득은 가끔 절 밖에 서서 다른 스님들을 조롱했고 따라서 모두가 그들을 싫어했다. 다른 스님들이 한산과 습득이 실제로 보살들의 화신임을 알았을 때, 매일 이 세 성인들이 그들에게 식사를 차려준 것을 부끄럽게 여겼다. 이는 보살들의 의도가 보통사람들과 어떻게 다른지 보여주고 있는 예이다.

진정으로 존경할 만한 사람의 마음은 다른 사람들에 대한 친절과 존경으로 가득 차 있다. 이 세상에 수천 종류의 다른 사람들이 있고, 어떤 사람들은 가깝고 다른 사람들은 낯설다. 어떤 사람들은 권세를 갖고 다른 사람들은 없다. 어떤 사람들은 영리하고 다른 사람들은 그렇지 않다. 어떤 사람들은 유덕하고 다른 사람들은 부패했다. 그러나 우리는 모두 인간이고 따라서 한몸이다. 우리는 어떤 사람도 미워하거나 경멸해서는 안 된다.

보현보살의 10대원의 첫째는 모든 부처님과 생물들을 평등하게 공경하는 것이다. 사람들의 외모에 차이가 나도 원리의 측면에서 이를 이해하는 사람에게는 모든 사람들은 동체(同體)이다. 현상 또는 겉모습의 측면에서 차이가 존재함을 안다. 그럼에도 불구하고 우리는 모두 인간의 한 부분이고, 서로 다른 사람의 한 부분이다. 이것을 깨달을 때 우리는 다른 사람들을 자신처럼 볼 것이다. 부처님은 "모든 시간과 공간을 통하여 오직 하나의 자기만 있다."고 말씀하셨다. 따라서 부처님의 친절과 자비는 '무연대자(無緣大慈)'이고 '동체대비(同體大悲)'이다. 우리는 지혜로써 이해하고 존경하고 전해야 할 필요가 있다. 생물이든 무생물이든 모든 존재에게 친절하고 공경해야 한다.

우리의 마음이 다른 사람들에 대한 친절과 공경으로 가득 차면, 그것은 마치 성인과 유덕한 사람들에 대한 친절과 공경으로 가득 찬 것과 같다. 다른 사람들을 이해하고 사이가 좋으면 그것은 마치 성인과 유덕한 사람들을 이해하고 사이가 좋은 것과 같다.

옛날에 교양 있는 사람들은 성인과 유덕한 사람들을 존경하는 법을 알았다. 오늘날 기술사회는 탐욕, 진에, 무지와 오만 속에 빠져있다. 오늘날 사람들이 존경을 보이더라도 그 생각과 의도는 옛날 사람들과 다르다. 옛날 사람들의 존경은 진실했고, 성인과 유덕한 사람들은 사회가 본받아야 할 모범이었다. 성인을 보면 사람들은 그를 본받아 즉시 자신의 행동을 고치려고 했다. 그런데 오늘날 사람들은 대부분 무언가 대가로 얻을 생각을 하고, 형식적으로 보살과 천지의 신들에게 경의를 표한다. 대개 이것이 유일한 의도이다.

요범 선생은 다른 사람들을 이해하고 사이좋게 지내는 것이 성인과 유덕한 사람들을 이해하고 사이좋게 지내는 것과 같다고 말했다. 그들의 주된 목적은 모든 사람들을 위해 선과 행복을 창조하는 것이다. 누가 평화롭고 번영하는 세계에 사는 것을 더 좋아하지 않겠는가? 대부분의 사람들은 5가지 행운인 부귀, 장수, 공덕, 고통과 역경 없음, 그리고 편안한 죽음을 원한다.

대부분의 사람들이 원하는 것은 단지 좋은 결과뿐이다. 그러나 그들이 모르거나 잊어버린 것은 좋은 결과는 오직 좋은 원인을 만들었을 때만 온다는 것이다. 만약 좋은 원인을 만들거나 선행을 하지 않고도 좋은 결과를 기대한다면 이것은 비합리적이다. 성인과 유덕한 사람들은 모든 사람들이 행운을 얻기를 원한다. 이러한 유덕한 사람들은 큰 지혜를 가졌음에 반하여, 보통사람들은 미혹하고 무지하다. 따라서 유덕한 사람들은 모든 사람들에게 행운을 받도록 선행을 하고 공덕을 쌓는 방법을 가르친다.

선행을 하고 공덕을 쌓는 일은 모든 존재들과 상황에 대하여 친절과 존경심을 갖는 것을 배우는 것에서 시작한다. 이러한 친절과 존경심은 진실해야 한다. 모든 부처님과 사물들을 평등하게 공경하는 것이 보현보살 10대원의 첫째가 되는 이유이다.

왜냐하면 모든 유덕한 사람과 성인들은 사람들이 그들이 원하는 것을 얻기를 바라기 때문이다. 만약 사람들에 대한 친절과 존경심을 갖고 그들의 노력이 성취되도록 도울 수 있다면, 우리도 성인이나 유덕한 사람으로 행동하는 것이다.

성인, 유덕한 사람과 보살들의 유일한 의도는 모든 존재들에게 그들이 원하는 것을 올바르게 얻는 법을 가르치는 것이다. 유덕한 사람들은 특출하고 지성적이고 또 그러한 경향의 사람들에게 부처님이나 보살이 되는 길을 가르치려고 노력할 것이다. 그런 경향이 아닌 사람들에게는 그들이 원하는 것을 얻도록 도우려고 애쓸 것이다. 따라서 우리도 또한 모든 존재에게 친절과 존경심을 갖는 것이 좋다.

'다른 사람의 아름다움을 이루도록 하는 것'은 무엇을 의미하는가? 만약 우리가 천연의 옥을 내던져버리면 그것은 가치 없는 돌로 남을 것이다. 그러나 그것에 조각을 하고 닦으면 귀중한 물건으로 변할 것이다.

우리는 다른 사람들이 애쓰는 일을 성취하도록 도울 필요가 있다. 남을 돕는 것은 진성의 한 덕성이고 공덕을 증장한다. 옥은 조각하고 닦았을 때 모든 돌 중에서 가장 우아하고 아름다운 것의 하나인 보석이 될 수 있기 때문이다.

따라서 선행을 하거나 올바른 목표를 향하여 일할 능력이 있다고 느끼는 사람들을 볼 때, 그들을 인도하고 지원하고 격려하여 성공하도록 도울 수 있다.

이것은 재능 있는 사람을 키우는 일에 관한 것이다. 마음이 친절하고 성품이 충직하고 관대하고 목표가 유덕한 다른 사람들을 볼 때 모든 가능한 방법으로 그들을 도와야 한다. 그들이 올바른 길을 따르도록 격려하고, 목표를 달성할 때까지 지원해야 한다.

    화엄경은 이것의 매우 좋은 예이다. 53선지식을 찾아 배우는 선재동자는 비록 어리지만 높은 수준에 있는 선배이고 연장자로 여겨야 할 것이다. 그의 덕성, 공덕, 지식은 실로 존경받을 만하다. 우리는 그로부터 많은 것을 배울 수 있다. 선재동자가 각각의 선지식을 만났을 때 그는 절하며 경의를 표했다. 선지식들은 그에게 "어디에서 왔고, 왜 여기에 왔으며, 구하는 것이 무엇인가?" 물었다. 53선지식 모두 꼭 같은 질문을 했고 모두 같은 대답을 들었다. 따라서 이 질문과 대답은 기억할 만하다.

    대답의 첫 부분은 다음과 같다. "나는 최상의 깨달음을 이루기를 발원했고 무상보리를 성취하기 바랍니다. 그러나 나는 어떻게 수행해야 할지 또는 어떤 마음을 가져야 할지 모릅니다. 그래서 당신의 지도를 받으려고 왔습니다."

    목표를 세우는 것은 발원하는 것을 의미한다. 만약 그 목표가 가치 있고 학생이 부지런하면 최선을 다해서 그를 도와야 한다. 따라서 올바른 목표를 가지는 한 그 가르침이 세속적이든 그를 초월하든 밝은 미래와 커다란 성취를 갖게 될 것이다. 이러한 가능성을 가진 사람들을 보게 되면 그들이 시도하는 것을 격려하고 도울 수 있다. 그들이 어려움을 당하면 그들이 배우는 데 집중할 수 있도록 어려움을 덜어주어야 한다.

    다른 사람들이 부당하게 그들을 비난하면, 그들이 오명을 씻도록 하고 중상의 부담을 나누도록 노력할 수 있다. 그들이 일어서서 사회의 한 기능을 수행하도록 도와주었을 때, 비로소 다른 사람들이 선행을 하도록 돕는 책임을 완수하게 될 것이다.

성인(聖人)이 되는 수행과정에서 세간이든 출세간이든 사람들은 질투와 중상을 당하게 되어있다. 이것이 그들을 당혹하게 하여 공부를 더 지속하지 못할 정도로 실망시킬 수 있다. 이것은 비극적인 손실이 될 것이다. 우리는 이러한 일이 일어나지 않도록 그들의 문제와 걱정을 분담해야 한다. 다른 사람들이 그들을 중상할 때 오명을 씻도록 할 수 있는 모든 일을 다 해 도와주어야 한다. 우리가 이 일을 할 수 있다면 큰 지식, 지혜, 공덕을 이루게 될 것이다. 왜냐하면 그들이 사회에 기여할 수 있게 된 부분적인 이유는 그들이 목표를 이룰 수 있도록 도왔기 때문이다. 그들이 많은 공덕을 쌓는다면 그들이 성취하도록 도운 사람도 같은 양의 복을 받게 될 것이다.[40]

선량한데도 다른 사람들이 왜 괴롭히려 하는가? 좋은 일은 쉽게 오지 않는다. 덕을 쌓고자 하는 사람에게는 많은 장애가 있다. 만약 어떤 사람이 나쁜 일을 하고자 하면 마귀[41]는 악을 좋아하므로 대단히 기뻐할 것이다. 악행을 하려는 사람을 방해하지 않을 뿐만 아니라 도와주려고 모든 일을 다 할 것이다. 반면에 유덕한 행동을 하려고 하면 이것이 그의 바람에 거스르므로 방해하기 위해 모든 일을 다 할 것이다.

마귀는 문제를 일으키는 한 요소이고 전생 업의 빚쟁이들이다. 그들은 우리가 수행을 잘하여 육도윤회를 초월할지도 모른다고 염려하며 수행을 저지하고자 한다. 이것은 전생에 그들에게 진 빚을 갚지 않았기 때

---

40) 옛날 중국에서는 매우 훌륭한 사람을 황제에게 천거한 사람도 포상을 받았다. 왜냐하면 이 사람이 국가를 위하여 백성에게 혜택을 가져오는 일을 할 때마다 그것은 다른 사람이 그를 천거한 결과이기 때문이다. 이 사람이 한 선행은 그를 천거한 사람의 선행과 같다. 따라서 옛날 중국에서는 사람들이 종종 선량하고, 효성스럽고, 정직하고, 유능한 사람들을 황제에게 추천하곤 했다.
41) 우리가 선행을 하거나 수행에서 성취하는 것을 방해하려고 하는 모든 사악한 존재들.

문이다. 이 빚은 돈일 수도 있고 목숨일 수도 있다. 이 빚쟁이들이 가만히 서서 수행에 성공하는 것을 보고만 있지 않고, 목표를 달성하지 못하도록 장애들을 일으킬 것이다. 따라서 깨달음의 길에는 장애들로 가득 차 있다.

무량한 겁을 통하여 사람들은 무수한 업장을 만들었다. 어떻게 업장에서 벗어날 수 있겠는가? 우리의 공덕을 업의 빚쟁이들과 나누기 위하여 매일 우리의 공부를 그들에게 회향해야 한다. 공덕을 그들에게 넘겨줌으로써 완전한 공덕을 성취할 것이다.

대부분의 사람들은 그들과 다른 사람들을 싫어한다.

대부분의 사람들은 자신과 같은 사람들을 좋아하고, 자신과 다르면 거리감을 둔다. 예를 들면 불교를 수행하는 사람들은 다른 사람들보다 불교를 수행하는 사람들에게 더 친밀감을 느낀다. 이것은 가족 안에서 특히 눈에 띈다. 만약 부모와 형제들이 수행하지 않고 자신만이 홀로 채식주의자일 때 갈등이 있을 것이다. 이것은 실제로 자신의 과실이므로 잘못하고 있다고 생각할 필요가 있다.

왜 다른 식구들이 불교 수행을 반대하는가? 때로 불교 도반들이 방문했을 때 가족보다 그들에게 더 가까운 것처럼 보일지 모른다. 그들과 함께 있을 때 어머니와 있을 때보다 더욱 행복하게 보일지 모르고, 이를 본 어머니가 기분이 상할 수 있다고 생각해야 한다. 따라서 다른 수행자들에게 하는 것처럼 가족을 사랑하고 보살펴야 한다. 그러면 가족이 불교 수행을 반대하지 않을 것이다. 오직 한 사람만이 수행할 때 가족간에 갈

등이 일어난 경우들이 많다. 그 사람은 자신의 행동을 잘 생각하지도 않았고 불만의 원인이 무엇인지도 알지 못했다. 오직 객관적일 때 문제를 볼 수 있다.

다른 도반들이 방문했을 때 부모님을 더 한층 공경하여 가족들이 기분 좋게 느끼도록 해야 한다. 이렇게 함으로써 그들이 더 이상 수행을 반대하지 않을 것이다. 더 나아가 불교를 좋아하게끔 되어 친구와 친척들에게 따르도록 격려할지 모른다. 따라서 가족을 대할 때 말로 하는 교육이 아니라 순 황제처럼 행동으로 좋은 예를 세우는 교육을 해야 한다. 그러면 그들이 불교수행의 좋은 결과를 보게 되어 자동적으로 불교를 옹호하도록 도울 것이다.

우리 주위에는 항상 나쁜 사람들이 좋은 사람들보다 많다. 따라서 좋은 사람들은 그 스스로 서는 데 어려움이 있다.

부도덕한 사람들이 다수이고 착한 사람들보다 더 세력이 있다. 이 때문에 착한 사람들은 스스로 서는 데 종종 어려움이 있고 좋은 일을 하는 것은 더욱 어렵다. 왜냐하면 다른 사람들이 장애를 만들려고 힘쓸 것이기 때문이다.

부처님 이래로 위에 말한 상황이 줄곧 대를 이어 불교도들에게 발생했다. 한 예가 혜능 대사이다. 그는 깨달음을 얻은 후 15년 동안 사냥꾼들 속으로 숨어버렸다. 왜냐하면 그가 부닥친 질투와 장애 때문이었다.

착한 사람들은 종종 배울 기회가 없고 부도덕한 사람들의 방해를 받는다. 이는 스스로 서려고 노력하는 착한 사람들이 선행을 바라는 만큼

할 기회를 가질 수 없는 이유이기도 하다. 그들 자신은 오염되지 않고 청정하게 남을지는 몰라도 남을 도울 힘은 없다. 만약 그들이 전 세계를 위하여 좋은 일을 할 수 있게 되기를 바란다면, 지혜와 행운과 덕을 가진 우리가 그들을 돕기 위해 최선을 다해야 한다.

좋은 사람들은 유명해질 수 있는 능력과 덕을 갖고 있다. 그들은 보통 겉모습에 신경을 쓰지 않는다. 그들은 쉽게 부당하게 비난받을 수 있으며 따라서 선행을 하려고 노력하는 것이 어려운 일이 되어버린다. 이 일이 생길 때 착한 사람들이 스스로 서도록 보호하고 돕는 것은 전적으로 유덕하고 나이든 사람들의 몫이다. 그들은 사람들이 선행을 하는 데 필요한 것을 제공함으로써 이 일을 할 수 있다. 이 일을 하는 유덕하고 나이든 사람들의 공덕은 참으로 크다.

보통 뛰어나게 훌륭한 능력과 덕을 갖춘 사람들은 명예를 얻는다. 그 지방에서 그들은 잘 알려진다. 생활은 편안하고 사소한 일에 거의 신경을 쓰지 않는데, 이로 인해 불행히도 다른 사람들을 불쾌하게 만든다. 불교를 수행할 때 우리는 부처님, 불법과 스님을 지극히 공경해야 한다. 그러나 중요하지 않은 일에 지나치게 신경을 쓸 필요가 없다. 왜냐하면 그렇게 하는 것이 수행에 지장이 될 것이기 때문이다.

존경스러운 사람을 보면 공경심을 느끼고 나타내야 된다. 그러나 존경스럽지 못한 사람들을 보게 되면 신경을 쓰지 않아야 한다. 수행에서 "청정한 마음이 청정한 국토를 낸다(心淨則土淨)."라고 믿어야 한다. 밤낮으로 항상 '아미타불' 염불을 기억해야 한다. 그 외의 모든 것은 중요하지 않다.

또한 수행에서 형식에 집착해서는 안 된다. 예를 들면 늙고 불편한 사람들은 독경할 때 무릎을 꿇을 필요가 없다. 아미타 부처님과 합일을 구하는 것이 가장 중요하다. 누워있을 때에도 수행을 계속할 수 있다. 병약하거나 늙은 사람들은 '아미타불'을 부르거나 경을 읽을 때 가장 편한 자세를 취할 수 있다. 만약 힘이 없으면 누워서 테이프로 경을 들을 수 있다. 침대에 누워서 경을 듣거나 '아미타불'을 불러도 똑같은 공덕을 성취할 수 있다. 그러나 건강에 해롭기 때문에 누워서 큰 소리로 염불하는 것은 좋지 않다.

대승불교는 융통성이 있고 구속이 적다. 그런데 의식과 규칙이 무엇을 위하여 있는 것인가? 그것은 다른 사람들이 존경심을 느끼고 불교를 수행할 마음을 유발하도록 돕는 교육적 행위로 사용된다. 반면에 소승불교는 자기훈련을 강조한다.

뛰어난 재능이 있는 사람들은 사소한 일에 신경을 쓰지 않아 결과적으로 다른 사람들을 불쾌하게 만들고 화제가 된다. 따라서 좋은 일을 하려고 애쓰는 것이 어려운 일이 되고 만다. 왜냐하면 착한 사람들은 종종 비난과 중상을 받기 때문이다. 이 일이 생길 때 선행을 하려는 사람들이 사회에 기여할 수 있기 위해서는, 난관을 극복하는 데 도움이 되는 지혜와 덕을 가진 유덕한 사람이나 연장자에게 의지하지 않으면 안 된다. 이를 돕는 유덕한 사람과 연장자들은 최대의 공덕을 얻게 될 것이다. 왜냐하면 그들은 단지 한 개인이 아니라 모든 사람들이 같은 행운을 향유할 수 있도록 사회의 모든 사람을 돕기 때문이다. 이것이야말로 진실로 큰 공덕이다.

만약 법사(法師)를 격려하고 도와 그가 다른 사람들에게 불교를 가르칠 수 있도록 할 수 있다면 그 공덕은 비교할 수 없이 클 것이다. 그러나 많은 사람들이 이것을 모른다. 그들은 절을 복원하는 데 돈을 보시하면 그 공덕이 더 크리라 생각한다. 실제로 그러한 공덕은 제한되어 있다. 사실상 때로는 선의를 가졌음에도 불구하고 나쁜 일을 저질렀을지 모른다. 따라서 오직 재능 있는 사람들을 양성함으로써 진실로 큰 공덕을 얻게 된다. 오직 이러한 법사들의 전법 덕분에 불교가 이 세상에 남을 수 있는 것이다.

재능 있는 불교 교육자를 격려하고 돕는 일은 매우 어렵다. 그들은 스스로의 깨달음과 함께 다른 사람들이 깨닫도록 도와야 한다. 그들의 마음은 청정하고 분별하지 않고 이기심이 없어야 한다. 이것들이 불교를 가르치는 사람들에게 필요한 자질이다. 진정한 불교의 계승자를 만나면, 그를 돕는 데 최대의 노력을 다 해야 한다. 일단 이 사람이 성취하여 불교에 크게 기여할 수 있다면, 이 사람을 도와 성취한 공덕은 그의 공덕과 같아질 것이다.

왜 불교의 교육자들이 그렇게 적은가? 다른 사람들을 가르칠 기회가 아직 오지 않았는지도 모른다. 또는 그 사람들이 모든 중생들을 돕기 위해 가르침을 전파하는 데 진지하게 헌신하지 않기 때문인지도 모른다. 그들의 발원에 확신이 없고 성격에 흠이 있는지도 모른다. 그리고 종종 재가불자들이 나이든 법사들에게 아첨하고 듣기를 좋아하여 새로운 법사들에게 가서 들으려고 하지 않는데, 이 일이 새로운 법사들을 실망시켜 의식(儀式)을 집행하는 일로 돌아설지 모른다. 재가불자들이 적절한 기회를 제공해야 하는 책임을 다하지 못하여 발생하는 것이다.

따라서 새로 온 법사들이 경전을 강의하려고 발원하면 가서 가르침이 정확한지 들어 보아야 한다. 그러나 만약 가르침이 정확하지 않으면, 듣지 않아 새로 온 법사가 반성하여 허물을 고칠 수 있도록 해야 한다. 허물을 고치면 다시 강의를 들으며, 가르침을 전파하도록 격려해야 한다. 이것이 새로 온 법사들을 칭찬하고 깨달음을 추구하는 그들의 발원을 격려하는 올바른 방법이다. 아울러 우리는 그들에게 배울 수 있는 적절한 환경을 제공할 필요가 있다. 이 공덕은 불교의 생명력을 연장할 수 있으므로 무한한 가치를 지닌다.

다른 사람에게 선행을 권하라

• • •

'다른 사람에게 선행을 권하는 것'은 무엇을 의미하는가? 인간으로서 우리는 모두 선량하고 양심적이기를 원하나 부와 명예를 추구하는 데 너무 바빠 양심에 귀 기울이는 것을 중단해버렸다. 이것은 고난으로 가득 찬 세계에 살아남아야 하는 현실의 결과이다. 친구가 가치 없는 어떤 일을 하기 위해 양심을 무시하려고 하면, 그가 미혹에서 깨어나기를 바라면서 이 친구를 깨닫게 하고 경고할 수 있다. 이것은 어떤 사람이 악몽을 꿀 때 그를 깨우는 것과 같다. 그를 흔들어 악몽을 현실로 깨우는 것은 우리에게 달려 있다. 어떤 사람이 오랜 기간 의기소침하여 있으면 이 사람을 이로부터 끌어내어 그의 마음이 밝아지도록 도울 수 있다. 만약 친구를 이러한 친절로 대할 수 있다면 매우 유덕한 것이다.

실제로 모든 사람이 선량하기를 더 좋아한다. 가장 나쁜 사람도 대부분 자신이 선행하기를 좋아한다고 말한다. 이로부터 우리는 선한 마음과 행동이 인간의 참된 본성이라고 결론지을 수 있다. 불교는 이것이 진성(眞性)의 성덕(性德)이라고 가르친다. 만약 이것이 사실이라면 왜 사람들은 부도덕한 행동에 호소하는가?

두 가지 이유가 있다. 첫째 사람들은 그들의 번뇌와 습관 때문에 나쁜 짓을 한다. 둘째 그들은 나쁜 여건 때문에 그렇게 한다. 비록 나쁜 일을 하지만 대부분은 양심 때문에 괴로워한다. 불행히도 그들은 잘못을 고치도록 도와주는 좋은 친구가 없어, 더욱 미혹되고 혼란스러워진다.

요범 선생이 말했듯이 비록 선행을 하고 싶으나 고난으로 가득 찬 세상에서 살아남아야 하기 그렇게 하는 것을 잊어버린다. 생계를 이으려고 애쓰면서, 가족의 생활을 어떤 수준으로 유지하기 위하여, 그리고 출세하기 위하여 많은 일들을 한다. 따라서 우리가 사는 환경이 우리의 행동을 크게 좌우한다. 이것이 부도덕한 사회에서 재앙이 될 수 있다.

예를 들면 많은 사람들이 도박을 좋아한다. 그들의 집착은 그들 자신, 가족과 사회를 해롭게 할 것이다. 이 위험한 추세는 서서히 전 세계에 영향을 미치고 있다. 매스컴의 영향으로 이러한 부정적인 영향은 세계의 가장 먼 구석에 도달해 큰 피해를 줄 때까지 퍼져나간다. 이리하여 친구나 친척이 어려움에 처한 것을 볼 때, 그들이 이성을 찾도록 돕고 나쁜 영향에서 그들을 끌어내기 위하여 최선을 다해야 한다. 그들에겐 요범사훈을 읽는 것으로부터 시작하도록 격려할 수 있다. 왜냐하면 이 책에 있는 원리들이 모두 진실이기 때문이다.

때로 주식시장에서 아주 쉽게 돈을 벌 수 있음을 발견한다. 그러나 주식을 거래하여 번 돈은 본래 자기 것이 될 운명이었다. 만약 운명이 재산을 가질 수 없는 것이라면 그 돈은 곧 나갈 것이다. 돈을 취급하는 것에 관해 말하자면 돈을 가지고 있으면 강도에게 뺏길 것을 두려워한다. 만약 은행에 저축하면 우리가 할 수 있는 것은 단지 그것을 보는 것뿐이다. 은행에 저축된 돈과 다른 사람의 돈과 어떤 차이가 있을까? 이것을 생각할 때, 재산은 오직 탐욕과 노여움, 오만만을 증대시킴을 깨닫게 될 것이다.

사람들이 기본적으로 필요로 하는 것은 충분한 음식, 적절한 의복, 안

전하게 살 수 있는 장소이다. 우리의 행운을 단박에 다 써버리는 것보다 한번에 조금씩 사용하는 것이 더 낫지 않을까? 만약 가족이나 친구가 부당한 방법으로 재산을 모으려고 하면, 그래서는 안 됨을 깨닫도록 도울 필요가 있다. 이것이 올바른 길이다. 왜냐하면 그래야만 오래 지속할 수 있기 때문이다.

우리는 다른 사람들을 가장 이로운 것으로 도와야 한다. 불교는 융통성 있고 신묘하여 다른 사람들이 배워 깨달음을 얻도록 도우면, 우리가 말하는 것을 즐겁게 듣고 열린 마음으로 수용할 수 있게 된다. 이렇게 함으로써 다른 사람들이 개심하여 혼란에서 벗어나는 방법을 이해하도록 도울 수 있다. 그들의 경각심이 갑자기 높아지면 이것은 불교의 깨달음과 비슷하다. 모든 번뇌의 뿌리를 뽑는 것과 비슷하다. 남아있는 모든 것은 평정과 자유의 느낌이다. 이것이 지혜이다.

언젠가 한유(韓愈)라는 선비가 말했다. "입에서 나온 말로 다른 사람들을 잠시 설득하고 감화할 수 있다. 만약 다른 사람들을 글로써 설득하고 감화할 수 있으려면 그 사람의 말이 세상에 수백 세대 전해질 수 있어야 한다." 그 상황에 어떤 것이 적합한가에 따라 우리는 말이나 또 글을 사용할 수 있다.

이것은 융통성 있고 편리한 가르침의 방법을 보여준다. 말로써 원리를 설명하고 다른 사람들이 깨닫도록 돕기 위하여 조언한다. 그러나 이것은 오직 금생에만 그들을 이롭게 한다. 만약 많은 다른 사람들과 미래의 세대까지도 인도하고자 하면 글을 이용하는 것이 최선의 방법이다.

좋은 말과 행동을 기록함으로써 미래의 세대들에게 전해줄 수 있다. 이것이 이 좋은 말들을 확실하게 보존하는 방법인 것이다.

이 한 예가 요범사훈이다. 요범 선생이 이 책을 쓴 목적은 그의 아들에게 악행을 범하는 위험을 경고하는 것이었다. 요범 선생은 이 네 가지 교훈이 많은 세대에 널리 읽히는 것을 의도하지 않았다. 그러나 그는 의도하지 않은 채 커다란 선행을 하였다. 많은 사람들이 그의 가르침을 따라 운명을 고통에서 행복으로 바꾸는 데 성공하였다. 요범 선생의 글에서 큰 이익을 본 것이다. 이 얇은 책이 사람들에게 선을 가르치는 중요한 한 예이다. 그는 그의 후손들이 선을 이해하고 닦고 배우기를 바라면서 자신의 일생을 하나의 예로 들었다. 이것이야말로 가장 효과적이고 심원하고 포괄적인 선이다.

많은 사람들이 글을 쓸 자격이 없다고 생각할지 모른다. 그러나 모두 자격이 있다. 매일 보고 듣는 한두 가지 일들을 기록할 수 있다면, 그 결과는 이 책의 교훈들과 같아질 것이다. 마음이 진실하고 결의가 흔들리지 않는 한, 말로 사람들을 설득하고 글로 후세를 설득하는 것이 어렵지 않음을 알 수 있다.

덕행을 격려하기 위하여 우리는 다른 사람들을 말이나 글로 설득할 수 있다. 행동으로 다른 사람들을 가르치는 것에 비해 말과 글은 더욱 직접적이고 분명하다. 때로는 우리가 행동으로 다른 사람들을 가르칠 시간이 없다. 그때는 말이나 글로 하는 교육이 더욱 효과적이다. 뿐만 아니라 만약 그것을 병에 대한 올바른 약처럼 적용할 수 있다면 놀라운 효과를 보여줄 것이다. 그러므로 우리는 포기할 수 없다.

순 황제가 어부들에게 그랬던 것처럼 도와주려는 사람들과 잘 교섭하고 자신의 행동이 그들의 본보기가 되어야 한다. 불교에서는 사섭법(四攝法)이 모든 중생들을 인도하고 감화하는 데 이용된다.

첫째 방법은 다른 사람들과 좋은 인연과 친목을 만들기 위하여 아낌없이 주는 일이다(布施). 일단 정직하게 다른 사람들의 신임을 얻으면 말하고 행동하는 것이 그들에게 긍정적인 효과를 줄 것이고 그들은 우리가 말하고 행하는 것을 더 잘 받아들일 것이다.

둘째 방법은 친절한 말을 쓰는 일이다(愛語). 이것은 그들을 움직이기 위하여 아첨이나 구변 좋게 말하는 것을 의미하지 않는다. 친절한 말은 다른 사람들을 융통성 있게 대하여 그들을 편안하게 느끼도록 만드는 것이다. 이 교훈에서 중봉 대사가 이전에 설명했듯이, 우리의 동기가 다른 사람들에 대한 친절에서 비롯하였으면 꾸짖거나 벌해도 그것은 친절한 행동이 될 것이다.

그러나 꾸짖을 때는 그들이 비난을 감당하고 받아들일 만한 능력을 고려해야 한다. 만약 지나쳐서 그들이 거부하면, 부정적인 효과를 가져올 것이다. 따라서 다른 사람의 허물을 말할 때 주위에 아무도 없는 것을 확인하여, 그들이 곤혹스러워하거나 반감을 갖지 않도록 해야 한다. 이것이 융통성 있게 사람을 편하게 돕는 하나의 예이다.

셋째 방법은 이로운 행동이다(利行). 이것은 우리의 말과 행동이 진실로 남을 돕는 것이 되어야 함을 의미한다. 넷째 마지막 방법은 동료관계와 협조이고(同事), 이것은 남들과 함께 올바른 활동에 참여하고 좋은 예를 보임으로써 그들을 인도하는 것이다.

부처님께서 중생을 인도하실 때, 주로 이 네 가지 방법을 사용한다.

우리는 다른 사람들에게 선량하도록 격려할 때 말로써 교육하고, 친절을 가르치기 위하여 남과 함께할 때 행동으로써 교육한다.

만약 사람을 잃어버리는 실수(이 사람을 선도하는 것이 옳은 일이었으나 선도하지 않았음) 또는 말을 낭비한 실수(이 사람을 설득하는 것이 옳지 않았으나 그러했음)를 하면, 우리는 생각해서 그 실수를 반복하지 않는 지혜를 발견해야 한다.

어떤 사람에게 조언할 수 있었는데도 그렇게 하지 않았을 때, 우리는 가르칠 수 있는 기회를 잃어버린 것이다. 만약 어떤 사람이 선행을 할 능력이 있는데 그를 올바른 길로 인도하지 않는다면, 우리는 그를 잃어버린 것이다. 반면에 만약 어떤 사람이 융통성이 없어 말을 듣지 않으려 함에도 불구하고, 고집스레 그를 설득하려 든다면 말을 낭비한 것이다. 다른 사람들과 교섭할 때, 그들이 어떻게 반응하는가를 보기 위하여 상식을 쓰는 법을 배워야 한다. 이렇게 함으로써 사람을 잃거나 말을 낭비하는 것을 방지할 수 있다. 혜능 대사가 육조단경에서 말했듯이 다른 사람들이 말을 듣고 수용하려 할 때 그들을 가르치지만, 그렇지 않으면 단지 합장하고 그들의 행복을 빌 따름이다.

'위급한 사람을 돕는 것'은 무엇을 의미하는가? 사람들이 때로 심각한 어려움을 겪는다. 만약 이러한 사람을 만나면, 마치 자신이 고통을 당하는 사람인 것처럼 즉시 그 사람을 돕는다. 만약 어떤 사람이 부당하게 고소당하거나 유죄 선고를 받으면, 그 사람 대신에 탄원하고 할 수 있는 모든 방법으로 그를 도와야 한다. 선비 최자(崔子)는 언젠가 말했다. "은혜가 크고 적은 것이 문제가 아니다. 중요한 것은 그것이 다른 사람들이 가장 필요로 할 때 행해졌느냐 하는 것이다." 이것이 어진 사람의 말이다.

누구나 그의 일생에서 불행을 만나기 마련이다. 우리는 지금 비교적 평화로운 세상에 살고 있다. 그러나 항상 이러한 평화를 향유할 수 있을 것인가? 만약 현재 우리가 향하는 길을 현실적으로 바라본다면 미래는 암울하게 보인다. 중년이나 노년에 어려움이 생기면 가장 불행한 일이 될 것이다. 따라서 고통을 당한 다른 사람들을 만나면, 같은 어려움을 당하는 것처럼 그들을 대하고 도울 수 있는 모든 일을 다해야 한다. 이것이 두려움 없음을 베푸는 것〔無畏施〕이다.

또한 다른 사람들이 억압받거나 학대받을 때, 그들 대신 탄원하고 그들의 결백을 증명하기 위하여 가능한 모든 일을 다해야 한다. 그들이 지속적으로 고통을 당하는 데도 도울 수 없다면, 이를 다른 사람들에게 알리고 도움을 청해야 한다. 선비 최자는 많이 도울 수 있느냐 적게 도울 수 있느냐가 중요한 것이 아니고, 남들이 도움을 가장 필요로 할 때 돕는 것이 중요하다고 말했다. 그러나 위급한 상황에서 도움을 준다고 해도 빈곤은 별개의 문제이다. 가난한 사람을 돕는 최선의 방법은 그들이 자활하여 독립할 수 있도록 생계를 세우는 방법을 가르치는 것이다. 이것이 가장 친절한 행동이다.

'큰 이익을 위하여 공공사업을 일으키는 것'은 무엇을 의미하는가? 작은 공사는 마을을 위하여 필요하고 도시를 위해서는 큰 건설 공사가 필요하다. 그 공사들이 사람들에게 이익이 되는 한 그것들은 건설되어야 한다.

작은 규모로 한 마을에 이익을 줄 수 있다. 더 큰 규모로 한 도시나 국가를 이롭게 할 수 있다. 오늘날 이것은 사회복지로 알려져 있다. 모든 시민과 모든 공공기관이 모든 사람들을 돕기 위하여 좋은 일을 하는 것이 그들의 책임이라고 생각하는 것이 좋다.

우리는 지역 사회에 도움이 되는 어떤 일이라도 해야 한다. 오직 모든 사람들이 행운을 가질 때만 그것을 함께 가질 수 있다. 다른 사람들이 고통을 당하고 오직 자신만이 홀로 행운을 즐기면 재난이 가까이 있다. 중국 속담이 말하듯이, 한 가정의 부는 수천 가정의 원한을 만든다. 만약 행운을 다른 사람들과 같이 나눈다면, 안정된 사회와 평화로운 세상을 만드는 데 도움이 될 것이다. 그리고 이것은 진정한 행운이 될 것이다. 행운을 남과 같이 나눌 때 그것은 위대한 지혜와 행운, 공덕의 표시가 될 것이다. 오늘날 '큰 이익을 위하여 공공사업을 일으키는 것'에 관하여 말할 때, 다른 사람들로 하여금 요범사훈의 가르침과 불교의 가르침을 수행하도록 권유함으로써 그렇게 할 수 있다.

공공사업은 농지의 관개시설을 건설하거나 홍수를 막기 위하여 제방을 쌓거나 통행의 편의를 위하여 다리를 놓는 것이 될 수 있다. 또한 굶거나 목마른 사람에게 음식이나 물을 줄 수 있다. 기회가 주어질 때마다 다른 사람들로 하여금 재물이나 노동을 나눔으로써 공사를 완성하는 데 그들의 몫을 다하여 돕도록 북돋워야 한다. 다른 사람들이 말하는 것을 두려워하지 말고, 그 일이 어려워질 때 용기를 잃어서는 안 된다. 다른 사람들의 질투나 증오로 유덕한 일을 하려는 의지가 약해져서는 안 된다.

옛날에는 농업이 실제로 모든 국가의 기초였고 따라서 관개시설의 건설이 매우 중요했다. 댐은 또한 홍수를 막기 위해서도 필요했다. 이러한 토목사업은 한 사람이 아니라 모든 사람의 이익을 위하여 시공되었다. 따라서 공사 중 장애들이 발생할 때에도 그것들이 완전하고 절대적인 선행의 완수를 막는 것이 용납되지는 않았다.

그러한 공사를 시작할 때 반대가 있을지 모르나 일단 완공되어 모든 사람이 이익을 보면, 그들은 그 가치를 알고 경주(傾注)된 노력을 고마워할 것이다. 따라서 우리의 시야는 넓고 포괄적이어야 한다. 모든 사람을 이롭게 하는 선행을 완수하기 위하여 지혜, 친절과 끈기를 가져야 한다. 이기적이고 오직 자신만을 이롭게 하는 것은 선이 아니다. 이것이 선과 악에 관한 중봉 대사의 기준이었다.

'재물을 보시하여 복을 짓는 것'은 무엇을 의미하는가? 불교에서 보시는 모든 방법 중 최고의 수행으로 여겨진다.

이것이 행운을 닦는 길이다. 불교에는 무한한 수행의 길이 있다. 그런데 이것을 간략히 하기 위하여 불교는 이 무한한 길들을 육바라밀이라고 불리는 여섯 개의 주요 수행으로 조직하였다. 부처님은 종종 육바라밀의 무수한 수행들을 가르치셨다.

그것들을 요약하면, 모든 육바라밀이 첫째 바라밀 즉 보시가 된다. 지계 또는 도덕적 자기 훈련과 인욕은 둘 다 두려움 없음을 주는 것[無畏施]으로 생각할 수 있다. 정진과 선정, 지혜는 가르침을 주는 것[法施]으로 생각할 수 있다. 따라서 이 세 종류의 보시가 불교의 모든 수행방법을 포함한다. 다른 방법들이 아무리 많다 해도 모두 주는 것에 포함된다. 금강경에서 부처님은 보시 수행에서 집착하지 않도록 가르치셨다. 이것이 모든 수행 방법의 궁극적이고 완벽한 지침이다.

따라서 주는 것이 행운을 닦는 것이다. 이것이 보살의 수행이다. 육바라밀이 행운을 닦는 길이므로 지혜도 행운의 일부이다. 가르침을 주는 수행을 하면 행운으로 여겨지는 지성과 지혜를 얻게 될 것이다. 두려움 없음을 주는 수행을 하면 건강과 장수를 얻게 될 것이다. 재물을 주는 수행을 하면 재물을 얻게 될 것이다. 중국 사람들은 이를 부귀(富貴), 장수(壽), 공덕(攸好德), 건강과 편안함[康寧], 좋은 죽음[考終命]의 오복(五福)으로 부른다. 좋은 죽음은 다음에 좋은 태어남으로 이어지므로 행운이다. 그리고 최선의 죽음은 부처님의 명호를 부르며 죽어 정토에 왕생하는 것이다. 내 일생에서 이러한 일이 일어나는 것을 많이 보았다.

이 세상에서 완벽한 행복을 얻기 위하여 이 책의 가르침을 따라 수행하면 틀리지 않을 것이다. 이 세상을 넘어 완벽한 행복을 얻기 원하면, 무량수경에 따라 수행해야 한다. 만약 무량수경과 요범사훈의 지침들을 따라 살아간다면, 커다란 해탈을 얻을 것이다. 여기에서는 남에게 베푸는 보시를 통하여 행운을 닦도록 격려한다.

무엇이 주는 것인가? 주는 것은 놓아버리는 것이다. 이 원리를 이해하는 현명한 사람은 내부의 여섯 감각기관[六根]에 대한 집착까지 놓아

버릴 정도로 모든 것을 놓아버리려고 한다. 또한 밖으로 보는 것, 듣는 것, 냄새 맡는 것, 맛보는 것, 만지는 것, 생각하는 것들(六塵)을 놓아 버릴 수 있다.

주는 것은 놓아버리는 것이다. 더 많이 줄수록 더 자유로워진다. '이 원리를 이해하는 현명한 사람'은 보살과 같이 진정한 지혜를 가진 사람이다. 육근과 육진을 놓아버리는 것은 육체적 측면에서 놓아버리는 것을 의미하지 않는다.

어떻게 육체에서 떨어질 수 있을 까? 비록 자신의 몸을 버릴 수 있다 해도 그것으로 문제가 해결되는 것은 아니다. 따라서 육근을 놓아버린다 말할 때, 그것은 자신을 마음의 측면에서 떼어놓아 어떠한 집착이나 분별을 갖지 않으며 외부적 현상에 유혹되지 않음을 의미한다.

금강경에서 "형상에 집착하지 않고, 안에서 움직이지 않는다(不取於 相 如如不動)."라고 배운다. 형상에 집착하지 않음은 밖에서 육진을 놓아 버림을 의미한다. 움직이지 않음은 안에서 육근을 놓아버림을 말한다. 일단 안과 밖에서 우리의 집착을 끊어버리면, 더 이상 미혹되지 않고 진성을 드러내어 부처님이 될 것이다.

무수한 전생에서 우리는 미혹되었었고 그리하여 생사의 굴레 속에 갇혀 있었다. 그러나 지금부터는 더 이상 어떠한 생사의 업도 만들지 않아야 할 것이다. 따라서 현명한 사람들은 고통스러운 이 세상을 초월하고 아미타부처님을 염불하고 서방정토에 태어나기를 원할 것이다. 청정한 마음을 유지하고, 죽어서가 아니라 살아서 아미타부처님이 정토로 인도함을 기다리게 될 것이다. 만약 죽은 후에 정토로 갈 수 있다면, 그것은 천도재가 실제로 효과가 있음을 의미한다. 실제로 중음신을 고통으로부터 천도하는 것은 제한적 효과만 있다. 단지 고통만을 줄일 뿐, 중음신을 정토로 천도할 수는 없다.

예를 들면 보지(寶坻) 대사는 관세음보살의 화신이었다. 대사는 양무제(梁武帝)의 사랑하는 아내의 중음신을 천도하였다. 그러나 그녀를 단지 욕계의 제2천까지만 천도하고 그 이상은 할 수 없었다. 정토에 왕생하도록 도울 수는 없었다. 다른 사람들을 정토로 천도하기를 바라나 그렇게 할 수는 없다. 그것은 단지 바람일 뿐이다. 정토에 왕생하는 것은 자신의 믿음, 발원, 그리고 수행에 달려 있다. 따라서 아직 건강하고 튼튼할 때, 수행의 길을 배우고 '아미타불'을 부르고 정토왕생을 발원하는 데 최선을 다해야 한다.

놓아버리는 것은 마음으로부터 하는 것이다. 그것은 자신의 마음을 오욕과 육진으로부터 떼어놓는 것이다. 우리는 몸이나 마음에 집착하지 않는 것을 배워야 한다. 사람들은 대개 망념, 분별심 그리고 집착으로 가득 차 있고 그것들을 끊기가 매우 어렵다. 정토수행법은 오직 아미타부처님만 생각하도록 생각을 바꾸는 것이다. 오직 아미타부처님에게 집중하고 그의 명호만 부르면, 마침내 자유로워질 것이다.

어떤 것이라도 줄 수 있어야 한다. 그렇게 할 수 없음을 발견할 때 재물을 주는 것으로부터 시작할 수 있다. 보통사람들은 그들의 의복과 음식을 생명처럼 귀중히 여긴다. 따라서 그들은 부를 가장 중요하게 생각한다. 자발적으로 줄 때 절실하게 필요로 하는 다른 사람들을 도우면서 인색한 마음을 고칠 수 있다. 그러나 특히 처음에는 많은 사람들은 이 일을 하기가 매우 어렵다. 그러나 더 많이 줄수록 점점 그 일이 더욱 자연스러워질 것이다. 이것이 이기심을 치료하고 집착과 인색함을 근절하는 최선의 방법이다.

금강경은 "형상 있는 모든 것이 허망하다(凡所有相 皆是虛妄)."고 가르친다. 이것은 모든 것을 주고 놓아버려 걱정과 집착에서 자유로우라고 가르친다. 만약 이것을 하기 어려울 때는 재물을 주어버려 그것에 영향 받지 않는 것에서부터 시작해야 한다.

이것은 또한 생사의 윤회에서 벗어나고, 육도를 초월하고, 보통사람을 성인으로 바꿀 수 있도록 부처님께서 가르쳐 주신 방법이다. 주는 것을 처음 배울 때 항상 그것이 다소 어렵다. 그래서 종종 마지못해 그렇게 하며 당혹감을 느끼고, 자신이 한 일에 후회를 하게 될지도 모른다. 이때 우리는 지혜를 써서 주는 것이 자연스럽게 될 때까지 점차로 그것을 습관으로 만들도록 노력해야 한다. 누구나 배우고 수행하면서 그러한 단계를 경험한다.

주는 것에서 걱정과 인색함이 줄어드는 것을 경험하게 될 것이고, 더 이상 부 또는 향락에 집착하지 않을 때 몸과 가슴과 마음은 커다란 만족과 해탈을 느끼게 될 것이다. 이때 진성이 드러나기 시작하여 완전한 만족과 자유를 얻게 될 것이다. 인과의 법칙은 이 세상에서나 그 너머에서 결코 변하지 않는다.

더 많은 재물을 줄수록 더 많은 재물을 얻게 될 것이다. 이 부가 어디에서 오는지 알지는 못하나, 반드시 그것은 올 것이다. 또한 더 많은 가르침을 줄수록 더 많은 지혜를 얻게 될 것이다. 따라서 어떤 재물이나 지식을 주지 않을 이유가 없다. 가난은 재물을 주지 않은 결과이다. 무지는 가르침을 주지 않은 결과이고, 병과 단명은 두려움 없음을 주지 않은 결과이다.

오복은 모두 주는 원인을 통하여 얻어진다. 따라서 좋은 결과를 얻기 위해서 좋은 원인을 닦지 않으면 안 된다. 먼저 원인을 심지 않고 결과를 얻을 수 있다고 생각하는 것은 망념이다. 이것은 불가능하다.

바른 가르침을 보호하고 유지하라
• • •

'바른 가르침을 보호하고 유지하는 것'은 무엇을 의미하는가? 수백만 년 동안 올바른 가르침은 진리의 기준이 되어 왔고 모든 살아있는 존재들에게 정신적 지침을 제공해 왔다. 올바른 가르침 없이 어떻게 천지가 만물을 낳아 기르는 일에 참여하고 지원할 수 있을 것인가? 올바른 가르침 없이 어떻게 사람들이 성취하도록 도울 수 있을 것인가? 모든 세계의 존재들이 생활의 기준 없이 어떻게 그들이 하는 일에서 성공할 수 있을 것인가? 어떻게 오욕, 육진, 미혹과 번뇌를 해탈할 수 있을 것인가? 올바른 가르침 없이 어떻게 세상에 기준을 세워 사람들이 육도를 초월할 수 있도록 도울 수 있을 것인가?

올바른 가르침은 공자나 석가모니 부처님의 위대한 가르침에서 발견되는 진리와 지혜의 기준을 써서, 현명한 성인들이 개인적으로 성취하여 입증되었다. 이것은 올바른 가르침을 보호하는 것이 얼마나 중요한 것인가를 보여준다.

중국에서 바른 가르침들을 보호할 때 먼저 공자와 맹자, 노자, 장자의 가르침들을 보호한다. 왜냐하면 그것들이 대승불교의 기초를 제공하기 때문이다. 요범 선생의 시대에는 모든 학자들이 공자의 가르침을 공부했기 때문에 이것은 문제가 안 되었다. 사서(四書), 오경(五經)과 수세기에 걸쳐 발전되어 온 여러 사상의 학파(諸子百家)들을 공부함으로써 모두가 유교에 대한 상당한 기초지식을 가졌었다.

오늘날 불교가 왜 어려움을 겪고 쇠퇴하였는가를 알기 위하여 이것을 이해해야 할 필요가 있다. 그것이 뿌리이므로 유교는 바르게 처신하는 법을 가르쳤다. 만약 우리가 품위 있는 사람조차 될 수 없다면 부처님은 말할 것도 없고 어떻게 보살이 될 수 있을까? 부처님과 보살이 되기 위하여 배우고 수행하는 것은 인도(人道)의 바탕 위에 세워져 있다.

옛 사람들은 처신하는 방법을 알 수 있도록 대학(大學), 중용(中庸), 논어(論語), 맹자(孟子) 등 사서(四書) 중 최소한 대학, 중용, 논어는 읽어야 된다. 이것이 대승불교의 기초이다. 과거와 현재의 주해에서 좋은 글들을 발췌 편집하여 이들을 널리 배포해야 한다. 이것들을 인쇄하여 배포하고 옹호하면 좋을 것이다.

오늘날 학교에서 기술이 강조되고 인문학은 크게 잊혀졌다. 그러나 기술이 아무리 진보하여도 인문학을 공부하지 않으면 옛 사람들이 질문하였듯이 인간과 동물의 차이가 어디에 있겠는가? 만약 사람들이 도덕과 자비, 명예를 모른다면 동물과 차이가 없을 것이다.

실제로 인간이 동물 중 가장 잔인하다. 따라서 다른 모든 존재들을 돕기 위해서는 먼저 도움을 받아야 한다. 만약 사람들이 좋은 일을 하기 위하여 나쁜 일에서 돌아선다면 모든 존재들이 복을 받고 행복할 것이다. 오직 그때에 모든 존재가 각기 원하는 것을 성취할 것이다. 이것이 성인과 유덕한 사람들이 중생들을 교육하고 개도하는 목표이다.

올바른 가르침에는 유교와 불교의 가르침들이 포함된다. 이들은 수천년간 진리의 기준에 관한 지침을 제공해왔다. 하늘과 땅은 무한한 것들을 낳고 기르는 공덕을 갖고 있다. 하늘은 낳고 땅은 기른다. 하늘과 땅은 유정물이든 무정물이든 모든 존재에 큰 자비를 보여 왔다. 일단 이 것을 이해하면 자연환경을 해치지 않을 뿐만 아니라 자연생태의 균형이 완전해져, 모든 존재들이 필요로 하는 것을 얻을 수 있도록 돕는 모든 일을 다할 것이다.

하늘과 땅의 공덕은 넓고 크다. 진정으로 도덕적이고 유식한 사람들은 하늘과 땅이 낳고 기르는 일에 참여하여 도울 수 있다. 세상의 현명한 성인과 부처님, 보살들은 바로 이 일을 한다. 불자로서 우리는 "만약 사물과 존재들을 변화시킬 수 있다면, 부처님과 같다(若能轉物 則同如來)."라는 가르침을 배운다.

사물을 변화시키는 것은 견해를 바꾸는 것, 이기심을 놓아버리는 것, 그리고 하늘, 땅, 해와 달의 광명에 참여하는 것을 말한다. 이기심을 버리고 모든 존재들을 성심껏 돕는 것이 진정한 수행이다. 부처님과 보살들은 가르침을 전파하고 모든 존재들을 가르쳐 미혹을 깨뜨리고 진리를 얻도록 돕는다. 그것은 마치 모든 중생들을 기르는 하늘과 땅과 같다. 이 공덕은 무한하다. 미망을 초월하여 구속으로부터 해방될 때, 모든 번뇌와 걱정들을 끝내고 지혜를 드러내 미혹을 깨달음으로 바꿀 수 있을 것이다.

성인과 유덕한 사람들의 행위를 본보기로 삼아야 한다. 성인들의 가르침이 고전이고 경전이다. 성인들의 생각, 말, 행위들은 정확하여 틀림이 없고 시간과 공간의 차원을 초월한다. 이것을 '세상을 인도하는 성인과 유덕한 사람들의 사업'이라고 부른다. 불교 경전들은 시간과 공간을 초월하고 있다. 왜냐하면 2,600여 년 전에 석가모니 부처님께서 그 당시의 사람들을 가르치고 도왔기 때문이다. 오늘날 경전들을 읽으면 아직도 부처님께서 말씀하신 모든 문장들이 논리적이고 따라서 수행할 수 있음을 느낀다. 한 번의 생애에서 정토에 왕생하여 세상을 초월하는 법을 가르치는 정토경전들이 특히 그러하다.

불교의 가르침은 먼저 인도에서 시작했고 뒤에 중국에 전해졌다. 인도와 중국은 매우 다르나 부처님의 가르침은 두 나라에 적합했다. 그리고 서양과 서구화된 나라로 이동하여도 여전히 적절하다.

마찬가지로 사서(四書)는 공자와 맹자의 사상으로 이루어져 있고 중국 문화의 정수이다. 공자와 맹자는 2,500여 년 전에 살았다. 그들의 지도는 개인, 가족, 사회 그리고 전 국가를 이롭게 하였다. 사서가 외국으로 소개되자 다른 나라의 사람들도 그들의 가르침을 이해하고 머리를 끄덕이며 동의하였다. 이 가르침들은 시간을 초월하고 공간의 경계를 넘는다. 이렇기 때문에 공자, 맹자, 노자, 장자의 가르침들이 시간과 공간의 차원을 초월한다고 말하고, 국가를 바르게 다스리는 법에 대한 진정한 경전이고 가르침이라고 한다. 통치하는 법에 관한 많은 가르침들이 있다. 주의 깊게 비교해보면 공자, 맹자, 보살, 부처님의 가르침들을 능가하는 것이 없음을 알 수 있다.

불교의 모든 경전 중에서 무량수경이 무결(無缺)하다. 왜냐하면 그 경이 가장 높은 수준이기 때문이다. 중국 문화의 정수는 사서에 포함되어 있다. 사서의 내용은 우리가 본받아야 할 원리, 방법과 행동을 제공하는 화엄경의 내용과 매우 비슷하다. 사서에서 중용은 원리를 그리고 대학은 방법을 제공한다. 논어와 맹자는 각기 공자와 맹자의 생애를 알려주고 그 원리와 방법들을 일상생활에 응용하는 방법을 가르친다. 따라서 논어와 맹자는 우리에게 좋은 본보기를 제공하기 때문에 바로 선재동자가 53

선지식을 방문하는 것과 같다. 우리 또한 다른 사람들을 인도하는 데 도움을 주는 좋은 본보기가 되어야 한다.

실제로 이 세상과 그 너머 세상과의 경계가 없다. 그들 사이의 차이는 미혹하느냐 깨달았느냐에 있다. 깨달았을 때 경계를 초월한다. 그러나 중생은 미혹된 생각으로 다시 이 세상에 돌아온다.

따라서 도량이나 과거 유덕한 사람이나 성인들의 기념비나 초상 또는 불교서적을 볼 때 공경해야 한다. 그것들이 보수가 필요하면 보수해야 한다.[42]

성인들의 가르침은 개인의 생각, 풍속, 집단의 전반적 복지, 사회적 행복과 평화에 직접 연관된다. 예로부터 현명하고 유덕한 사람들은 성인들의 가르침을 천인과 인간을 위한 지침으로 유추하였다. 우리가 그들을 어떻게 보호하고 떠받들 수 있을까? 도량은 불교교육기관이고 학교는 세상일을 가르치는 교육기관이다. 모두 보호하고 유지할 필요가 있다. 그러나 오늘날 학교에서 도덕교육을 포기하였고 이로 인해서 많은 문제점들이 야기되어 불행과 고통을 겪고 있다. 만약 이 점을 깨닫지 못하면 세상은 파멸될 것이다.

고대 중국의 성인들은 과학과 기술을 알았으나 그러한 지식을 지속적

---

42) 옛날에는 책들이 개인 소유가 아니므로 책에 무엇인가를 쓰는 것이 금지되었다. 책들은 조심스럽게 대를 이어 전해졌다. 개인적으로 소유하고 싶은 사람은 책을 손으로 베꼈다. 책들을 귀중히 여겨 공경하고 보호했다. 만약 옛날 책들이 파손되면 그것들을 수선하고 베끼고 배분하여 분실되지 않도록 했다. 이것은 커다란 공덕이었다.

으로 개발하는 것을 선택하지 않았다. 왜냐하면 그들은 종국적으로 기술이 세계를 파괴할 것을 예견했기 때문이다. 그래서 그들은 그 대신 인문학에 집중하고, 사람들이 지혜를 개발하는 것을 돕고, 도덕을 이해하고, 수행하고, 사람들이 인간과 인간, 인간과 귀신, 인간과 자연의 관계를 충분히 이해하는 것을 도와 두려움 없고 굴하지 않는 인간이 되는 것을 선택하였다. 오직 이렇게 함으로써 개인이 진정한 행복과 복지를 경험하고 시민과 국가가 진정한 미래를 갖게 될 것이다. 이것이 진정한 교육이다.

1900년대 초기 중국 정부는 중국 고전 교육을 폐지하였다. 그때 많은 현명하고 유덕한 사람들이 깊은 슬픔을 느꼈다. 그때 뿌린 나쁜 씨가 지금 열매를 맺고 있다. 만약 나쁜 열매를 맛본 후에도 아직까지 깨닫지 못하고 있다면 국가와 종족을 파멸시킬 수 있다. 중국 고전에 관한 교육을 폐지한 결과는 올바른 가르침을 파괴한 것이다.

바른 가르침들을 전파하고 전승하여 다른 사람들이 그 가치를 배우도록 도울 수 있다. 이렇게 함으로써 부처님의 은혜에 보답할 수 있다. 바른 가르침을 전하는 데 최선을 다하고, 다른 사람들도 같이 그러하도록 격려해야 한다.

유교나 불교와 같은 바른 가르침들을 전파하도록 돕고 다른 사람들도 마찬가지로 그러하도록 격려해야 한다. 이렇게 함으로써 다른 사람들을 이롭게 하고 부처님의 은혜에 보답하게 될 것이다. 이 일을 성취하기 위하여 두 가지 일을 할 필요가 있다. 첫째 가르침을 바르게 전파할 수 있는 법기들을 교육하는 일을 도와야 한다. 둘째로 다른 사람들을 가르치고 그들이 공부와 수행을 하는 데 좋은 교육환경을 가질 수 있도록 사찰들을 세워야 한다. 오늘날 법을 전하는 사람은 적다. 따라서 남에게 의지하는 대신에 우리가 스스로 이 일을 해야 한다.

불자들은 더 많은 사람들이 불교를 만나 배우는 기회가 제공되기를 바라면서 사찰을 세운다. 오늘날 이 일을 하기 위한 최선의 방법은 TV와 인터넷인데, 이들 매체는 불교를 매우 많은 사람들에게 전달할 수 있는 가능성을 갖고 있기 때문이다. 이를 잘 활용하여 뜻있는 강사들을 초청해 사회를 가장 이롭게 하는 경전들을 강의하게 할 수 있다. 대승불교가 유교와 도교의 기초 위에 세워졌으므로 먼저 사서(四書)를 강의할 수 있다. 다음에 대승불교를 강의한다. 이렇게 함으로써 사람들은 그 가르침들을 철저히 흡수하고 소화하여 그것들이 단지 공허한 말들이 되는 것을 막을 수 있을 것이다. 따라서 만약 진정으로 불교가 번영하기를 바란다면 공자의 가르침과 같은 중국 고전을 배우는 것이 도움이 될 것이다.

일단 불교를 공부하고 수행하여 지혜를 얻으면 부라는 것이 담배 한 모금이나 흘러가는 구름과 같다는 것을 깨달아야 한다. 왜냐하면 매우 큰 부를 가진다 해도 그것은 단지 보는 것에 지나지 않기 때문이다. 집에 있는 돈이 정말 우리 것인가? 만약 그렇다면 그것을 다른 어떤 사람에게 넘기지 않고 그것을 간직할 수 있어야 한다. 그러나 돈을 받으면 그것을 넘기게 되어있다. 그것은 아주 짧은 시간 자신의 것이었다. 따라서 부를 지나치게 중요시해서는 안 된다.

내가 아는 어떤 부자는 주식시장에서 백만 달러를 번 후 곧 잃어버렸다. 나는 그에게 왜 요범사훈에 귀 기울이지 않았느냐고 물었다. 무엇을 잃어버렸다는 것은 그것을 가질 운명이 아닌 것을 의미한다. 따라서 속상해할 필요가 없다. 우리는 무엇을 얻었다고 기뻐하거나 잃었다고 슬퍼해서는 안 된다. 그렇게 하는 것은 서글픈 시간 낭비이다. 지혜를 가진 사람들은 이것을 이해하고 그 대신 귀중한 시간을 염불하며 보내야 한다. 사람들은 원리를 이해할 필요가 있다. 만약 부지런히 수행하고 다른 사람들을 돕기 위해 가르침을 전파한다면 무량한 공덕을 얻게 될 것이다. 그러면 모든 부처님들과 보살들로부터 칭찬을 받을 것이다.

'연장자를 존경하는 것'은 무엇을 의미하는가? 그것은 부모, 연상의 형제, 지도자, 상사, 연장자와 유덕하고 학식 있는 사람들을 각별히 받들고 공경해야 함을 의미한다. 집에서 부모들을 보살필 때, 사랑하는 마음과 자상한 태도로 부드럽게 모셔야 한다. 목소리를 높여서 안 되고 평온한 태도를 지켜야 한다. 이러한 덕을 쌓을 때 그 덕들은 자신의 한 부분이 되어 온순한 마음을 가진 사람으로 변할 것이다. 이것이 하늘의 마음을 감동시킬 수 있는 길이다.

옛날 중국에서 아이들을 가르치는 사람들은 기초교육을 매우 중요시하였다. 그들은 효도, 공경과 성실을 가르쳤다. 왜냐하면 이것들이 가르침의 요강이며, 어릴 때 함양된 성품이 자랐을 때 천성이 되기 때문이다. 이것이 도덕적 사회와 현명하게 통치되는 국가를 부양할 성인과 유덕한 사람들을 기르는 기초를 제공한다.

예로부터 이것이 중국 사회의 전통이 되어왔다. 중국 사람들은 교육이 새로운 정부를 세우고 그 지도자들을 훈련하고 백성들을 다스리는 데 중요하다고 말해왔다. 만약 교육의 본질이 분명히 인식되어 실행되지 않으면 삿된 견해가 전 문화, 국가와 심지어 그 국민까지 파멸할 수 있다. 고대 중국의 모든 관리들은 현명한 성인과 유덕한 사람들의 저서를 공부하였다. 비록 어떤 사람들이 이기적 의도를 가졌다 해도 그들의 비행은 아마 제한적이었을 것이다. 그들은 후회하기 시작할 때까지만 법을 어기곤 했다. 오늘날 성적 비행, 악행과 심지어는 범죄 행위까지도 모두 그냥 보통일로 생각하고 있다. 더 이상 부끄러운 마음을 갖거나 후회를 하지도 않는다. 도덕에 대한 감각과 양심을 잃어 버렸다. 그리고 이것은 매우 괴로운 일이다. 왜냐하면 사람이 동물로부터 구분되는 것은 착한 마음이기 때문이다.

불교 도반들이 성실과 공경이 불교의 문이자 수행의 기초임을 깨닫게 되기를 바라고 있다. 성실과 공경은 가정에서부터 닦아진다. 가정에서는 부모께 효도하고 연장자와 형제들을 존경한다. 이것에서 더 나아가 직장에서는 상사를 따르고 개인으로서, 사회의 구성원으로서, 시민으로서 책임을 다하고 근면하게 되어 신뢰할 수 있게 될 것이다. 요범 선생이 말했듯이 습관이 후에 천성이 된다. 일단 좋은 것이 형성되면 온순한 마음을 가지게 될 것이고, 이것이 하늘의 마음을 감동시킬 것이다. 왜냐하면 우리가 평온하고 친절하고 상냥할 때 하늘과 땅의 귀신들을 감동시킬 것이기 때문이다.

오늘날 사람들은 인간관계에서 윤리적 가르침들을 망각해 더 이상 명예롭지 않다. 그 대신 대부분의 사람들이 탐욕과 진에, 무지, 오만의 수렁에 빠져 있다. 사악한 귀신들과 마귀들이 내려왔다. 왜냐하면 사람들의 삿된 생각들이 그들과 연결되어 있으므로 자연히 부처님과 보살들이 오지 않을 것이다. 이미 수많은 악행들을 범해왔고 지금은 사악한 귀신들과 마귀들이 덩달아 혼란을 부추기고 있다.

이것이 우리 세계가 더 자주 더욱 혹독한 재앙을 갖게 되는 이유이고, 이 일이 일어나면 더욱 많은 사람들이 죽을 것이다. 개인적으로 이러한 중대한 사건을 겪을 때에만, 미혹과 삿된 견해에서 깨어나 악행을 참회하고 올바른 길로 돌아올 것이다. '작은 재앙'들로 이렇게 할 수 없는 것이 정말 유감스러운 일이다. '큰 재앙'만이 사람들을 각성시킬 것이다. 이것은 피할 길이 없다.

좋은 사건들과 재앙의 원인을 깨닫기 위하여 역사를 공부하고, 이 세상의 혼란을 역사학자의 관점에서 볼 필요가 있다. 그러면 원인과 결과의 이치에 의하여 사건들이 생기기 전에 그 일들을 간파할 수 있을 것이다. 오늘날 사람들이 무엇을 생각하고 행하는가? 이것을 알면 미래를 알게 될 것이다. 우리가 지금 보는 결과들은 수십 년 전에 만들어진 원인에서 오고, 지금 반복해서 만드는 원인들의 결과는 이삼십 년 후에 보게 될 것이다. 예전에는 우리가 뿌렸던 씨가 성숙하는 데 칠십년 또는 팔십년이 걸렸을지 모른다. 그러나 오늘날 이 나쁜 원인들은 가속화되어 성숙기가 빨라지고 그 크기도 증대한다. 이것은 무서운 일이다. 좋은 원인은 항상 좋은 결과를 가져오고, 나쁜 원인은 항상 나쁜 결과를 가져올 것이다. 원인과 결과의 원리는 정확하고 피할 수 없다.

상사들이나 정부를 위하여 일할 때 법규를 따르고, 상사가 모른다고 해서 제멋대로 일을 해서는 안 된다. 법관은 죄가 중대하든 아니든 어떤 사람의 유죄를 선언하기 전에 신중하게 조사하고 공정해야 한다. 아무도 모른다고 해서 권력을 남용하거나 잔인해서는 안 된다.

또한 윗사람과 함께 있을 때에는 마치 하늘을 대하는 것과 같이 공경해야 한다. 이것이 우리 조상으로부터 전승된 올바른 행동이다. 그것은 자신의 음덕(陰德)과 밀접한 관계를 갖는다. 충성하고 효도하는 모든 가정들을 보라. 그 자손들이 오랫동안 번영했고 밝은 미래를 가졌다. 그러므로 그들의 본보기를 따라 조심스럽게 수행해야 한다.

만약 어떤 사람이 충성과 효도의 공덕을 닦으면 오랫동안 자손들이 이어질 것이다. 그러나 오늘날 부모와 자식의 관계는 친구에 더 가깝다. 자식들은 더 이상 부모들을 존경하지도 않고 부모가 해준 모든 것에 대하여 고마움을 느끼지도 않는다. 이것은 도덕적 원리를 파괴한다.

유교와 도교는 윤리적 원리가 덕의 본질임을 가르치고, 불교를 자세히 공부하면 그것이 성덕(性德)이 나타난 것임을 알 수 있다. 성인과 유덕한 사람들은 이기심이 없으므로 그들의 성덕이 나타났다. 유교도 또한 유덕한 진성의 나타남이다. 이 진성이 나타날 때 그것은 유교와 마찬가지가 될 것이다. 그것은 빛과 같다. 다른 사람의 빛이 밝아지면 내 빛도 같이 밝아진다. 한 빛이 다른 빛과 섞여 하나로 되는 것이 진성의 나타남이다. 이것이 진정한 위대함이고 진실로 불가사의하고 완전하고 유덕한 진성이다.

효도와 공경은 깨닫기 위하여 유덕한 진성을 드러낼 때 사용하는 도구들이다. 불교에서 진성을 드러내는 가장 중요한 요건이 보리심을 내는 것이라고 말한다. 유교 또한 성실하고 유덕한 마음을 닦으라고 가르치므로 마찬가지이다. 다른 사람들과 관계할 때 효성, 공경 그리고 성실로서 정직하게 대해야 한다. 스스로 조용히 일을 처리하는 것이 선행을 하고 공덕을 쌓는 진정한 길이다. 요범 선생이 말했듯이 효성과 공경은 자신의 음덕과 중요한 관계를 맺고 있다.

원인과 결과의 진실은 역사를 통하여 볼 수 있다. 다른 사람들이 내가 생각하거나 하는 일을 모른다고 생각하지 말라. 다른 사람들이 모를지 모르나 하늘과 땅의 귀신들과 모든 부처님들과 보살들은 알게 된다.

요범 선생은 이전에 "허물을 고치기 위해서는 부끄러워하는 마음, 두려워하는 마음, 용기 있는 단호한 마음이 필요하다."고 말했다. 성인, 유덕한 사람, 보살 또는 부처님이 되기 위하여, 진정으로 이 세 가지 마음을 내어 금생에 목표를 실현해야 한다.

'모든 생명을 사랑하고 아끼는 것'은 무엇을 의미하는가? 자비로운 마음이 사람을 만든다. 인자와 자비의 공덕을 추구하는 사람들은 자비로운 마음을 닦는다. 공덕을 쌓기 원하는 사람도 또한 자비로운 마음을 닦는다.

자비로운 마음은 모든 존재와 사물들을 사랑한다. 동물들이 고통당하는 것을 볼 때 자연히 동정심을 느낀다. 사람들 모두 이러한 마음을 갖는가? 그렇다. 모두 그러하다. 만약 우리가 슬픈 영화를 보면서 눈물을 흘리면 이것이 자비로운 마음이다. 비록 영화가 실제가 아닌 것을 안다고 해도 감정이 움직인다. 따라서 고통을 당하는 사람이나 동물들을 볼 때 그들을 도우려고 하는 것은 말할 필요도 없다.

사람뿐만 아니라 동물들도 자비의 마음을 가지고 있다. 이것이 진실로 유덕한 본성이다. 동물들의 본성은 사람과 다르지 않으나, 더 깊이 미혹되어 동물들로 태어났다. 10법계의 모든 존재들이 같은 본성을 가지고 있다. 이것이 부처님께서 대승경전에서 '동체대비(同體大悲)'를 말씀하신 이유이다. 자비로운 마음은 커다란 인애(仁愛)의 마음이고 진성의 발현이다. 그것은 자비의 덕과 공덕 쌓기를 추구하는 사람들이 찾는 것이다. 그것은 다른 사람들을 사랑하고 보살피기 위하여 마음을 넓히는 것이고, 모든 존재와 사물들을 진정으로 사랑할 수 있는 것이며, 그들을 돕기 위해 최선을 다하는 것이다.

주례(周禮)에 "대부분의 동물들이 새끼를 낳는 정월에는 동물들의 암컷들을 제사에 써서는 안 된다."라고 쓰여 있다.

옛날에는 소, 양, 돼지 등 세 가지 동물들이 중요한 제사에 사용되었다. 자비로운 마음에서 암컷들은 봄에 제물로 사용되지 않았다. 왜냐하면 암컷들이 새끼를 배었다면 두 생명이 죽기 때문이다.

맹자는 언젠가 "존경할 만한 사람은 푸줏간 가까이 가지 않는다."라고 말했다. 이것은 자비로운 마음을 보호하기 위함이다.

맹자가 이렇게 말한 것은 부처님의 삼정육(三淨肉)의 가르침과 같은 맥락이다. 오직 직접 죽이는 것을 보거나, 그 소리를 듣거나, 또는 자신을 위하여 죽인 것이 아닌 고기만을 먹을 뿐이다.

인도에서는 집에서 집으로 다니며 음식을 얻어 분별이나 집착 또는 편애가 없이 무엇이든 주는 대로 먹는 것이 풍습이었다. 주는 것은 무엇이든 받아먹는 것이 인연에 따르고 연줄을 대지 않는 진정한 자비이다.

　　인도의 법사(法師)가 중국에 초대되었을 때, 중국 사람들은 음식을 요구하는 것을 거지 짓이라고 보았다. 법사들에게 밖에 나가 음식을 구걸하도록 말하는 것이 부적절했기 때문에 대신 궁전에서 그들에게 음식을 대접했다. 실제로 밖에 나가 음식을 구하는 수행은 중국에서는 뿌리를 내리지 못했다. 그러나 법사들에게 음식을 제공할 때 삼정육의 관례는 항상 지켜졌다.

　　중국의 양무제(梁武帝)가 처음으로 불자들에게 채식을 권장하였다. 오늘날 대부분의 중국 수행자들은 스님이든 재가불자든 채식주의자들이다. 그러나 불교의 전통은 삼정육의 관례를 수행하는 것이지 채식주의가 아니었다. 채식주의는 자연과 아울러 자비로운 마음을 보호한다. 그것은 모든 존재와 사물들을 위한 사랑과 친절이 담긴 수행이다. 채식이 가장 좋고 건강에 도움이 되는 것임을 이해하면, 그 수행을 권장하는 노력이 가치 있음을 알게 될 것이다.

　　맹자는 동물을 죽이는 것을 보거나 듣지 않아, 더욱 편안하게 먹을 수 있도록 푸줏간 가까이 가지 말도록 가르쳤다. 그러나 자비로운 마음은 그래도 편하지 않을 것이다. 고기를 먹지 않는 것이 최선이다. 종종 이상한 질병의 원인이 되는 독을 포함한 고기들에 관한 이야기가 들려오는 오늘날에는 특히 그러하다. 옛 사람들은 병(病)이 입을 통해 들어간다고 말했다. 이병남 선생은 종종 사람들이 세 번 식사할 때마다 독을 먹는다며 탄식했다. 사람들이 어찌 병들지 않겠는가.

우리 조상들은 다음 네 가지 상황에서는 고기를 먹지 않았다(四不食戒).

죽이는 소리를 들었거나, 죽이는 것을 보았거나, 죽이도록 시켰거나 또는 자신이 그 동물들을 기른 경우이다. 비록 고기 먹는 것을 아직 중단할 수 없을지라도 이 네 지침을 따를 수는 있다. 이렇게 함으로써 점차 자비심을 증대시킨다. 동물뿐만 아니라 곤충까지도 죽이는 것을 삼가야 한다. 왜냐하면 그들 역시 살아있는 생물이기 때문이다.

사람은 누에의 고치로부터 명주실을 뽑기 위하여 누에가 안에 든 채 고치를 물에 끓여야 한다. 또한 농사를 짓기 위해 땅을 갈 때 얼마나 많은 곤충들이 죽게 되는가? 음식과 의복을 장만하기 위해 희생된 생명들을 의식해야 한다. 자신을 부양하기 위해서 수많은 생명들을 죽인다. 따라서 음식과 의복을 낭비하는 것은 살생과 같은 중대한 죄이다.

이것은 삼정육과 스님들이 동물들을 기르는 것이 허용되지 않는다는 추가의 관례에 관한 이야기이다. 동물들을 기르고, 죽이고, 먹는 것은 진정 용납될 수 없다. 채식주의자가 될 수 없다 해도 자비심을 닦기 위하여, 삼정육과 네 가지 상황에서 고기를 먹지 않는 계를 수행할 수 있다.

이 세상에서의 사람의 목숨은 짧아 수십 년에 불과하지만, 자신이 먹고 입기 위하여 다른 생명들을 죽인다. 모든 존재들을 해친 것이 의도적이든 비의도적이든 그들에게 빚을 지고 있다. 우리가 얼마나 많은 죄업을 지었는지 상상해보라. 이렇기 때문에 부처님께서 "만약 죄업이 형태와 부피를 가졌다면 전 우주도 그것을 담을 수 없다."라고 말씀하셨다. 오직 상상하기 어려울 만큼 많은 업장을 갖고 있음을 깨달을 때 더욱 조심스러워질 것이다. 우리가 하늘과 땅의 모든 생명에게 어떻게 책임을 질 수 있을까? 생명을 죽이지 말고 검소하게 어떤 것이라도 낭비하지 말것이다.

　현대 사람들은 돈을 쓰지 않으면 공장이 문을 닫고 경제가 무너질 것이라고 말하며 소비를 옹호한다. 당신은 이것을 믿는가? 만약 중봉 대사가 이것을 들으면 "반드시 그렇지는 않다."고 대답할 것이다. 실제로 이것은 옳지 않다. 왜냐하면 여러 나라가 소비를 조장하고 그 결과 낭비하여 경제가 몰락하는 것을 경험하기 때문이다.

　오직 검약을 통하여 사람과 이 세계가 풍요하고, 번영하고 평화로워질 것이다. 만약 아무도 돈을 절약하지 않으면 어떻게 국가가 번영하고 부강해지고 시민들이 안정된 삶을 살 수 있겠는가? 국민이 직장이 없고 저축한 것도 없으면 국가의 구제에 의지할 수밖에 없다. 따라서 국가의 재정 부담을 중대시킬 것이다. 그러나 만약 저축하는 습관을 가지고 있으면 비록 실직하거나 역경에 처했어도 여전히 가족을 부양할 수 있다. 이것을 의식할 때 자원과 물력(物力)을 귀중하게 생각할 것이다.

　자신도 모르는 채 얼마나 자주 살아있는 존재들을 해치거나 밟아버렸는가? 이러한 일을 예방하도록 최선을 다해야 한다. 옛날 한 위대한 시인이 썼다. "생쥐를 사랑하여 종종 쌀을 좀 남겨 놓고, 나방을 불쌍히 생각하여 등불을 켜지 않을 것이다." 이것이 자비이다.

　오늘날 대부분의 사람들이 이것에 강력히 항의할 것이다. 어떻게 "생쥐를 사랑할 수 있는가?" 하고. 대부분 그것들은 해로우므로 전멸해야 한다고 생각할 것이다. 그런데 생쥐를 죽이면 그들은 보복할 것이고, 이 보복의 순환은 계속될 것이고 매번 더욱 악화될 것이다. 죽이는 것은 아무 것도 해결할 수 없다. 다른 해결책이 있는가?

    살해하고도 벌 받지 않거나 진 빚을 갚지 않는 일은 없다. 원인과 결과가 과거, 현재, 미래의 생애를 연결한다는 것을 이해하여 다시는 살아 있는 생명을 해치지 말아야 한다. 이것이 마음의 평화를 얻는 방법이다. 오직 진정한 성실, 청정, 자비만이 극복할 수 없는 것처럼 보이는 문제들을 풀 수 있다.

    내가 무한한 유형의 선에 관하여 모두 이야기할 수는 없다. 만약 앞의 10종류를 확장할 수 있다면 그것들로 인해 수많은 선행과 공덕으로 만들 수 있을 것이다.

겸손한 덕의 효험

4교훈

비록 자신이 감히 과오를 범하지 않는다 해도,
다른 모든 사람들이 자신보다 더 낫다고 생각해야 한다.
이것이 완벽한 겸손이고
화엄경의 겸손에 대한 가르침을 수행하는 것이다.
나는 유일한 학생이고 다른 모든 사람들이 나의 선생이다.
선재는 53선지식을 방문해서 겸허를 배웠고 완전히 성불하였다.

오만은 역경을 부르고 겸손은 이익을 거둔다
• • •

••유덕한 다섯 사람들의 이야기

　겸손은 좋은 과보를 보전하게 한다. 그것이 없이는 그 동안 쌓아온 모든 것을 잃어버리게 될 것이고 모든 노력이 소용없게 될 것이다. 좋은 과보를 보존할 수 있기 위해서는 겸손함에 의지해야 한다. 금강경은 보시를 통하여 쌓은 것을 보존하기 위해서 인욕해야 한다고 가르친다. 인욕할 수 없다면 수행하여 쌓은 것이 아무리 많아도 다 잃어버릴 것이다. 공자 또한 자신이 닦은 것을 보유하기 위해서는 겸손의 덕을 닦아야 한다고 가르쳤다.

　역경(易經)에서 겸손의 괘는 말한다. "하늘의 법은 교만한 자들의 것을 취하여 겸손한 자들에게 혜택을 준다. 땅의 법은 가득 찬 곳에서 물이 흘러 낮은 곳으로 가게 한다. 귀신들의 법은 교만한 자들을 해롭게 하고 겸손한 자들에게 행운을 가져다 준다. 사람의 법조차 교만한 사람들을 경멸하고 겸손한 사람들을 더 좋아한다."

　하늘의 법을 이해하는 데 도움이 되는 좋은 예가 달이 차는 것과 이지러지는 것이다. 일단 달이 만월이 되면 이지러지기 시작한다. 다시 만월이 되기까지는 날마다 더욱 더 밝아진다. 이렇게 점진적인 증대가 겸손의 덕이다. 이로부터 자연의 법과 하늘의 뜻을 이해할 수 있다.

땅의 법은 자연의 법이다. 예를 들면 물은 가득 찬 높은 곳에서 더 낮은 곳으로 흐른다. 귀신의 법은 몇몇 귀신들의 행동에서 볼 수 있다. 그들은 사람이 성공하는 것을 보면 시기하여 문제들을 일으키려고 한다. 그러나 가난하면 불쌍히 여기고 도우려고 한다. 사람들도 마찬가지이다. 사람의 법은 교만보다 겸손을 더 좋아한다.

청나라 때, 네 성(省)의 총독인 최고의 관직을 가진 증국번(曾國藩)은 한 작은 지역의 황제와 같았다. 그는 좋은 교육을 받아서 이미 매우 높은 지위에 이르렀으나, 그것이 좋지 않음을 알았다. 그래서 그의 서재를 '모자람을 찾는 방〔求闕齊〕'이라고 이름 지었다. 대부분의 사람들이 완전을 추구하나 증국번은 절제를 추구했다. 그는 약간 부족하게, 너무 많이 갖지 않으려고 했다. 지위가 올라갈수록 더욱 겸손해야 한다고 믿었다. 이렇게 함으로써 그 동안 쌓은 것을 유지할 수 있었다. 그가 쌓은 공덕과 유덕한 행동을 자손들이 따름으로써, 그의 자손은 오랫동안 번영했다.

역경에서 오직 겸손의 괘만이 좋은 결과들을 가진다.

역경은 64괘를 갖는다. 모든 설명 또는 예언들에는 행운과 불운의 가능성이 항상 섞여 있다. 오직 겸손의 괘, '땅 아래의 높은 산〔地山謙〕'만이 불운의 가능성을 갖지 않는다. 따라서 더 높아질수록 더 겸손해야 한다.

서경(書經)도 역시 말한다. "교만은 재앙을 부르고 겸손은 이익을 얻는다."

가장 겸손한 사람들만이 최대의 혜택과 이익을 얻는다.

나는 종종 다른 사람들과 함께 시험을 치러 갔고 매번 매우 가난한 선비들을 만나곤 했다. 나는 그들이 시험에 합격하여 영달하기 이전에, 그들의 얼굴에서 겸손이 거의 손으로 잡을 수 있을 것처럼 빛나는 것을 느꼈다.

경험에 의하여 요범 선생은 역경(易經)과 서경(書經)이 틀림없음을 알게 되었다. 그와 그의 친구들이 참여한 모든 과거시험에서 가장 겸손한 사람들만이 합격하였다. 이것을 알고 나서 누가 합격할 것인지 예언까지 할 수 있었다.

몇 년 전 우리 마을에서 열 사람이 예비과거 시험을 치르러 갔다. 가장 나이 어린 정경우(丁敬宇)는 지극히 겸손하였다. 나는 수험생 중의 하나인 비금파(費錦城)에게 경우가 틀림없이 합격할 것이라고 말했다. 금파가 어떻게 그것을 알 수 있느냐고 물었다. "오직 겸손한 사람만이 행운을 받습니다. 우리 열 사람을 보세요. 경우같이 정직하고 너그럽고 경쟁하지 않는 사람이 있습니까? 경우처럼 공경스럽고 인내심 있고 조심스럽고 겸손한 사람을 봤습니까? 그처럼 모욕당했을 때 대꾸하지 않고, 중상을 당했을 때 다투지 않는 사람을 봤습니까? 그렇게 겸손한 사람은 하늘과 땅 그리고 귀신들의 보호를 받을 것입니다. 그가 영달하지 않을 이유가 없습니다." 시험결과가 나왔을 때 내 말대로 정경우는 합격하였다.

어느 해 요범 선생은 몇 사람과 함께 시험을 치르러 갔다. 그가 관찰한 바에 의하여 정경우가 나이가 어림에도 불구하고 가장 공손하고 겸손하며, 모욕을 당하거나 성나게 했어도 동요하지 않고 참을성이 있는 정말로 드문 사람이기에 합격하리라고 말했다. 커다란 인내심을 가진 사람들은 엄청난 행운을 갖는다.

어느 해 북경에서 어릴 때 친구인 풍개지(馮開之)와 함께 묵었다. 그는 항상 겸손하였으며 친절하고 상냥한 외모를 가졌다. 그는 더 이상 내가 오래 전에 알았던 교만한 사람이 아니었다. 그의 친구인 이제암(李霽巖)은 매우 퉁명스럽고 솔직해 종종 그가 실수하면 꾸짖었으나, 개지는 조용히 비난을 받아들이고 대꾸하지 않았다.

교만했던 풍개지는 전혀 다른 사람이 되어 있었다. 그의 좋은 친구인 이제암은 어떤 실수라도 보면 즉시 비난하였다. 개지에게는 제암이 자신에게 고치라고 하는 것이 옳고 틀리고가 문제가 안 되었다. 왜냐하면 그는 모든 사람들의 비난을 받아들였기 때문이다.

만약 허물이 있다면 고칠 필요가 있다. 만약 허물이 없으면 허물을 저지르지 않도록 조심하고 저지른 어떠한 과오라도 고쳐야 한다. 있지도 않은 허물을 나무랄 때 원망해서는 안 된다. 왜냐하면 훈계를 받는 것이 좋은 일이기 때문이다. 실제로 자신을 비난하는 사람만이 진정으로 자신을 아끼는 것이다. 왜 자신의 아이들이 잘못하면 꾸짖고 남의 아이들이 실수하면 꾸짖지 않는가? 비록 비난이 공정하지 않을지라도 그것은 사랑하는 마음에서 비롯한다는 것을 기억하라. 기꺼이 비판을 받아들이고 그 가르침에 감사해야 한다.

나는 개지에게 말했다. "다가오는 행운과 불운에 관한 징후가 꼭 있으므로, 그 원인을 만든 사람들에게 오는 번영과 역경을 알 수 있다네. 하늘은 겸손한 마음을 가진 사람들을 도울 것이네. 자네는 금년에 틀림없이 과거에 급제할 것이네." 그 후 개지는 바로 합격하였다.

요범 선생은 개지에게 행운과 불운을 예언할 수 있다고 말했다. 요범 선생은 예언의 기술에 숙달했다. 그러나 어떤 사람의 행운과 불운을 예언하는 법을 아는 것은 그래도 부차적인 것이다. 자신의 잘못된 습관들을 없애고 공덕을 쌓으면, 자신의 운명을 다시 쓸 수 있다.

산동성(山東省)에 조유봉(趙裕峰)이라는 젊은이가 있었는데 스물이 채 되기 전에 예비 과거 시험에 합격했다. 그러나 아무리 노력해도 그 다음 시험에 합격할 수 없었다. 유봉은 그의 아버지가 다른 관직을 받아 가선(嘉善)으로 옮겼을 때 따라가서, 마을의 전명오(錢明吾)라는 유명한 학자를 크게 존경하게 되었다.

유봉이 그의 글을 전명오 선생에게 가져가자, 선생은 붓을 들어 그 글을 많이 수정했다. 유봉은 화를 내지 않았을 뿐만 아니라, 전 선생의 모든 수정들을 감사하게 받아들이고 즉시 권한대로 고쳤다. 그 다음 해에 유봉은 과거에 합격하였다.

만약 자신에게 이런 일이 일어났다면 아마도 비참함을 느꼈거나 화가 났을 것이다. 비록 자신의 글이 그렇게 훌륭하지 않다 해도 분명 그렇게 많은 수정이 필요하지는 않았을 것이라고 생각했을 것이다. 그런데 유봉은 화를 내지 않았을 뿐만 아니라 지극히 감사했고 겸손했다. 왜냐하면 진정으로 전 선생에게서 배우기를 원했기 때문이다. 그가 겸손하고 공경스럽고 근면했기 때문에 크게 향상하여 그 다음 해에 과거에 급제한 것이다.

어느 해 황제를 알현하려고 서울에 가서, 티끌만한 교만함도 없이 위대한 사람의 모든 특성을 가진 하건소(夏建所)라는 학자를 만났다. 나는 그에게서 덕과 겸손의 강력한 기운을 느꼈다. 집에 돌아와서 한 친구에게 말했다. "하늘이 어떤 사람의 영달을 원하면 먼저 거만한 사람에게 정직하고 잘 자제할 수 있는 지혜를 준다네. 건소는 온순하고 친절하고 선량하네. 분명 하늘이 그를 영달시킬 것이네." 시험 결과가 나왔을 때 건소는 틀림없이 합격하였다.

요범 선생이 황제를 알현하러 간 그 해에 하건소를 만났고, 그의 겸손함과 공손함에 감명을 받았다. 이 이야기의 중요한 메시지는 하늘이 어떤 이에게 행운을 주기 전에 먼저 지혜를 준다는 점이다. 지혜가 없으면 수행을 해도 행운을 쌓을 수 없다. 행운에는 진짜 행운과 가짜 행운이 있고, 반쪽 행운과 가득한 행운이 있다. 만약 이것들 사이의 차이를 모른다면 노력의 공덕을 내내 믿고 있는 동안 중대한 과오를 범할 것이다.

가장 중요한 점은 무엇이 공덕의 밭인가를 배우고 이해하여 바르게 행운을 쌓는 법을 알게 되는 것이다. 일단 지혜를 드러내면 조용하고 품위 있고 친절하고 겸손하고 공손하고 온화해져, 자연히 스스로 자제하게 될 것이다. 이러한 성품을 갖춤으로써 하건소는 시험에 합격하였다.

강음(江陰)에 장외암(張畏巖)이라는 선비가 있었는데 많이 배우고 글을 잘 써서 많은 학자들에게 이름이 알려져 있었다. 그는 어느 해 남경(南京)에서 시험을 보고나서 어떤 절에 머무르고 있었다. 시험 결과 낙방한 것을 알았을 때 그는 격노하여 시험관이 자신의 명백한 재능을 몰라준 것을 큰 소리로 비난하였다.

한 도교인(道敎人)이 이것을 보고 웃기 시작하였다. 외암은 그 답안이 좋지 않았음에 틀림없다고 말한 도교인에게 즉시 분노를 돌려 더욱 화를 내고 그 답안지를 읽어 보지도 않고 어떻게 좋지 않다는 것을 알 수 있느냐고 따졌다. 도교인은 좋은 글을 쓰는 가장 중요한 요소는 평온한 마음과 조화로운 성품이라고 들었다고 대답했다. 외암이 큰 소리로 화가 나서 비난하는 것은 분명히 그의 마음과 성품이 과격함을 보여주는데 어떻게 글을 잘 쓸 수 있었겠느냐고 했다. 외암은 이것을 받아들이고 도교인에게 조언을 구했다.

도교인은 좋은 글은 오직 평온하고 조화로운 마음에서 나오는데 외암은 성질이 나쁘고 교만하다고 설명했다. 다행히 외암은 영리했으므로 그 도교인이 말한 것의 이치를 깨닫고 조언을 구했다. 외암이 일단 그의 잘못을 깨달으면 변화할 수 있음을 알 수 있다. 이것이 진정한 배움이고 수행이다.

도교인은 합격과 불합격은 운명에 달려 있다고 말했다. 만약 어떤 사람이 합격할 운명이 아니라면 아무리 답안이 훌륭해도 실패할 것이다.

원인과 결과의 법칙은 전혀 틀림이 없다. 합격 여부는 운명에 달려 있지, 답안의 질에 있지 않다. 이것은 부와 명예 등도 마찬가지다. 모든 것이 운명에 달려 있지, 일생을 계획하고 관리하는 방식에 달려 있지 않다. 사람이 부자가 될 운명이면, 부를 얻는 방법을 알든 모르든 그냥 부를 얻게 된다. 만약 부자가 될 운명이 아니면, 무엇을 하든 실패할 것이다.

오늘날 운명을 모르거나 믿지 않는 사람들은 온갖 종류의 나쁜 짓들을 다하고도, 여전히 좋은 결과와 행운을 얻으리라고 생각한다. 옛날에는 많은 사람들이 그들이 범한 악행의 결과를 빨리 볼 수 있었는데, 왜 오늘날에는 악행들로 고통을 당하지 않는 것처럼 보이는가? 오늘날 사람들은 너무 많은 죄를 지어, 하나씩 그 과보를 받기에는 너무 많아 죄보들이 모두 한꺼번에 몰리게 될 것이다.

교육, 능력, 행운, 장수, 평온한 죽음 등 모든 것이 운명에 달려 있고 그것을 바꾸는 것이 자신이 할 수 있는 가장 지성적이고 현명한 일이다. 이것을 이해하지 못하고 자신이 가질 운명이 아닌 것을 추구한다면, 모든 시간과 노력이 낭비될 것이다. 이것은 비극이 될 것이다.

도교인이 외암에게 몇 가지를 바꿔야 할 필요가 있다고 결론을 내렸을 때, 외암은 어떻게 운명을 바꿀 수 있는지 물었다. 도교인은 자신의 운명을 결정하는 힘은 비록 하늘에 있지만, 그것을 바꾸는 권리는 자신 안에 있다고 말했다(造命者天 立命者我). 선행을 하고 음덕을 쌓으면 반드시 원하는 것을 얻게 될 것이다.

외암이 자신의 운명을 바꾸기를 원한다면, 바로 운곡 선사가 요범 선생에게 가르친 대로 해야 한다. 요범 선생은 오직 그 자신만이 운명을 바꿀 수 있음을 배웠다. 만약 악행을 하는 습관을 끊고 그 대신 선행을 하고 공덕을 쌓으면 운명을 바꾸는 변수들을 만든다. 그러나 만약 이렇게 하지 않으면, 운명에 속박된 채로 남을 것이다.

외암은 그가 단지 가난한 선비에 불과하다고 말하고, 그가 선행을 할 수 있을까 하고 물었다. 도교인은 선행을 하고 음덕을 쌓는 것은 마음에 달려 있다고 설명했다. 사람이 선행을 하고 덕을 쌓으려고 마음먹으면 그 공덕은 무한할 것이다. 그리고 아무런 비용도 들지 않는 겸손의 덕을 예로 들었다. 외암은 시험관이 불공정하다고 질책하는 대신에 자신의 마음을 보아야 한다.

도교인은 선행을 하는 데 돈이 필요하지 않다고 이야기했다. 종종 가난한 사람이 큰 공덕을 쌓을 수 있지만, 부자라고 반드시 그렇게 할 수 있는 것은 아니다. 도교인은 외암의 행동을 예로 들면서 외암이 매우 교만하다고 말했다. 만약 그 대신 겸손하다면 아무런 비용도 들이지 않고 유덕해질 것이다. 시험에 낙방했을 때 시험관을 비난해서는 안 되고, 스스로 반성할 때 변할 수 있다. 선과 악, 행운과 불운이 모두 한 순간의 생각에 달려 있음은 분명하다.

외암은 도교인의 말을 듣고 그 후부터 교만심을 억눌렀다. 그는 매일 열심히 선행을 하고 더 많은 공덕을 쌓으려고 노력했다.

그는 3년 후 어느 날 밤, 매우 큰 집에 들어가 많은 이름과 빈 줄들이 있는 책을 보는 꿈을 꾸었다. 꿈 속에서 옆 사람에게 그것이 무엇인지 물었고, 그 이름들이 그 해 과거에 합격한 사람들의 것이라는 말을 들었다. 외암이 빈 줄들은 무엇이냐고 묻고는, 그것에 대해 설명을 들을 수 있었다. 저승의 귀신들이 3년마다 응시자들을 조사하는데, 오직 과오가 없고 선행을 한 사람들만이 그 책에 남아 있었다. 빈 줄에는 합격할 운명이었으나 최근의 비행으로 지워진 사람들의 이름들이 적혀 있었다.

그 사람은 빈 줄을 한 곳 가리키며, 지난 3년 간 외암이 매우 근신하고 자제하여 어떠한 과오도 짓지 않았으므로 아마 외암의 이름이 그 빈 줄을 채울 것이라고 말했다. 그는 외암이 이 기회를 귀중히 여겨 과오 없는 행동을 지속해 주기를 희망했다. 그 해 외암은 105등으로 과거에 합격했다.

친애하는 독자들이여, 여러분이 이 일을 믿는다면 운이 좋은 것이다. 하늘과 땅의 귀신들은 사람들의 모든 행동, 말과 웃음 등 세상과 밀접히 연결되어 있다. 이것은 진리이고 미신이 아니다. 주경주(朱鏡宙) 선생이 아직 살아 있을 때, 나는 초심 불자였고 선생은 자신이 직접 경험한 이야기들을 많이 들려주었다.

삶과 죽음은 운명지어져 있다. 아무도 사고로 죽지 않는다. 아무도 부당하게 죽지 않는다. 사람이 어떻게 죽을지 저승에 이미 기록되어 있다. 살아야 할 운명이면, 비록 전쟁 중이라도 죽지 않는다. 또한 기술이 고도로 발달한 세계에 살고 과학을 많이 알고 있다 해도, 그것이 운명일 때 죽음을 피할 수 없다. 이것이 진리이다. 사람들은 각성하고 성인들의 가르침을 믿어야 한다.

귀신과 천신들은 머리 위로 3자 떨어진 허공에 존재해 있다. 행운을 얻고 불운을 예방하는 것은 자신에게 달려 있다. 좋은 뜻을 갖고, 악행을 삼가고, 천신과 귀신들을 화나게 하지 않고, 인욕하고 교만하지 않아야 한다. 천신과 귀신이 우리에게 자비심을 느낄 수 있을 때, 비로소 미래의 번영에 대한 기반을 갖게 될 것이다.

하늘과 땅에 천신과 귀신들이 있어 우리를 끊임없이 감시하고 있다. 오직 자신만이 모든 좋고 나쁜 행동, 좋고 나쁜 결과에 책임을 지므로, 모든 생각에서 깨어 있어야 한다. 석가모니 부처님께서는 우리에게 미혹하지 않고 깨어 있도록, 삿되지 않고 바르도록, 오염되지 않고 청정하도록 가르치셨다. 우리는 모든 집착을 끊고 보시를 실천해야 한다. 또한 모든 생각, 말과 행동에서 지극히 조심해야 하고, 부처님의 가르침과 행동 규약을 따라야 한다. 불교를 수행하는 것은 모든 중생들을 위하여 좋은 본보기를 세우는 것이다.

정토수행자는 생각과 행동을 무량수경의 가르침에 일치시켜야 한다. 그러면 진실로 아미타 부처님과 우리 사이에 차이가 없어질 것이다. 이것이 부처님의 참된 가르침을 수행하는 것이다. 왜냐하면 자신을 아미타 부처님의 마음과 서원, 지혜, 행동 등에 일치하도록 주조(鑄造)하기 때문이다.

요범사훈은 공부에 귀중한 도움이 되지만, 공부의 주된 과목은 무량수경이다. 계를 지키고 염불을 수행할 때, 주된 학습과 보조적 학습을 같이 하는 것이다. 이것은 우리가 다시 퇴전하지 않고, 부처님이 되는 것을 도와준다. 또한 모든 존재들을 이롭게 하려는 열망이 결코 줄어들지 않는 정토 왕생을 보장할 것이다.

옛날에 선(禪) 수행자들은 "차나 마셔라."라고 말했다. 오늘 나는 "부처님이 되어라."라고 가르친다. 우리는 부처님이 될 수 있다. 이것이 진리이다. 만약 진정으로 불교를 수행하면 하늘과 땅의 귀신들이 보호할 것이다.

자만심이 가득한 사람들은 크게 될 운명이 아니다. 비록 그들이 번영하여도 그들의 행운은 단명할 것이다.

부유한 사람들 중에는 진정으로 행복하고 부를 올바르게 사용할 줄 아는 사람들이 적다. 어떤 사람들은 더 안전함을 느끼기 위하여 숨어 산다. 그러한 부는 기쁨이 아니라 고통이다. 진정으로 행복한 인생을 사는 것이 참된 번영이고 즐거움이다.

지성적인 사람들은 절대 그들이 누릴 수 있는 행운을 물리치지 않는다. 겸손한 사람들은 항상 배우는 기회를 늘리고, 그들의 선행은 끝이 없다. 수행하여 덕을 향상하려는 사람들은 겸손의 덕 없이 그러할 수 없다.

겸손이 수행과 덕을 향상하는 데 열쇠가 되므로 그것을 배우는 것이 중요하다. 다른 사람들이 자신보다 낫고 뛰어나다는 것을 깨달을 필요가 있다. 자신이 거짓되고 자만할 때 다른 사람들은 속일 수 있을지언정, 부처님과 보살, 천신, 귀신들은 절대로 속일 수 없다. 따라서 겸손은 진실해야 하고 마음 속 깊은 곳에서 나와야 한다.

비록 자신이 감히 과오를 범하지 않는다 해도, 다른 모든 사람들이 자신보다 더 낫다. 이것이 완벽한 겸손이고 화엄경의 겸손에 대한 가르침을 수행하는 것이다. 나는 유일한 학생이고 다른 모든 사람들이 나의 선생이다. 선재는 53선지식을 방문해서, 겸허를 배웠고 완전히 성불하였다.

옛 사람들이 말했다. "성공과 명예에 뜻을 둔 사람들은 마치 부와 지위에 뜻을 둔 사람들이 원하는 것을 얻듯이, 분명히 성공과 명예를 얻는다." 크고 원대한 목표를 갖는 사람은 마치 뿌리가 있는 나무와 같다. 그들은 모든 생각에서 겸허하고, 비록 어떤 일이 먼지처럼 사소해도 다른 사람들의 부담을 줄이려고 노력한다.

만약 우리가 이러한 수준의 겸허함에 이를 수 있다면 자연히 하늘과 땅의 마음을 감동시킬 것이다. 나는 내 번영의 창조자이다. 요즈음 명예와 부를 추구하는 사람들을 보라. 애초에 그들은 진지하지 않았고, 그들이 추구한 것은 지나가는 충동이었다. 그들이 무엇인가 원했을 때 그것을 추구했으나, 흥미가 시들어 버리면 추구하기를 멈췄다.

언젠가 맹자가 〔제(齊)나라의 선(宣) 왕에게〕 말했다. "만약 왕께서 개인적 행복을 추구하는 마음을 모든 백성과 행복을 나누는 것으로 확장할 수 있고 또 그들을 바로 당신처럼 행복하게 만들 수 있다면 분명히 나라가 번영할 것입니다." 이것이 또한 과거시험 합격을 추구하는 나에게 진실이었다. 오직 나 혼자만이 구하여 내 운명을 바꿀 수 있다.

    일단 목표를 정하면 그것을 성취하기 위하여 열심히 노력해야 한다. 겸허한 마음으로 꾸준히 노력한다면, 하늘과 땅의 마음을 감동시켜 구하는 것을 얻게 될 것이다.
    요범 선생은 맹자를 인용하여 결론을 맺었다. 자신의 행복을 남들과 함께 나누며 향유하는 것이 진정한 행복이고 행운이다.
    오늘날 많은 사람들이 부를 얻으려는 욕구에 사로잡혀 있다. 전 세계의 정부들은 이것을 깨닫고 모든 사람들이 그것을 함께 향유할 수 있도록 국민들과 함께 부, 번영과 행복을 창조하는 것이 좋을 것이다. "다른 사람들이 좋아하는 것을 좋아하고 싫어하는 것을 싫어한다." 그렇게 함으로써 모든 존재들의 마음과 합치할 것이다.
    아무 것도 갖지 않은 사람들을 도울 수 있도록 부를 창조하기 위하여 공덕을 쌓을 때 지혜를 이용해야 한다. 왜냐하면 만약 자신만 즐기기 위하여 부를 쌓으면 어려움이 앞에 놓이기 때문이다. 이것이 매우 중요하고 가치 있는 시도이고 가장 진실한 노력이다.

•• 옮기고 나서

우리는 누구나 행복한 인생을 살고 싶어 하지만 세상은 뜻대로만 되는 것이 아닙니다. 행복한 인생이란 무엇인가? 아마 바라는 바를 다 이루고 행하며 사는 인생이 아닐까 생각합니다. 물론 바라는 바는 사람마다 다르겠지만, 대부분 바라는 바를 다 이루고 행하며 사는 그런 행복한 인생은 불가능합니다.

그 이유로 불교는 전생에 몸·입·마음으로 지은 삼업의 구속력, 즉 업력을 들고 있습니다. 이 업력이 우리를 강력하게 구속하여 바라는 바를 행할 수 없게 한다는 것입니다. 전생의 좋은 업은 소위 복이라고 부르는 부귀·장수·평안함 등을 불러오고 나쁜 업은 그 반대의 고통스러운 상황을 가져온다고 합니다.

따라서 행복한 인생을 살기 위해서는 이 업력의 속박으로부터 벗어나야 합니다. 그 방법으로 불교에서는 소위 칠불통계(七佛通戒), 즉 "모든 악행을 짓지 말고, 모든 선행을 하고, 그 뜻을 청정히 하라. 이것이 모든 부처님의 가르침이다(諸惡莫作 衆善奉行 自淨其意 是諸佛敎)."를 제시합니다.

고통스러운 인생을 즐기는 사람도 있을 수 있겠지마는 대부분의 사람들은 즐거운 인생, 행복한 인생을 살고 싶어 합니다. 모든 악행을 짓지 않는 것은 미래의 고통스러운 원인을 제거하는 것입니다. 모든 선행을 하는 것은 미래의 즐거운 인생의 원인을 만드는 것입니다. 그러나 현재의 상황은 과거에 지은 업의 결과이고, 이 전생 업이 우리 생활에 나타나는 것을 운명이라고 부릅니다. 운명은 변할 수 없는 것이라고 보는 것이 소위 숙명론입니다.

그런데 시간은 끊임없이 흘러갑니다. 내일이 오늘이 되고 오늘이 어제가 됩니다. 오늘 우리가 하는 선행 또는 악행의 결과는 내일의 생활에 영향을 줍니다. 따라서 오늘, 아니 지금 이 순간 우리의 삼업을 조절함으로써 내일의 생활을 규정할 수 있습니다. 이것이 바로 운명개조론, 즉 스스로 운명을 창조해나간다는 이론의 바탕이 됩니다. 이 이론을 운곡 대사께서 요범 선생에게 가르쳤고, 요범 선생은 이를 받아들여 적극적으로 선행을 하고 악행을 금하여 예정되어 있던 그의 운명을 바꾸었습니다.

정공 법사는 이 운명개조론을 고정된 상수(常數)와 변하는 변수(變數)의 수학적인 개념으로 설명합니다. 즉 상수는 과거의 업이라 변할 수 없는 것이고, 변수는 지금 현재의 업으로 조절할 수 있으며, 미래는 이 상수와 변수의 조합으로 전개된다고 설명합니다.

그러면 소위 숙명론과 운명개조론에서 어떤 것이 진리인가? 숙명론은 결정론적 인과론이라고 볼 수 있습니다. 즉 '어떤 행위는 그에 상응하는 어떤 결과를 반드시 가져온다는 것' 입니다. 우리 속담에도 "콩 심은 데 콩 나고 팥 심은 데 팥 난다"는 말이 있지 않습니까. 운명개조론은 소위 불교의 제행무상(諸行無常), 즉 '모든 것이 변한다'는 것으로 보편적인 진리입니다. 서양의 고대 철학자 헤라클리투스(Heraclitus)는 이를 '판타 레이(Panta Rhei)', 즉 '모든 것은 흐른다'라고 말했습니다. 숙명론이나 운명개조론이나 둘 다 우주의 실상을 서로 다른 면에서 본 것이라고 볼 수 있습니다.

그러나 여기에 아주 중요한 기본적인 문제들이 등장합니다. 첫째는 '내일의 생활을 결정하는 오늘의 삼업이 과연 과거의 업들로부터 얼마나 자유로울 수 있느냐' 하는 문제입니다. 대부분 현재의 업이 과거의 업들에 의하여 강력하게 규제되어, 선행 또는 악행을 자의로 하고 싶어도 그렇게 하기가 지극히 어렵다는 것입니다. 이것이 숙명론, 즉 우리의 운명은 태어날 때 이미 결정되었다는 이론을 옹호하는 사람들의 근거가 됩니다.

그런데 이 강력한 업력에서 우리를 해방시키는 것, 즉 해탈이라고 부르는 이것이 모든 건전한 종교가 지향하는 바라고 할 수 있습니다. 여러 종교의 우열은 그들이 제시하는 이 해탈의 능력과 그 방법의 심원 및 다양성에서 가려볼 수 있다고 생각합니다.

이 점에서 불교는 다른 어느 종교보다도 더 조직적이고, 더 체계적이고, 더 심원한 방법들을 갖고 있다고 생각합니다. 모든 근기의 중생들을 위하여 불교는 매우 다양한 방법들을 제시하고 있습니다. 열반하신 성철 스님이 "만약 불교보다 더욱 좋은 가르침이 있다면 당장이라도 불교를 버리겠다."고 말씀하신 것은 불교의 이러한 우월성에 대한 강력한 자신감의 표현으로 볼 수 있습니다.

두 번째 중요한 문제는 '과연 행복해지기 위해서 우리가 바라는 것이 무엇이냐' 하는 것입니다. 바로 이 점에 대하여 어떤 생각을 가지느냐에 따라 그 사람의 지성의 깊이가 드러난다고 볼 수 있습니다. 대부분의 사람들이 바라는 행복의 요건은 곧 불행의 요건과 은밀히 연결되어 있습니다. 따라서 열심히 추구하는 행복이 사실은 불행이라는 것을 대부분 모르고 있습니다. 바로 이 비극적 현상이 바로 불교의 육도윤회설(六道輪廻

說)입니다.
 우리가 참으로 우주의 실상인 진리에 눈 뜨지 않는 한, 끊임없이 즐거움과 고통 속을 다람쥐 쳇바퀴 돌듯이 돌고 돌며 산다는 것입니다. 오늘 우리가 추구하는 행복이 내일의 견디기 어려운 고통의 원인이 된다고 할 때, 그 행복이 과연 추구할 만한 가치가 있을까요? 따라서 '진정으로 행복해지기 위하여 바라는 바, 또는 추구하는 바가 무엇이어야 하느냐'에 대한 대답에서 또한 여러 종교의 우열을 가릴 수 있다고 생각합니다.
 위의 두 가지 기본적 문제들에 대하여 불교의 수승한 대답은 칠불통계의 마지막 부분, 즉 "그 뜻을 청정히 하라."에 있다고 생각합니다. 사실 선행을 하고 악행을 금하라는 것은 다른 모든 종교 또는 도덕적인 가르침들에 공통되는 이야기입니다. 우리의 행동은 착한 것이든 악한 것이든 모두 마음에서 나옵니다. 따라서 마음이 잘 다스려지면 자연스레 행동이 다스려집니다. 불교는 이 마음을 다스리는 것에 특히 중점을 두고 있습니다.
 먼저 두 번째 질문, 즉 '행복해지기 위하여 우리가 바라는 바가 무엇이 되어야 하느냐'에 대하여 불교는 그 뜻, 즉 마음을 청정히 하라는 대답을 줍니다. 이것이 진정으로 영원히 행복해지는 비결이라고 가르칩니다. 어떻게 마음을 청정히 하느냐? 부질없는 욕심을 버리라는 것입니다. 부질없는 욕심, 욕망들이 마음을 더럽히는 때, 오물이고 고통을 주는 원인임을 알고 이를 버려야 한다는 것입니다. 이 욕심은 집착하는 마음이고 분별하는 마음과 같습니다. 그러나 이것은 당위론입니다. 그렇게 해야 한다는 것이고, 왜 그렇게 해야 하는지 이유를 주지 않으면 하나의 공허한 당위론에 그치고 맙니다. 그러한 당위론은 힘이 없습니다. 그러나 불교는 이 당위론에 분명한 근거를 제공합니다.

금강경에 "범소유상 개시허망 약견제상비상 즉견여래(凡所有相 皆是 虛妄 若見諸相非相 卽見如來)"라는 유명한 사구게가 있습니다. 즉 '우리가 감각하고 생각하는 모든 것이 실체가 없는 허망한 것이니, 그렇게 보는 것이 진리를 보는 것'이라는 말입니다. 우리가 바라는 것이 모두 허망하니 그것을 바라는 것이 모두 헛일입니다. 헛일을 해서 돌아오는 것이 고통 말고 무엇이 있겠습니까?

허망한 것을 바라는 것이 마음의 때이고, 따라서 이 때를 씻어내는 것이 마음을 청정히 하는 것입니다. 소위 마음을 닦는다는 것은 결국 마음의 때를 씻는다는 것을 의미합니다. 이 사구게는 참으로 믿기 어렵습니다. 그러나 '이 믿기 어려운 것에 어떤 사람이 얼마나 깊은 이해를 갖느냐'는 역시 그 사람의 지성의 깊이와 비례한다고 생각합니다.

첫 번째 질문, 즉 '우리가 지은 과거의 강력한 업력에서 어떻게 해탈하느냐?'에 대한 방법으로, 불교는 역시 '그 뜻을 청정히 하라'고 제시합니다. 불교의 모든 가르침들은 결국 우리들의 마음을 청정히 하기 위한 것들로 볼 수 있으며, 불교는 이 목적을 위해 참으로 다양한 방법들을 제시합니다. 불교의 8만대장경이 이 모든 방법들의 결집이라고 볼 수 있습니다. 이렇게 다양한 방법들이 제시되는 이유는 모든 사람이 모두 다르기 때문입니다.

불교는 각기 다른 모든 사람들을 다 제도하기 위하여 마음을 닦는 무수한 방법들을 제시하고 있지만 이들을 크게 구분하면 선, 정토, 밀교, 간경들을 들 수 있습니다. 이 방법들 중에서 근기에 맞는 하나를 택하여 열심히 노력하면 과거의 지은 업의 구속으로부터 자연히 해방된다고 합니다. 이것이 해탈이고 이제는 우리의 자유의지를 활용하여, 마음대로 새로운 선업을 만들어 행복한 미래를 창조할 수 있을 것입니다.

그러나 이것은 부차적인 현상학적 효과입니다. 더 중요한 것은 그 뜻을 청정히 하는 노력을 통하여 비로소 우주의 실상을 깨닫게 되고 이것이야말로 진정한 행복의 요건이 되는 것입니다. 이렇게 되면 비로소 '우리가 생각하고 느끼고 바라는 모든 것이 허망하니, 그렇게 보는 것이 진리를 본다'는 믿기 어려운 금강경 사구게를 진정으로 깨닫게 되어, 모든 고통으로부터 영원히 해방될 것입니다.

칠불통계의 처음 부분은 우리의 행동에 관한 것입니다. 여기에 매우 중요한 문제가 제기됩니다. 과연 무엇이 선이고 무엇이 악인가? 이 중요한 의문에 대하여 원(元)나라의 중봉(中峯) 대사는 아주 명쾌한 대답을 제시합니다. 즉 자신의 이익을 위한 것이 악이고, 남의 이익을 위한 것이 선이라는 것입니다. 따라서 겉보기에 아무리 착한 행동으로 보여도 그 배후에 자신의 이익이 도사리고 있으면 실제로 악한 행동이고, 겉으로 아무리 악한 행동으로 보여도 그것이 남을 위한 것이라면 선한 행동이 된다는 것입니다.

따라서 선과 악을 구분하기 위해서는 어떤 행동의 동기 및 그 결과에 대한 깊은 통찰 즉 지혜가 필요하게 됩니다. 그러나 만약 마음을 청정히 할 수 있다면 이 문제도 해결되는 것입니다. 즉 청정한 마음에서 비롯하는 참 지혜는 선과 악을 분명히 구분할 능력이 있어, 자기의 이익을 추구하는 악행은 멀리하고 남을 위하는 선행은 부지런히 닦게 할 것입니다. "모든 악행을 짓지 말고 모든 선행을 하라."는 칠불통계의 가르침을 자연스레 실천하게 될 것입니다.

요범 선생은 아무도 모르게 남을 돕는 음덕(陰德)을 강조합니다. 이것은 금강경의 소위 무주상보시(無住相布施)를 연상케 합니다. 금강경은 헤아릴 수 없을 만큼 큰 복덕이 아무 생각 없이 그저 남에게 주어버리는 무주상보시로부터 비롯된다고 설합니다. 무엇을 주어버리느냐? 우리가 욕망하는 것들을 주어버리는 것입니다. 이 말은 '그 뜻을 청정히 하라' 는 것과 같은 의미입니다. 왜 주어 버리느냐? 그것들이 실체가 없이 허망한 것들이기에 굳이 지닐 필요가 없기 때문입니다.

남에게 다 주어버리면 무엇이 남을까요? 오직 텅 빈 청정한 자성(自性)만 남습니다. 이 청정한 자성을 찾아내는 것이 진정으로 일생을 걸고 노력해야 할 목표라고 불교는 가르칩니다. 이것이 참 행복을 찾는 길이라고 가르칩니다. 텅 빈 자성에게 무엇이 있을까요? 그 곳에 우리가 바라는 모든 것이 다 있다고 불교는 역설적으로 가르칩니다.

우리가 무엇에 대한 욕망을 가질 때, 오직 그것만을 갖게 되고 또 그것은 시간과 더불어 사라져 고통을 줍니다. 그러나 마음을 청정히 하여 오직 아무 것도 바라지 않을 때, 모든 것을 영원히 갖게 된다고 불교는 가르칩니다. 왜냐하면 청정한 자성이 본래 그러하기 때문이라고 합니다. 이 점에 관하여 혜능 스님은 육조단경에서 "자성이 본래 청정하고(本自淸淨), 본래 모든 것을 다 가지고 있고(本自具足), 본래 모든 것을 다 이루어 낸다(能生萬法)."고 분명히 말씀하셨습니다.

우리가 무엇인가를 구하여 얻을 수 있는 것은 원래 그것을 가지고 있기 때문이라고 합니다. 본래 다 가지고 있는데 또 무얼 구할 필요가 있겠습니까? 그러나 아무 것도 바라지 않는 이러한 경지는 우리 같은 보통사람들이 참으로 도달하기 어려운 경지라고 생각합니다.

어떤 스님은 "불교를 안다고 말하는 사람은 불교를 모르는 사람이고, 불교를 모른다고 말하는 사람은 불교를 조금 아는 사람이다."라고 말하였습니다. 실로 불교는 한없이 깊고 한없이 넓어 그 끝을 헤아릴 수가 없다고 생각합니다. 여기에 불교의 수승한 점이 있고 또한 전파의 어려운 점이 있다고 생각합니다. 불교를 전혀 모르는 다른 사람들에게 불교를 어떻게 전해야 할 것인가? 어디서 시작해야 할 것인가? 난감한 문제라고 생각할 수 있습니다.

어느 종교이든 인간을 더 행복하게 만들 수 없다면 그 종교는 참다운 종교라고 볼 수 없습니다. 불교가 진정한 종교라면 불교 수행을 통하여 더 행복해져야 합니다. 불교는 우주의 실상을 밝히는 심오한 진리입니다. 그 진리를 다 모른다고 해도 현상학적 측면에서 단지 그 가르침들의 실천을 통하여, 삶의 질을 높이고 더욱 행복한 인생으로 바꾸는 기능이 있습니다.

이러한 관점에서 볼 때 불교는 수승한 종교입니다. 또한 수승한 인생철학이요, 수승한 운명개조법이라고 볼 수 있습니다. 실로 불교의 모든 가르침들이 모두 수승한 운명개조법이라고 생각할 수 있습니다. 이 점이 이 책을 번역하게 된 저의 중요한 동기가 됩니다. 누구나 행복하게 살고 싶어 하며 따라서 자기의 운명에 깊은 관심을 가지고 있습니다. 그런 점에서 정공 법사의 이 책은 운명이라는 인생의 매우 중요한 문제를 다루면서, 불자가 아닌 사람들에게 불교의 수승한 가르침들을 자연스럽게 전하는 훌륭한 책으로 볼 수 있습니다.

몇 년 전 대학 중앙도서관의 불교 섹션에 들렀다가 우연히 이 책을 발견했습니다. 읽어 본 후 그 내용이 너무 좋아 번역하고 싶은 생각이 들었습니다. 그 후 대학에서 안식년 휴가를 갖게 되어 집에서 쉬면서 번역을 시작했습니다.

제가 불교에 눈을 뜨고 심취하게 된 것은 40대 중반이었습니다. 어릴 때 조부모님과 아버님이 불공을 많이 드렸다고 들은 것이 불교와의 먼 인연입니다. 그러나 그 이후로는 절에 다닌 적이 없었습니다. 불교에 심취한 이후로 이상한 일이 생겼습니다. 다른 모든 일에 대한 흥미가 점차 사라져버렸습니다.

그 전에는 여러 분야의 책들도 즐겨 읽었지만, 이제는 불교 이외의 어떤 책들도 멀어져 갔습니다. 마치 아름다운 여인을 사랑하는 청년처럼 끊임없이 불교에 대한 책들을 읽기 시작했습니다. 저로서도 이해할 수 없는 참 이상한 일이었으나 달리 어떻게 할 도리가 없었습니다. 아마 이것이 불교와의 인연이 저에게 가깝게 다가온 것이었으리라 생각합니다. 이 시기에 마침 사간동 법련사의 주지이며 옛 친구인 현호 스님을 통해 송광사의 구산, 일각 큰스님들을 뵐 수 있었습니다. 이 스님들을 통하여 우리나라 선불교의 불빛을 어렴풋하게나마 바라볼 수 있었습니다. 특히 짧은 기간이었지만 일각 스님을 통하여 저는 불교에 대한 더 깊은 인식을 하게 되었습니다.

그러나 여기에 문제가 생겼습니다. 불교에 몰두하게 되는 만큼 저의 전공분야의 공부는 줄어들게 되는 것입니다. 대학교수의 본분은 교육과 연구입니다. 따라서 교수가 그 본분에 충실하지 않은 것은 학문과 대학 그리고 특히 선생을 바라보고 따르는 제자들의 기대를 저버리는 일이라고 볼 수 있습니다. 저는 이 문제에 많은 갈등을 느껴 왔습니다.

만약 제자들이 저에게 "선생님이 불교에 열중한 만큼 우리들에 대한 지도가 소홀해지는데, 그럼 불교공부에서 저희들에게 과연 무엇을 가르쳐 주시겠습니까?" 하고 묻는다면, 어떻게 대답할 것인가? 고민거리가 아닐 수 없습니다. 그러나 이 책을 읽은 후 이들에게 이 책을 읽도록 해 줌으로써 제자들에게 진 마음의 빚을 갚을 수 있으리라는 자신감이 생겼습니다. 정년을 얼마 앞두고 제가 이 책을 번역하게 된 가장 중요한 동기가 여기에 있습니다.

이 책을 번역하면서 저는 정공 법사가 뜻하는 바를 정확히 파악하려고 많은 노력을 했습니다만 저의 부족한 실력으로는 불가능한 일이었다고 생각합니다. 이 책의 저자인 정공 법사는 중국 안휘성(安徽省)에서 1927년에 태어나 1959년 대북의 임제사(臨濟寺)에서 구족계를 받았으며 법명은 각정(覺淨), 자는 정공(淨空)입니다. 1979년에 중국 불타교육기금회(佛陀敎育基金會), 화장정종학회(華藏淨宗學會) 등 수십 개의 불교교육과 정토전문 수행조직을 창립하였으며, 1995년에는 싱가포르 불교거사림과 정종학회를 창립하여 불교교육과 인재양성에 많은 노력을 하고 있는 분입니다.

저는 단지 제가 이해하는 한계와 범위 내에서 이 아름다운 책을 정확히 번역하려고 노력한 것에 불과합니다. 이 책의 초판은 법보시판으로 출간되었는데 분에 넘칠 정도로 많은 분들의 사랑을 받게 되었습니다. 번역의 한계에도 불구하고 이 책의 진가를 많은 분들이 인정해주신 것으로 이해하고 있습니다.

초판에 대하여 조계종 포교원장 도영 스님은 "이 책이 불교 가정교육의 지침서라고 믿기에 모두가 손닿는 데 두고서 틈날 때마다 몇 줄씩 읽어내려 갈 수 있다면, 가화만사성(家和萬事成)이요, 치국평천하(治國平天

下)를 위한 제가(齊家)를 실천하는 지혜가 여기에 있게 됨을 알게 되리라."라고 과분한 추천을 해주셨습니다. 재판을 위하여 초판을 수정보완할 량으로 다시 꼼꼼히 보아나가면서 저는 이 책이 참으로 좋은 책이라는 것을 새삼 느끼게 되었습니다. 저도 이 책이 도영 스님 말씀처럼 모든 불교 가정의 청소년 교육지침서가 되었으면 하는 소박한 바람을 가져봅니다.

돌이켜보면 40대의 방황했던 시기에 제가 불교를 만나게 된 것은 하나의 커다란 축복이었다고 생각합니다. 기쁨이든 슬픔이든 그것을 통하여 불교를 알게 되었다면, 그 모든 것이 우리를 그 분의 품안으로 인도하는 부처님의 무한한 자비 방편이라고 생각합니다. 정년퇴임에 즈음하여 이제 저는 모든 것을 정리하고 있습니다. 전공분야는 그 동안 제가 공부한 것들을 일단 정리했습니다.

불교는 제 전공과 무관하나 제가 오랜 기간 탐구해왔기 때문에 이 분야도 무언가 정리해야겠지요. 요즘같이 젊은 실업자들이 많은 세상에 65세까지 직장을 가진 것은 커다란 행운으로 볼 수 있습니다. 그 행운에 대한 보답으로 그 동안 사랑하고 도와주신 모든 분들에게 이 책을 드리고자 합니다. 불교와의 먼 인연을 만들어 주신 조부모님, 부모님, 그리고 힘들었던 상황들을 같이 극복해준 저의 사랑하는 가족들에게 맨 먼저 이 책을 바칩니다.

2006년 9월
우면산 밑에서

운명을 바꾸는 법

2006년 9월 7일 초판 1쇄 발행
2025년 3월 20일 초판 26쇄 발행

지은이 정공법사 요범사훈 강설 • 옮긴이 이기화
발행인 박상근(至弘) • 편집인 류지호 • 편집이사 양동민
편집 김재호, 양민호, 김소영, 최호승, 정유리 • 디자인 쿠담디자인
제작 김명환 • 마케팅 김대현, 김대우, 이선호, 류지수 • 관리 윤정안
콘텐츠국 유권준, 김희준
펴낸 곳 불광출판사 (03169) 서울시 종로구 사직로10길 17 인왕빌딩 301호
　　　대표전화 02) 420-3200 편집부 02) 420-3300 팩시밀리 02) 420-3400
　　　출판등록 제300-2009-130호(1979. 10. 10.)

ISBN 89-7479-537-X (03220)

값 16,000원

* 잘못된 책은 구입하신 서점에서 바꾸어 드립니다.
* 독자의 의견을 기다립니다. www.bulkwang.co.kr
* 불광출판사는 (주)불광미디어의 단행본 브랜드입니다.